用社会主义核心价值观铸魂育人

上海市教育系统培育和践行社会主义核心价值观典型案例

上海市教育卫生系统思想政治工作研究会　编

上海人民出版社

前　言

　　2014 年，习近平总书记在上海考察时指出，"上海一定要把培育和践行社会主义核心价值观工作做得更细、更实、更深入人心，努力在这方面走在全国前列"，"特别是要抓好青少年等重点人群"。上海教育系统深入学习贯彻习近平总书记重要指示批示精神和市委部署要求，始终牢记习近平总书记的殷殷嘱托，全面贯彻党的教育方针，落实立德树人根本任务，聚焦党的二十大提出的"用社会主义核心价值观铸魂育人，完善思想政治工作体系，推进大中小学思想政治教育一体化建设"这一战略部署，把弘扬社会主义核心价值观和深化学校思政工作改革创新紧密结合起来，多措并举用好红色资源，坚持抓好思政课关键课程、课程思政关键环节、日常思政关键领域，教育引导青少年传承光荣传统、赓续红色血脉，有力服务建设习近平文化思想最佳实践地，努力为弘扬社会主义核心价值观作出新的贡献。

　　近期，市教卫工作党委面向全市各高校、各区教育局，就各级各类学校广泛践行社会主义核心价值观形成的好经验、好做法，进行了案例征集，推出了上海教育系统 100 个典型案例。案例围绕筑牢理想信念根基、弘扬伟大建党精神、增强历史自觉坚定历史自信、用中华优秀传统文化滋养心灵、构建"大思政"工作格局、一体化推进育人实践、构筑校园精神文明高地、弘扬教育家精神等主题，生动展现了上海市教育系统用社会主义核心价值观铸魂育人的创新做法和工作成效。

目录

CONTENTS

● 构建"大思政"工作格局

● 弘扬教育家精神

筑牢理想信念根基

追望大道担使命　校史展演映初心

一、基本情况

复旦大学有着深厚的美育传统，注重挖掘校史中的红色基因，依托优秀文化资源凝魂聚气、强基固本。自2017年推出原创大师剧《陈望道》以来，目前已公演14余场，近万人次观摩，被多家媒体报道并荣获多项教育部及市级荣誉，取得了良好的工作实绩和社会反响。

《陈望道》大师剧在浙江义乌大剧院演出

《陈望道》大师剧紧密围绕立德树人这一根本任务，通过演绎老校长教育救国、追求真理、守护复旦的峥嵘一生，不仅让复旦校史和大师故事鲜活起来，而且生动刻画了以陈望道为代表的早期共产党人忧国忧民、砥砺前行的初心使命。值得一提的是，学校强化思政引领、整合育人资源，不断拓展宣言精神的外延和载体，创新大师剧和校史文化多种参与方式，面向人人、带动人人、影响人人，推动党史校史学习入脑入心以及社会主义核心价值观落细落小落实。

二、主要做法成效

在校党委的高度重视下，原创大师剧《陈望道》成为"红色基因铸魂育人工程"的重要部分，学校深入探索思想政治教育与浸润式艺术教育的融合路径，面向全体学生讲好大师故事，激励更多人成为宣言精神的忠实传人。

1. 真学：宣言文本人人学

复旦大学书院制为师生互动交流搭建了良好的平台，曾有多位导师依托经典读书小组活动带领学生学习、讨论《共产党宣言》文本。例如中文系霍四通教授带领学生走入《故事、传奇和史实——老校长陈望道首译〈共产党宣言〉的前前后后》，哲学学院鲁绍臣教授带领学生共同阅读《共产党宣言》原著，真实感知马克思和恩格斯的思想和诉求。同时任重书院依托"导师去哪儿"活动，组织师生和剧组成员前往陈望道校长家乡浙江省义乌市，感悟望老遗风。2020年，在首个《共产党宣言》中文全译本问世百年之际，学校全新打造大师剧《陈望道》，创作团队多次召开剧本座谈会，力求最大程度地还原历史事实，充分释放红色校史资源中蕴藏的育人导向、示范和激励功能。

2. 爱演：望老话剧人人看

作为新生入学教育的一部分，原创大师剧《陈望道》不仅有助于新生第一时间了解复旦历史和光荣传统，直观感悟复旦精神，切实提高爱国荣校教育的有效性，而且有助于增强学生对书院的认同感和归属感，学习师道先贤，恢廓校风学风。从剧本创作、演员培训到道具布景、整体制作都有师生的参与，以"复旦人演复旦大师，复旦人讲复旦故事"的方式，引导师生深入走进老校长的精神世

《陈望道》大师剧剧组在陈望道故居实地采风

界，感受老校长的人格魅力。加之，编剧、舞美、舞蹈和音乐相得益彰，更有助于学生在观摩中接受思想洗礼和艺术熏陶。

3. 笃行：宣言精神人人传

为更好地传播宣言故事，弘扬宣言精神，学校借助微信公众号推送系列宣传，通过讲述、表演、绘画、诗诵、微电影、短视频等形式，"绘声绘色"地演绎宣言故事，努力做到"人人知晓《共产党宣言》故事，人人观摩《陈望道》话剧，人人追思老校长"。与此同时，复旦大学注重依靠青年学生力量，用最年轻的声音传播最真诚的信仰，目前已陆续设计推出了20种、68款以"望道精神"为主题的文创产品，包括鼠标垫、帆布包、文件夹、主题印章、主题壁纸、观剧三折页以及场刊等，还通过主题式迎新、文创设计大赛、摄影大赛等形式鼓励复旦学子持续参与到讲述大师故事的过程中来，从而让社会主义核心价值观落细落小落实。

《陈望道》大师剧部分文创周边

三、经验启示

基于红色基因和老校长文化，复旦大学已经形成了一套系统且有特色的文化育人体系，即以原创大师剧为特色，以系列追思活动为契机，以文创周边设计为延伸，以实践体验为拓展，最大程度地让老校长文化和复旦校史入脑入心，浸润师生心灵。经过几年的积累，复旦大学将原创大师剧《陈望道》由单一的舞台剧转化为丰富的思想政治教育资源库，充分发挥学生的积极性和创造性，积极探索网络思政新形式、校史育人新载体，真正有效地促进了师生对老校长文化的了解、对老校长精神的传承。同时，这些教育成果通过校内外媒体平台扩大了影响，为其他学校及书院开展相关的思想政治教育活动提供了具体且富可操作性的借鉴。

（复旦大学）

缘法而行：
打造红色法治文化传承的最佳实践地

一、基本情况

"苏河明珠"沉浸式实景思政课堂

华东政法大学把贯彻落实习近平文化思想和习近平法治思想全过程融入高雅学府建设进程，在上海市委的部署和市教卫工作党委的有力领导下，在保护和传承好历史文物建筑群、挖掘和阐释好红色革命文化的基础上，全力打造高校发展与城市建设双向奔赴的最典型、红色法治文化传承弘扬的最佳实践地，展现了上海教育界宣传贯彻落实习近平文化思想和习近平法治思想的鲜活图景，构筑了最具中国特色、海派风格的法治文化教育样本。

二、主要做法成效

1. 创排原创话剧《立场》：构筑红色法治教育标志品牌

2021年，中国共产党成立100周年之际，在中共上海市委宣传部、上海市教卫工作党委、上海市教委指导下，学校立足校史中的党史故事、党史中的法治故事，创作了话剧《立场》(原名《雷经天》)。话剧依托学校"中国法制史"课堂，以现代眼光回溯老院长雷经天审断"黄克功案"的历史，融红色历史和法治思想于一体，展现了新民主主义革命时期中国共产党在革命根据地法治建设的历史和以"人民为中心"的革命法治传统。

2023年11月2—4日，在司法部、教育部、市委宣传部等部委的指导和支持下，话剧《立场》在北京国家大剧院成功公演，受到《人民日报》、中央电视台等主流媒体关注和报道，得到了政法系统、教育系统、文艺界、高校领导与师生代表的高度肯定。香港廉政公署等境外单位观演后也给予了好评，《中国日报》（*China Daily*）对该剧进行了海外传播报道，扩大了上海这一法治文化品牌的国际影响力和辐射力。全部由华政学生出演的青春版话剧《立场》作为全国"宪法宣传周"活动之一，于2023年12月4日赴清华大学、北京大学公开演出3场，完成了从舞台到讲台、从讲台到舞台的法治文化教育生动实践。该剧入选上海首届法治文化节重点推荐剧目、上海市"永远跟党走"主题宣传教育活动项目，成为党政干部教育培训的重要题材。话剧《立场》已成为立足上海宣传好习近平法治思想、讲好中国法治故事、弘扬红色法治文化及诠释好共产党人法治初心的代表性文艺作品。

2. 百年校园全方位开放：打造"最上海"城市文脉地标

学校认真贯彻落实习近平总书记"人民城市"重要思想，主动对接上海"一江一河"公共空间贯通工程，坚持把校园全面开放融入城市发展，把"全国首家面向全社会开放的高等学府"打造成"近悦远来"的城市文化新地标，构筑了师生和市民共享"百年校园、苏河明珠"的生动图景，诠释了"城市精细化治理与高校全面开放双向奔赴"的实践可能。

话剧《立场》国家大剧院演出剧照

校园开放—大中小法治文化教育一体化活动

华东政法大学长宁校区作为上海城市史上最早的大学校园，拥有与苏州河美景相得益彰的 27 栋近代建筑群，深深镌刻着百年近代高等教育和七十余年新中国法学教育的历史印记，呈现出红色文化、海派文化、江南文化相互交融的"最上海"城市文脉。近年来，学校认真学习习近平总书记视察上海时的重要讲话精神，践行人民城市理念，贯彻落实上海市委、市政府打造"一江一河"滨水空间的决策部署，推进苏州河岸线公共空间贯通与校园整体改造提升，不仅营造更加优美的校园环境，使百年校园与百年中山公园隔路相连，打造出浑然一体的城市绿色活动空间，还为市民游客量身定制了一条可供深入了解"最上海文脉"和法治文化的"中山公园码头——大学主题文化线路"，体验"苏河明珠"沉浸式实景思政课堂。线路开通后，作为公益项目，每周面向各类组织开放，迄今为止，累计接待各类团体、组织百余个，涉及 3000 余人次。沉浸式实景思政课先后为校内外30 余个党支部、800 余名校内外师生、观众提供服务，获得东方卫视、上海电视台、上海教育电视台、《光明日报》、《解放晚报》等 10 余家主流媒体报道。华东政法大学引入红色文化资源，落实立德树人根本任务，开展"红途进校园"系列活动，拓展了文化育人空间，青年学生知校史、讲校史、演校史，以实际行动助力校园开放建设，不仅成为校史文化的传承者、传播者，而且从教育对象转变为"大思政课"的教育力量，形成"三全育人"和"大思政课善用之"的生动实践。《华政园打造"最上海"文脉》案例获评第四届中国（上海）社会治理创新实践案例。

三、经验启示

学校坚持"一流城市孕育一流大学，一流大学成就一流城市"的理念，将贯彻落实习近平文化思想与习近平法治思想结合起来，把校园开放融入城市文化发展视为应有责任，把示范性传承弘扬红色法治文化作为使命担当，为打造红色法治文化传承的最佳高校实践地、形成法治文化与法治教育品牌提供了重要启示。

1. 坚持城市发展与学校开放双向赋能

学校打开校园围墙，全面开放长宁校区，为市民提供沿江最优雅的人文空间，让长宁校区成为"苏河十八湾"沿河沿岸优雅的人文空间，也使这座百年校园成为"近悦远来"的城市文化新地标。苏州河华政滨水景观提升工程和校园全面开放，塑造了积极传承和引领城市文明的好大学形象，为学校赢得了新的重大发展机遇，也进一步推动了华政校园所承载的历史人文、现代大学、滨水生态、法治文明等优秀基因的传承，让华政校园深刻展现出红色文化、海派文化、江南文化相互交融的"最上海"城市文脉底色。

2. 坚持法学研究与法学教育创新发展

大型原创话剧《立场》在国家大剧院及北京大学、清华大学等院校公演引发的舆论反响预示着，习近平法治思想与习近平文化思想是开展法学研究与法学教育创新的坚强指引，科学研究、教育教学、成果转化和社会服务是交互促进的共生关系。加强红色法治文化资源挖掘、加强社会主义法治文化阵地建设、推进红色法治文化教育、讲好中国特色法治故事，是中国特色世界一流政法大学建设过程中所承载的最为神圣的责任，也是华东政法大学从宣传贯彻落实习近平法治思想与习近平文化思想实践过程中积淀的宝贵财富。

3. 坚持用法治文化引领城市文明发展

以长宁校区校园开放构筑"校城相融"新地标、话剧《立场》打造法治教育标志品牌的实践来看，高校是"传承和引领城市文明"的重要载体，法治是城市文明水平的最鲜明标签。推动校园文化与城市文明双向赋能的关键点就在于高校能否把自身的历史底蕴、教育资源、价值传承形成更广范围的影响力和辐射力。中国特色、海派风格、"华政气质"与法治精神交相辉映的鲜活图景，充分印证了用法治文化引领城市文明发展的实践魅力。

（华东政法大学）

构建"党建＋三育"育人体系
坚定青年学生理想信念

一、基本情况

上海工程技术大学航空运输学院（飞行学院）是上海高校中唯一培养飞行技术专门人才的院系。飞行技术专业学生所在的航空运输学院党委学生第四党支部（以下简称"第四党支部"）是一个党员分散在全国各地航校的特殊的学生基层党支部。新时代高校学生党员理想信念教育面临诸多新的挑战，学生存在入党动机不纯、党性修养不高、党员意识淡化等"组织上入党、思想上松懈"的问题，出现不同程度的投机性、实用主义、从众行为。航空运输学院党委学生第四党支部在学校党委的正确领导下、在学院党委的支持下，在强化学生党员理想信念教育上下苦功，深入探索构建"党建＋三育"铸魂育人体系，将学生党支部作为党建育人"苗圃"，通过"播种信仰之种、深耕红色沃土、扎根实践风雨"来做好党建的"传道、授业、解惑"育人工作，激发学生主动传承"理想信念的力量"，自觉成长为担当民族复兴大任的参天大树。

二、主要做法成效

1. 激活红色基因，播种信仰之种，依托"党建＋育心"开展沉浸式入党启蒙教育

第四党支部根据实际情况，制订宣传计划，明确宣传内容、时间和方式等。同时，注重与其他组织的合作，扩大宣传覆盖面。将上海丰富的红色资源作为入党启蒙教育的生动材料，同时紧密结合专业特色；提高学生思想站位，引导学生学习英雄精神，汲取奋斗力量，立大志、明大德、成大才、担大任，在学生心中

"党建＋育心"：讲好"行走中的党课"，用革命精神播种信仰之种

种下"可以燎原的星星之火"；打通交流沟通渠道，把新媒体时代信息化手段优势与大学生党员理想信念教育工作有机结合，掌握大学生党员理想信念教育的主动权，让理想和信仰照进青年心田。

2. 创新教育形式，深耕红色沃土，依托"党建＋育志"发挥"滴灌效应"

第四党支部积极组织学生深入学习贯彻习近平总书记重要讲话精神，用好批评和自我批评武器，传承自我革命精神，以社会主义核心价值观滋养青年学生，帮助他们夯实信念根基；建立党章学习小组，诚邀优秀校友党员担当导师，发挥朋辈教育功能，营造良好的理想信念教育生态环境，借助"提志行动"发挥学生党员自我管理、自我教育功能，实现支部文化传承与创新；改变传统单向灌输模式，组建师生党史宣讲团，让党员师生同台讲党史，线上线下党建育人工作协同并进，用学生喜爱的方式开展"党史"学习教育；注重与学生的互动交流，及时了解他们的反馈意见和建议。

3. 把准政治方向，扎根实践风雨，"党建＋育才"构建实践育人培养模式

第四党支部通过实践定期评估育人效果，了解成效和不足之处，包括学生对党的理论、政策的理解程度，对实践活动的参与热情，以及对人才培养目标的认识等。根据评估结果不断调整与优化工作，更好地引导和激励学生积极参与实践活动，深入理解党的理论和路线方针，提升自身的政治素养和专业能力。通过精

准的政治导向、扎实的实践锻炼，以及有效的反馈调整，与红色教育基地合作，夯实大学生党员实践教育环节，强化行动教育，牢牢抓住高校服务社会的有效载体和途径。

在第四党支部的教育引导下，学生爱党爱国情怀全面升华，入党动机不断净化，强化理想信念，提纯政治忠诚，在处理个人利益与集体利益关系时，不再把个人利益放在首位，而是争先垂范。他们主动到暑托班、幼儿园给"祖国的花朵"讲述"飞行梦"，诠释党的温度；他们坚持在街道社区中无私奉献、为民服务，用倾听缩短党群距离，人均参与志愿服务超过 100 小时。他们把个人理想前途与国家命运紧密相连，坚定理想信念，甘愿为早日实现"中国航空强国梦"做一粒不懈奋斗的"先锋种子"。

第四党支部"红色机翼"师生党史宣讲团屡获佳绩，广受好评。为优化校企合作人才培养质量，主题教育期间，第四党支部组建了走访调研组，前往四川广元、重庆梁平、河北秦皇岛、新疆塔城、新疆博乐五地航校开展实地走访调研，共收集学生高质量意见和建议 30 多条。第四党支部"深入航校问需解难，夯实高质量人才培养问题"的相关案例被《组织人事报》于 2023 年 6 月报道。

三、经验启示

1. 打造立体式、浸润式理想信念教育时空，筑牢初心信仰

新时代高校学生处于多维立体成长空间，课堂及生活园区都是做好学生党建育人工作的重要场域。面对部分学生党员对共产主义理想信念尚不坚定的问题，高校学生党支部要围绕学生学习生活、成长特点，加强初心使命教育，转变工作阵地，创新工作思路，提高政治领导力和思想引领力，引导学生在"润物细无声"中坚守初心本色、坚定理想信念。

"党建＋育志"：用"五个引领"强责任、建规范

2. 破解学生理论学习表面化程式化问题，坚定理想信念

第四党支部坚持用理论武装学生头脑，用习近平新时代中国特色社会主义思想铸魂育人，确保学生坚定正确的政治方向，持续深入学习，消除理论学习"空白点"。结合新媒体时代信息化手段，遵循党章要求，引导学生自觉端正入党动机。积极有效开展理想信念教育和党规党纪教育，正向引导，提升大学生政治素养和政治觉悟，增强学生党员历史使命感。

3. 创新理想信念教育内容和载体，发挥先锋模范作用

第四党支部积极创新理想信念教育内容和载体，通过理论指导实践，用实践来总结经验。充分挖掘利用各种红色资源，与地方共建学生党员社会志愿者服务实践基地，让学生在全心全意为人民服务的实践中锻炼思辨能力和组织能力，把准政治方向，站稳政治立场，筑牢理想信念根基，用实际行动检验党史学习教育成效，让学生党支部战斗堡垒作用和党员先锋模范作用得到充分发挥。

"党建＋育才"：主动到新疆中小学，给"祖国的花朵"讲述"飞行梦"

（上海工程技术大学）

弘扬工匠精神　促进道技合一

一、基本情况

党的二十大报告提出，要努力培养造就更多卓越工程师、大国工匠、高技能人才。社会主义核心价值观和工匠精神在价值理念、价值追求、价值目标上高度一致，二者融合互动，为中华民族伟大复兴提供重要精神动力。大力弘扬工匠精神，有助于营造劳动光荣的社会风尚、精益求精的敬业氛围，帮助学生厚植道技合一的家国情怀。

上海电机学院因产而生、随产而进、偕产而兴，始终与产业发展同呼吸、共命运。学校致力于培养德智体美劳全面发展、能够解决企业一线实际工程技术问题卓越的高等技术应用型人才。近年来，学校注重工匠精神涵养深度、人才能力提升高度与综合素质培育广度，积极构建"五位一体"的"卓越工匠精神"人才培养模式，全校协同，打造具有电机学院特色的育人品牌。

二、主要做法成效

1. 守匠情，内化工匠精神

学校开展一系列以"工匠精神"为主题的大型讲座和论坛，传递激情，引导学生感悟工匠精神；组织学生赴中国商飞、上海电气、上海地铁、华虹集团等进行实地走访，坚持理论与实践相结合，增进学生对工匠精神的理解和认同。开展"探寻新中国工业发展史足迹"社会实践，568 名"00 后"大学生走遍 9 个省市53 个城市，串联起新中国工业发展横纵线路，形成调研报告 56 份、校友访谈录26 份、社会实践感想 128 份。通过讲好工匠故事，培育和践行社会主义核心价值

学校"三线精神主题馆"是工匠精神培养的重要平台

观，让广大学生体悟"爱岗敬业、无私奉献"的精神。

2. 炼匠技，融入工匠精神

学校通过组建"行业专家＋思政教师＋专业教师"综合教学团队，开设"中国系列"公共选修课程。注重产教融合共建专业课程，校企双方共同制订人才培养方案与实施计划，共同制定课程标准，将企业实际案例引入课程教学，将企业文化融入浸润到学生日常学习之中，培养学生"一丝不苟、精益求精"的精神。

3. 践匠行，打造工匠精神

学校通过组织学生参与志愿服务、挖掘劳动教育内涵等形式，鼓励学生对接社会需求，积极探索，大胆实践，努力打造"蓝精灵"志愿服务团队、智慧社区科普志愿服务团队等志愿服务品牌。学校对标临港新片区智能制造产业学院、航空航天产业学院、集成电路产业学院，积极打造"智能造""蓝天梦""中国芯"三个特色"大国匠苗"培养研习营，举办专业讲座 60 余场，走访企业 30 余次，千余名学生从中受益。学校围绕"知行新征程""知行乡村振兴"等十个主题开展近 1300 个社会实践项目研究，参与人数达 11000 余人次，学生荣获"知行杯"上海市大学生暑期社会实践大赛多项荣誉。

4. 创匠艺，强化工匠精神

学校精心打造"德泰书院"等多间生活园区创新活动室，组建科创团队，将创新创业教育融入第一课堂，举办科技创新创业竞赛，营造良好科创氛围，推崇"执着专注、不懈创新"的精神。近年来，学校在第 44 届世界技能大赛、"挑战杯"大学生课外学术科技作品竞赛、"互联网＋"大学生创新创业大赛、中国机器人大赛暨机器人世界杯中国赛等竞赛中屡创佳绩。

5. 铸匠魂，升华工匠精神

学校不断强化价值引领，引导学生增进对工匠精神的认同，朝着道技合一的目标不断迈进，培养家国情怀。学校注重提升学生就业核心竞争力，毕业生总体去向落实率超过 98%，在同类高校中名列前茅，近三年来千余名毕业生扎根临港新片区就业。2023 年，学校荣获"上海市促进就业先进集体"。学校培养了世界技能大赛优胜奖获得者孔元元，援藏援疆建设"三朵姐妹花"毕东媛、刘莉、杨克莉等一批优秀学生，《光明日报》等媒体报道学校相关成果 50 余篇。同时，学校申报获批上海大学生思想政治教育培育项目等相关课题、项目 10 余项。

"匠苗"遇上"创苗"集训营

三、经验启示

上海电机学院将工匠精神培育融入育人每一个环节，实现由重"量"到提"质"再到塑"魂"的突破。

1. 注重培育系统性

学校将工匠精神培养贯穿于学生从入校到毕业离校全阶段，渗透于人才培养全过程。在课程建设方面，进一步加强体系规划、教材编写和课程开发；在素质拓展方面，通过思政实践、社会实践、科创实践、劳动实践等进行全方位渗透培养；在文化浸润方面，通过利用古今中外著名工匠图片、雕塑、视频等元素进行宣传，利用"两微一端"等新媒体讲好"大国工匠"故事，提升学生对"工匠精神"的理解力和亲切感。

工匠精神铸魂育人示意图

2. 增强培育延展性

学校积极开拓视野，学习德国的"劳动精神"、日本的"匠人精神"等共通精神，充分借助企业、社会组织、家庭甚至国际等多方力量，平等参与，共同推进实践育人机制和平台建设。

3. 推进培育专业化

学校以工匠精神铸魂育人过程中注重体现专业特色，将目标体系、内容体系、评价体系与学生所学专业要求深度融合，实现实践育人与专业学习的有效衔接，确保育人体系的完整性与连贯性。

4. 实现培育品牌化

学校各二级学院根据各自学科特色、专业特点和工作特性，通过项目化、特色化、优质化培育，逐步打造"一院一品"育人特色品牌。在品牌项目基础上秉持"精准育人"理念，针对不同群体推进实施"订单式培养计划"，提高人才培养的针对性和有效性，为推进中国式现代化提供有力的人才支撑。

（上海电机学院）

沉浸式戏剧党课的创新实践

一、基本情况

上海戏剧学院以习近平新时代中国特色社会主义思想和党的二十大精神为指导，以社会主义核心价值观为引领，根据新时代党的建设总要求，按照中央关于加强党的政治建设和党员教育管理的总体部署，坚持"打造精品、凸显特色、注重实效"的原则，充分依托艺术专业资源优势，立足文化传统、学科特色和党员特点，坚持创造性转化、创新性发展，打造沉浸式戏剧党课，使表达形式更鲜活、更具感染力，让党的创新理论"飞入寻常百姓家"。从 2019 年至今，学校已经开设了"永怀初心使命　坚定文化自信""初心如磐　使命在肩""百年寻路中国梦""我们的新时代　新时代的我们"四期"伟大工程"示范戏剧党课。

学生党员在戏剧党课《初心如磐　使命在肩》中重温入党誓词

二、主要做法成效

戏剧党课运用剧目表演、诗朗诵、舞蹈等艺术手段进行"情境营造"，让学生深度参与其中，达到思想共鸣和情感浸润的效果，在潜移默化中推动社会主义核心价值观落细落小落实。"情境营造"主要体现在以下三个方面：

1. 课堂形态方面

学校积极创新党员教育形态，依托戏剧党课打通讲台与舞台、教室与场馆、校内与校外的界限。在戏剧党课上，教师带领学生走进剧场、烈士纪念馆、红色教育基地等，打造"行走的课堂"。在党课创作、排练、演出、宣传的全过程中，教师和学生一起通过角色扮演来理解人物、感悟情节。在创排党课过程中，教师"放下身段"，和学生共同切磋交流，共同受益受教。这种沉浸式的课堂形态赋予学生多场景、综合性的学习机会，强化自主学习、沉浸式教育、朋辈协同、社会交往和艺术实践，让师生在戏剧创作、排演、观赏中学、思、悟。

2. 教学环节方面

戏剧党课的创排演播是　个完整的教育教学链，包括：创作时，围绕党史资料、人物素材进行研讨式教育；排练时，围绕历史不同阶段、不同革命人物、模范人物的人生经历和命运抉择实施启发式教学；演出时，引导学生进入规定情境，开展让学生切身体会理论触动情感的体验式教育；演出后，开展总结创作和演出经验的感悟式教育等。尤其是在创作排练阶段，师生需要共同参与党课素材

戏剧党课《百年寻路中国梦》中青年毛泽东给学生授课

搜集、剧本编创，同时针对某段故事、某个场景、某句台词等展开研讨，研讨内容不局限于剧本，也可以是与剧本相关的历史背景，这将有助于师生更好地理解角色并在舞台中加以呈现。与此同时，师生还要通过查阅文本资料、观摩影视资料等手段进一步揣摩人物，以便更准确地塑造好角色。

3. 教学设计方面

戏剧党课教学形式的艺术性和灵活性决定了戏剧党课的教学设计具有动态化和多元化特点。在戏剧党课排演过程中，教师需要将党的创新理论、百年党史与家庭教育、学校教育、青年奋斗等话题结合起来，剖析相关理论，讲述相应历史，并依托音乐、舞蹈、绘画、朗诵、视频等艺术形式进行形象化表达。在这一

参演戏剧党课《我们的新时代　新时代的我们》
舞蹈展示共产党人百年奋斗历程

过程中，教师还要注重自己的言谈举止，给学生做好榜样示范。教师肩负着演员和导演的双重身份，既要和学生融入戏剧情境，又要组织排练，在排练过程中还要时刻观察学生的学习状态和情感反应，发现问题，及时解决，把控好课堂教学局面，最终让学生在角色体验和情感氛围中受到精神洗礼。

三、经验启示

1. 铸魂育人，价值引领成效显著

戏剧党课运用舞台艺术手段将党的最新理论成果和党史故事展现出来，达到铸魂育人的效果，引导广大师生将"艺术为人民服务"的创作导向根植于心。

2. 育人者自育，各级党组织示范引领作用凸显

参演师生感慨"排完一次戏剧党课，精神受到了洗礼，信仰更加坚定"。各基层党组织在戏剧党课的感召下，积极创建"一支部一品牌"，推出各类具有专业特色的党建活动，有效发挥了党组织的示范引领作用。

3. 戏剧党课创作要通过小切口驾驭宏大叙事

戏剧党课创作需要进一步着眼身边人身边事，深入挖掘党史中的生动素材，做好调查研究，把党中央要求和基层学习需求紧密结合起来，找到符合党员实际的切入点和有效的表达方式，将具体可感的人和事与时代背景相结合，以小切口揭示大主题、以小人物展现大时代。

（上海戏剧学院）

从"我们的城市"出发
让学生站上理论宣讲舞台

一、基本情况

上海建设管理职业技术学院以习近平总书记考察上海以及对立德树人、职业教育、青年人才培养的重要论述为指引，围绕"我们的城市"主题，在开展"学思践悟行"渐进式、一体化的教育实践中，紧紧围绕坚持和发展中国特色社会主义、实现中华民族伟大复兴中国梦，培育和践行社会主义核心价值观，引导新时代学生站上理论宣讲舞台，将社会主义核心价值观内化为精神追求、外化为自觉行动，传递传播重大实践、重要论述中蕴含的实践智慧和真理力量。

"我们的城市"青年理论宣讲活动

二、主要做法成效

1. "共学"理论，夯实功底

学院将理论学习作为开展教育实践活动的首要环节，发挥"青马讲师"的学科优势、个人专长，开发相关课程内容。比如，邀请思政课教师以"从党的'籍贯'看上海城市精神"为主题讲深讲透"党的诞生地和初心始发地"的故事，邀请花艺金牌教练以"让世界听见中国花开的声音"为主题宣讲"改革开放排头兵"的具体生动实践，通过12堂贴合时事热点、学习难点，师生共同打造示范课程"金名片"，深度挖掘理论内涵，丰富课程内容，引导学生从"我们的城市"历史发展中发现事实背后的思想伟力，在真学真信中坚定理想信念。

2."共思"选题，把准方向

学院坚持理论宣讲以学生关注的热点、难点、痛点问题为切入口，引导学生自学理论时抛出"真问题"，再由"青马讲师"指导将"大理论"分解成"微小课题"，带领学生沿着习近平总书记的足迹找答案、找出路。例如，在读到"以壮士断腕的决心解决生态问题"时，聚焦崇明世界级

师生"共思"选题，把准宣讲方向

生态岛建设样本，探求"上海追求的更高质量的 GDP"；在读到"政绩在老百姓的口碑里"时，到杨浦滨江从市民口中聆听"上海旧改三十年"以及"还江于民"背后"人民至上"的城市发展理念。用"微小课题"把重大战略、重要部署与青年关切的身边小事、上海发展的典型样本结合起来，引导学生带着问题、带着思考学，让宣讲稿真正沾上泥土味、烟火气。

3."共行"致远，带动引领

学院坚持把理论学习和宣讲过程作为立德树人的重要方式，同时辐射行业单位、兄弟院校，结合行业特点，积极探索围绕社会主义核心价值观在基层宣讲中的创新性理念与形式，增强仪式感，以学生的生动演绎传播城市精神。目前，"我们的城市"理论宣讲教育实践活动已吸纳500余名学生，培养了包括"全国优秀共青团员""团十九大代表""全国技能大赛金牌选手"等在内的近80名优秀青年师生理论宣讲员，撰编稿件百余份，创作打磨精品课程40余门，累计开展宣讲100余场，线上线下听讲8000余人次，相关推文及线上宣讲视频累计阅读量5万+，受众包括大中小学、企事业单位、基层社区等全年龄段人群，宣讲作

师生"共行"致远，带动引领创新

品获得市级宣讲类比赛奖项 18 项，相关工作得到《青年报》、"上观新闻"、团市委"团在校园"等多家媒体平台的宣传报道。

三、经验启示

从倡导到实践、从理念到行动，社会主义核心价值观得到广泛践行，学生的思想觉悟、道德水准、文明素养显著提升。未来，我们将继续深化青年宣讲团建设，以社会主义核心价值观为引领，培养堪当时代重任的栋梁之材。同时，进一步创新方式方法，让身边人讲身边事，将创新理论化作身边事、身边理，让宣讲走进群众心坎里，把社会主义核心价值观融入社会发展各方面，转化为人们的情感认同和行为习惯，用"青言青语"生动讲述"最摩登、最江南、最硬核、最上海"的城市故事。

（上海建设管理职业技术学院）

新思想·新青年·新表达：
探索朋辈育人模式　构筑理论宣讲新阵地

一、基本情况

为深入学习习近平新时代中国特色社会主义思想和习近平总书记考察上海重要讲话精神，加强学校意识形态阵地建设，探索马克思主义学院育人新模式，上海东海职业技术学院组织成立了"追梦东海人"大学生理论宣讲团。宣讲团积极构建"123"育人体系，即围绕"一个目标"、夯实"两个基础"、打造"三个品牌"，形成学生理论宣讲新阵地。目前，宣讲团成员由大一、大二学生组成，每年定期开展招新培训工作，形成了具有鲜明特色的宣讲活动机制，从而起到引导学生学思践悟、在朋辈教育中引领思想、在思想浸润中坚定信念的作用，构建学思用相长、知信行合一的育人模式，促进学生争做新时代社会主义事业的接班人和习近平新时代中国特色社会主义思想的宣传员，取得了良好效果。

二、主要做法成效

1. 围绕"一个目标"，强化思想引领

学院积极组建"追梦东海人"大学生理论宣讲团，以深入学习习近平新时代中国特色社会主义思想和习近平总书记考察上海重要讲话精神，以探索高校人才培养新模式、新渠道为目标，培养既有高尚的道

大学生讲思政课微课录制

德修养、又有扎实的理论功底和过硬的专业技能的大学生，激发大学生参与宣讲的积极性与主动性，通过朋辈教育传播新思想，激励广大学生努力成为担当民族复兴大任的时代新人。

2. 夯实"两个基础"，筑牢宣讲底色

一是加强导师队伍建设。"追梦东海人"宣讲团现有导师十余人，由马克思主义学院思政课教师组成专业导师团队，定期对宣讲团进行相关理论、宣讲技巧、文字撰写等方面的专业指导和培训。二是提高宣讲团成员的素质和能力。面向学院全体学生，积极吸纳优秀学生骨干进入宣讲团。在团队建设与发展过程中，通过"以老带新"模式，由大二学生带领大一新生进行常规化的宣讲训练，夯实学生的宣讲功底。

3. 打造"三个品牌"，固化工作成果

其一，大学生讲思政课。为深入推动习近平新时代中国特色社会主义思想进教材进课堂进学生头脑，深化新时代高校思政课改革创新，"追梦东海人"宣讲团组织团队打磨"大学生讲思政课"作品，录制微党课和特色宣讲视频10余个，并荣获2023年第七届全国高校大学生讲思政课公开课展示活动一等奖、上海高职高专大学生讲思政课比赛特等奖，上海民办高校"星火传承：'00后'的党课小课堂"学生微党课大赛一等奖、二等奖等荣誉。

学生在中共四大纪念馆做讲解志愿者

其二，红色寻迹系列宣讲活动。宣讲团利用寒暑假开展校外红色之旅研学活动，坚持理论联系实际，切实提升宣讲员的文化素养及其对历史的理解深度，帮助他们坚定理想信念。截至目前，学院宣讲团在井冈山、长沙、中共四大纪念馆、中共五大会址纪念馆、八七会议会址、龙华烈士陵园、陈云纪念馆都进行了红色寻迹研学活动，宣讲次数达46次，宣讲受众800余人次。

其三，志愿者服务。宣讲团成员作为志愿者在校外实践基地服务。比如，马克思主义学院与中共四大纪念馆开展深度合作，成为"大思政课"共建单位。宣讲团志愿者经过中共四大纪念馆组织的严格培训，考核合格后方能上岗。目前，志愿者团队已为中共四大纪念馆、国旗馆提供 30 余次讲解服务，收获广泛好评。

暑期井冈山研学宣讲

三、经验启示

第一，"追梦东海人"理论宣讲团在习近平新时代中国特色社会主义思想引领下，夯实青年理想信念之基，采用朋辈育人模式以增强新理论、新思想的实践性和感染力。

第二，依托形式多样的社会实践宣讲活动，构建思政课实践教学新模式，丰富了"大思政课"背景下学生"学思践悟"学习体系，形成了一套比较完备的培养机制和运行制度，为今后思政课教学改革和育人模式创新提供了有益经验。

今后，大学生理论宣讲团将立足宣讲实践活动，及时梳理与提炼好的经验做法，形成校本化的宣讲案例，努力把宣讲团工作成果转化成实践成果，将"经历"转化为宝贵的"经验"，固化为工作机制，形成可借鉴、可复制，具有示范引领作用的典型案例。

（上海东海职业技术学院）

党建引领聚合力　莘莘学子助社区

一、基本情况

上海邦德职业技术学院党委深入学习习近平新时代中国特色社会主义思想，贯彻落实党的二十大关于职业教育的部署要求，锚定职业教育类型特征，围绕"现代城市服务业"深入开展学习与调研，为应用型人才培养工作赋能。

二、主要做法成效

做法 1. 构建"党建 +"运行机制

学校党委引导各二级学院党支部践行"党建 +"模式，充分发挥专业优势和特长，助力青年学生将自己激昂的青春梦融入伟大的中国梦。如机关第一党支部采用"党建 + 思政宣讲"的方式，建立校党委党员教育讲座教师宣讲团，发挥思政课教师在宣讲中的作用；机关第二党支部采用"党建 + 校园文化"的方式，打造多元校园文化，建立"校—团—二级学院、部处"等三级联动宣传机制；机关第三党支部采用"党建 + 教育教学"的方式，依托"以赛促学、以赛促教"职业教育模

"人民之城巡览"：仙桥村党群服务
中心志愿服务活动

式，积极推动教育教学各项工作。各二级学院党支部将党建与各学院专业建设结合起来，形成"党建＋专业建设"模式，强化党建与专业建设同步走。比如，经济与管理学院党支部社会工作专业与宝山区大场镇长乐养老院建立党建共建关系，酒店管理学院党支部与上海旅游高等专科学校酒店与烹饪学院党支部建立共建关系等，以党建推动专业建设高质量发展。

做法 2. 构建"属地实践"共建机制

自主题教育开展以来，校党委与宝山区大场镇政府签订区域化党建共建协议，校地共建协同育人，依托专业力量，在党建引领下推动上海社区建设，充分挖掘社区资源，借助"大场镇——邦德学院校政合作实践基地"这一平台实施。经济与管理学院社会工作专业在学院党委指导下，秉持"夯实基层社会治理"的原则，不断调整专业布局，结合上海市政府提出的"在'十四五'期间发挥社会工作在基层社会治理中的作用"的要求，充分挖掘社会治理案例和城市红色元素。自 2022 年秋季学期起，社会工作专业的师生以极大的热情开启上海十六区的基层实践，通过集齐上海各区人民城市基层实践的特色拼图，为提升专业能力和职业认知打下"第一桩"。

大场镇学士逸居社区党支部共建活动：
"大场镇——邦德学院社会工作实践基地"

成效 1. 落实立德树人根本任务

学院着力把习近平新时代中国特色社会主义思想转化为坚定理想、锤炼党性和指导实践、推动工作的强大力量，锚定职业教育类型特征，围绕"现代城市服务业"深入开展学习与调研，为应用型人才培养工作赋能。目前，每周三全天，38 名大一新生被分派到宝山属地 9 个社区，连续开展 16 周社区志愿服务，以服务社区为目标、以精准就业为导向，结合上海市政府提出的"在'十四五'期间发挥社会工作在基层社会治理中的作用"的要求，协助社区开展社区宣传、儿童友好社区建设、社区卫生检查、社区绿色楼栋建设、党建共建等工作，服务社区居民累计 720 人次。

成效 2. 推进专业教学改革

主题教育的深入开展有力推动了学院应用型、创新型人才培养的教育教学改革，为培养学生应用能力和创新能力搭建实践平台，探索校政结对构建新模式，立足自身专业优势和特色，主动融入地方基层社会治理发展战略。构建有社会工作专业特色的沉浸式育人模式——即学生在三年学制中的前五个学期同步参与理论学习和基层实践，每周三天在校学习理论，另外两天深入社区居委、民政街道、网格中心、行政服务中心等基层政府治理机构实习；第六学期，要求学生全天候深入基层实习，重点培养"一专多能"的"社区全科社工"，助力学院成为"有特色、高质量、高水平"的国际化、开放型的职业院校。

三、经验启示

"人民之城巡览"——仙桥村党群服务中心
志愿服务活动：赴居民家中志愿服务

1. 属地共建拓宽育人广度

学院紧扣"现代城市服务业"要求，对接属地社区，为应用型人才培养工作赋能，在一定程度上促进了社区"微建设"。学生深入真实的工作环境，体验相应的工作内容，提升了对社会工作专业的认知和职业自豪感。他们被基层社会服务者身上的"孺子牛"精神所感染，从而进一步理解和内化社会主义核心价值观。

2. 党建共建提升育人高度

学院建立健全学习教育长效机制，推动理论入脑入心入行。依托公办高校党建共建平台、思政课同城协作平台突破民办高校资源少的困境，凝聚党建共建育人合力，使学生通过共建，从理论和实践中深刻领悟到"人民城市人民建，人民城市为人民"的精髓要义。

（上海邦德职业技术学院）

开设"三融"微党课
让主题教育更具生命色彩

一、基本情况

为深入开展学习贯彻习近平新时代中国特色社会主义思想主题教育，把培育和践行社会主义核心价值观工作做得更细、更实、更深入人心，深化党员教育培训和党课常态长效机制建设，上海市嘉定区南翔幼儿园党支部（以下简称"南翔幼儿园党支部"）结合"三会一课"制度，组织全

党小组挖掘南翔古镇红色故事

体党员创新开设"三融"微党课：一是将微党课内容融入主题教育，发挥党员集体智慧，使主题教育更深入；二是将微党课主持融入青年教师培养工作，引领青年进步；三是将微党课地点融入生活真实场景，使幼儿感受真切。将党员的思想学习与工作实践相结合，鼓励党员把"讲理论"与"讲故事"有机结合，用"小切口"引出"大话题"，有效提升党员的党性修养，增强党员素质，为幼儿园党建工作纵深开展提供了强大内驱力。

二、主要做法成效

1. 从"单兵"到"小组"，凝聚集体智慧深入学习

开设微党课，不仅转变了学习载体与形式，而且从根本上改变了学习方式，

红色资源实地走访

使个人的"单兵学习"转变为"小组合作学习"。南翔幼儿园党支部建立三个党小组，分组设计微党课内容，挖掘南翔古镇上的红色故事，通过积极讨论、实地走访，各党小组围绕南翔历史文化陈列馆、陈君起纪念馆和古猗园分别确立微党课主题。教师通过查阅资料，反复斟酌教案内容，相互讨论，把抽象的理论与实际联系起来，撰写符合幼儿年龄特点的微党课文稿。采用互动交流、头脑风暴的小组合作方式，有利于激发党员教师的学习兴趣，凝聚集体智慧，使党员教师的思想水平、理论素养、思辨能力、表达能力等方面得到提升，进一步推动理论学习往深里走、往实里走、往心里走。

2. 从"倾听"到"分享"，引领青年教师积极参与

南翔幼儿园党支部坚持用习近平新时代中国特色社会主义思想引领青年成长，鼓励青年党团员教师担任微党课的主讲人，把微党课变成人人参与的大讲堂。青年党员教师积极参与，青年团员教师也不甘落后。三位主讲人提前将微党课内容熟记于心，她们用质朴的语言、鲜活的案例生动讲述自己心中"一心向党，砥砺前行"的故事。党员教师们从革命先辈的光辉事迹中汲取了奋斗力量，激发了迈向新征程的斗志，凝聚形成立足岗位建新功的精气神。

3. 从"画面"到"现场"，引导幼儿深入体验感悟

微党课的开展把基层党建和保育教育业务工作紧密结合起来，使两者融合

互利、相互促进。在拍摄微党课"藏在公园里的红色故事"时，党员教师带领幼儿一起来到古猗园，幼儿实地聆听关于缺角亭的历史故事，亲身寻找缺角亭缺失一角的秘密；参观微音阁，了解"微音"代表爱国人士发出正义的呐喊，进一步激发幼儿爱家乡、爱祖国的积极情感。制作完成的微党课分享给每个班级，全园教师和幼儿一起观看，共同学习。微党课将南翔镇的红色资源充分转化为生动教材，更好地引导南翔幼儿园全体党员教师、幼儿学习与感悟这些地点背后蕴含的革命传统和革命精神。

三、经验启示

外修于"形"、内炼于"心"、落实于"行"，开设"三融"微党课创新了教育形式、丰富了传播载体、搭建了互动渠道，营造了有效学习和践行社会主义核心价值观的良好氛围。南翔幼儿园党支部将进一步深入学习贯彻习近平新时代中国特色社会主义思想，用好微党课，鼓励党员教师继续

微党课设计讨论

挖掘利用周边的红色教育资源，设计适合对幼儿进行品德启蒙的红色教育活动，积极推动主题教育成果走深、走好、走实，将社会主义核心价值观教育与南翔幼儿园的德育工作紧密结合起来，教育引导全体党员教师坚定理想信念、筑牢初心使命，实现以学铸魂、以学增智、以学正风、以学促干。

（嘉定区教育工作党委）

引导学生真切体验协商民主
坚定制度自信

一、基本情况

党的二十大报告强调指出，发展全过程人民民主是中国式现代化的本质要求之一，全过程人民民主是社会主义民主政治的本质属性，是最广泛、最真实、最管用的民主。发展全过程人民民主，要加强人民当家作主的制度保障，全面发展协商民主，积极发展基层民主，巩固和发展最广泛的爱国统一战线。

协商民主是实践全过程人民民主的重要形式。协商民主源自中华民族长期形成的天下为公、兼容并蓄、求同存异等优秀传统文化，从革命时期的统一战线，党强调团结合作，协商共事，到全国政协协商筹建新中国。今天，协商民主贯穿我国民主政治全过程，包括政党协商、人大协商、政府协商、政协协商、人民团体协商、基层协商以及社会组织协商。通过健全民主制度，丰富民主形式，拓宽民主渠道，既尊重多数人的意愿，又照顾少数人的合理需求，寻求最大公约数，画出最大同心圆。

师生参加上海市模拟政协活动

作为普陀区协商民主学生实践体验基地，上海曹杨第二中学通过"基地＋导师＋生涯＋课题"的工作模式，将"请进来"和"走出去"相结合，邀请教育领域区政协委员担任导师，与学校思政课骨干教师形成合力，定期对学生开展"生涯导航"，提供个性化职业体验岗位和生涯实训指导；围绕"社情民意调研""政协提案及调研撰写知识"等开展相关指导，提供专业支持，引导学生直观感受和真切理解国家基本政治制度的运行和民主政治发展状况。

二、主要做法成效

1."模拟政协"是实践协商民主的重要载体

政治协商是协商民主的重要形式之一。人民政协是社会主义协商民主的重要渠道和专门协商机构。人民政协的工作要把协商民主贯穿政治协商、民主监督、参政议政全过程。从 2018 年 3 月举行全国政协十三届一次会议至今，全国政协共收到提案两万九千多件。这些提案中，每年

学生代表列席参加区政协会议

都会有来自中学生参与"模拟政协"活动的提案，比如，《关于完善学生社会实践体制的提案》和《关于加强公共场所母婴室建设的提案》，提案内容也在一定程度上影响了政府决策。

"模拟政协"是一项青少年有序参与政治生活的社会实践活动，是由高中生自主组织和开展的模拟人民政治协商会议和政协委员参与政治协商的活动。2016 年，曹杨二中成为上海市青少年模拟政协活动项目的负责学校，学校连续九年参加全国和市区"模拟政协"活动。

学生围绕社会民生热点难点问题确定提案的调研方向，提案涉及教育、非机动车安全管理、养老、网络商业广告、劳动教育、爱国主义教育基地、医院便民服务、防治网络暴力、"半马苏河"文旅品牌的开发完善等。学生代表还受邀列席观摩普陀区政协会议，生动体会和把握了我国政治制度具有的独特优势。

2. 基层参与是推进协商民主的重要路径

基层协商是协商民主的又一重要形式之一。协商的过程是党和政府保持与人民密切联系的过程，是广泛听取不同声音、吸收有益意见建议的过程，是化解矛

盾、达成共识的过程，使党和政府的决策和工作更合乎民意和实际，也让包括青年学生在内的人民群众了解、理解和支持党的路线方针政策的过程，使党的路线方针政策贯彻得更彻底、执行更有力。

目前，基层社区涌现出"百姓议事团""居民议事厅""搬着板凳议事""民主恳谈会"等具有烟火气和生活味的基层协商民主的鲜活实践。比如，关于老旧小区多层住宅加装改造电梯的工作，居民更关注"要不要装、怎么装、选择什么品牌、出资比例多少、加装后的维护"等问题；又如，小区改善生活垃圾分类的工作，居民更关注"如何有效分类、怎么方便投放、小区的垃圾投放设施是否完善"等问题。

三、经验启示

1. 带领学生在活动参与中深刻理解协商民主的实质与意义

学生依托导师资源，以自己的视角来观察体验社会、研究服务社会，学会理性全面地看待社会发展中需要急切关注和解决的问题，撰写高质量的反映民意的调研报告，提升政治协商、民主监督、参政议政的参与度和参与质量。

2. 坚持发扬民主和建言献策凝聚共识双向发力

学生参加模拟新闻发布会

学校将始终贯彻落实党的二十大精神和习近平新时代中国特色社会主义思想，通过与政协共商共研共建，用好资源，多方联动，扎实开展实践体验活动，注重成果转化。

3. 坚持"思政小课堂"与"社会大课堂"紧密结合

学校着力让学生在亲历全过程人民民主中提升参与协商民主的热情和能力，把握全过程人民民主的内涵，增强政治参与能力和社会责任意识，引领曹二学子在实现中国梦的生动实践中放飞青春梦想，成长为坚定"四个自信"的时代新人。

（普陀区教育工作党委）

开设"手语+"团课
打造思想引领"青春样板间"

一、基本情况

　　青年思想引领是永恒的"进行时"。团课作为新形势下共青团开展青年思想引领的有效载体，已经成为上海市聋哑青年技术学校师生投身思想引领的"青春样板"。校团委坚持把习近平新时代中国特色社会主义思想、习近平总书记关于教育的重要论述等作为培塑理想信念、增强理论素养的知识

聋青技学子参加"学党史、强信念、
跟党走"手语微团课比赛

源泉和指引工作的方向标，通过设立特殊教育中职校特色团课，将中国共产党建党百年、中国共青团建团百年、党的二十大等重要时间节点和事件作为思政教育发力点，带领学生一起了解党的光辉历史、感悟初心使命、领会创新理论、传承红色基因。为了让团课更有吸引力、感染力，更能打动人心，校团委带领听障学生一同用手语"唱响"红歌、"讲述"党史、"寻访"榜样、"表白"祖国，用独特的方式表达爱党爱国爱家的情怀，培育和践行社会主义核心价值观。

二、主要做法成效

　　新时代共青团如何做好青年学生的思想引领，成为摆在现实面前的重要课

题。校团委书记郁丽倩开设 2020 年上海市高中阶段首堂主题团课"绽放青春之花　坚定制度自信",团员们一同"唱"响手语团歌,学习习近平总书记给北京大学援鄂医疗队全体"90 后"党员的回信。通过身边团员代表带来的手语演讲,让大家感受到虽然我们听不见,但一样可以为国家做些力所能及的事。这堂团课激发起特殊学子对青春担当的思考,在面对时代大任时,更要用信仰为青春定向,用知识为青春赋能,用奋斗为青春添彩。

为庆祝建党一百周年,校团委书记郁丽倩作为静安团区委"JA37 民星讲师团"讲师,在"奋斗百年路,学史践初心——学党史·强信念·跟党走"共青团党史学习教育主题团课活动中,深入社区、学校、企业、机关开展六场别开生面的团课宣讲,围绕中国共产党的创立与红船精神、中国共产党的成功秘诀、学史爱党学史爱国等方面,用手语这种特殊方式带领大家重温党的百年恢宏奋斗史,一起追忆先辈们的峥嵘岁月,共有近 1000 名青年参与团课学习。

打开建团百年的漫长历程,每一章都记录着中国青年的伟大奋斗历程,每一页都闪烁着爱国主义的灿烂光辉。微团课"咖啡之上绽放生命的精彩"是由上海市聋哑青年技术学校的团员学生根据亲身经历讲述自己从梦想成为咖啡师的"小

聋青技学子参加"学党史、强信念、跟党走"手语微团课比赛

白"，到拥有一技之长的"静默咖啡师"的艰辛与收获，他们从心底迸发出"身体的残缺并不代表什么，只要不负韶华地拼搏，我们也可以逆光逐梦，书写青春的最美华章！"作为新时代特殊青年，施展才干的舞台无比广阔，实现梦想的前景无比光明，聋青技学子将牢记习近平总书记的嘱托，

微团课《咖啡之上绽放生命的精彩》荣获
2022年度上海学校共青团主题微团课大赛一等奖

以"青春之我"在奋进中绽放生命的精彩，成就民族之梦想，国家之希望。这节"手语＋"微团课从全市48所高等院校、64所高中阶段学校推荐的378件优秀作品中脱颖而出，荣获2022年度上海学校共青团主题微团课大赛一等奖。

党的二十大是一次承前启后、继往开来的大会，校团委书记领学二十大精神，以"创新，让青春更加闪亮；创新，让人生更加出彩"为主题，给出了一份特殊中职生如何守正创新的青春答卷。团员和青年主题教育第四专题"挺膺担当"团支部专题学习已经陆续展开。围绕习近平总书记对广大青年提出的立志做有理想、敢担当、能吃苦、肯奋斗的新时代好青年和对广大团员提出的"五个模范、五个带头"的重要要求，校团委结合习近平总书记关于职业教育的重要指示精神和特殊青年学生的职业教育培养目标，围绕"追寻红色足迹镌刻热血担当""见证中国发展　感悟青年担当""守正创新谋复兴　自信自强启未来"三个篇章开讲"不忘初心跟党走　挺膺担当向未来"团课，该团课入选2023年团中央专题团课资源包。

在开展"手语＋"团课思想引领的过程中，涌现出一批"传承红色基因"手语讲解员，学生到上海宋庆龄故居讲述与录制红色故事，在市区级舞台上讲述与感悟红船精神。"手语＋"团课培育了特殊学生对党和国家的坚定信念，成为上海市特殊教育学校思想引领的一面旗帜。学校逐渐形成"思想育人见成效、品德教育结硕果、学生养成风气正、综合能力有提升、社会实践有收获、创新创业有贡献"的良好育人工作格局。

三、经验启示

学习贯彻习近平新时代中国特色社会主义思想让特殊青年学子不断增强对新时代中国发展成就的自豪感，让爱党爱国爱社会主义的情怀深深扎根在特殊青年学子心田。今后，校团委将继续发挥好政治引领在特殊青年成长过程中拔节孕穗的作用，努力把"固定动作"办出新创意，让小团课演绎出大精彩，发挥团干部做先锋带头学的模范作用，将党史学习教育、中国青年运动史、上海红色资源作为最生动权威的教材，从特殊青年学子的学习生活、创新创业、志愿服务、职业发展等方面切入，用手语讲述红色故事、寻访榜样人物、畅谈社会实践感悟、发出无声誓言等多样化的环节设计，上出具有特殊教育学校特色的"手语+"团课，把自立自强、实干奋斗的精神扎根到学生心中，进一步提升特殊学子的获得感和使命感。

（上海市聋哑青年技术学校）

弘扬伟大建党精神

弘扬伟大建党精神
向世界讲好中国共产党故事

一、基本情况

伟大建党精神具有强大的引领力、塑造力和辐射力，是深厚的鲜活的教材。上海外国语大学深刻认识伟大建党精神蕴含的科学内涵和育人价值，让伟大建党精神成为立德树人的强大动能，上好伟大建党精神"大思政课"，着力建设高校中国共产党伟大建党精神研究中心分中心。学校抓好思想引领、坚持以文化人，学深悟透践行伟大建党精神，整体布局伟大建党精神"大思政课"工作蓝图；立足全球视野，发挥学科特色，着力构建伟大建党精神研究阐释知识谱系；大力推进伟大建党精神的实践转化，强化伟大建党精神传播创新实践，向世界讲好中国共产党故事。

二、主要做法成效

1. 整体布局伟大建党精神"大思政课"工作蓝图

学校依托校园课堂，将伟大建党精神的核心要义讲深讲透。全面精准，打造伟大建党精神本硕博全学段全学科全覆盖课程链；厚植理念，在本科"形势与政策"课程教学中开设"英文讲党史""伟大建党精神的科学内涵与时代价值"等专题；自然融入，在思政课实践教学中将伟大建党精神相关主题列入选题指南，开展实践课题研究；社校联动，与中共一大纪念馆联合探索建立"思政教师＋主讲嘉宾"课程讲授团队；后台发力，成立六个课程中心，举行"将伟大建党精神融入思政课程"集体备课会，研讨将伟大建党精神有机融入思政课程的创新实践。

学校在"形势与政策"课程教学中开设"英文讲党史"专题

学校依托社会课堂，让伟大建党精神的丰富内涵可感可及。学校联合中共一大纪念馆共同打造"大思政课"实践教学基地，充分发挥革命文物、场馆的典藏、研究、展示和教育功能；特色鲜明，与中共一大纪念馆开展战略合作，推进7个语种40万字文本翻译，融通外语学科优势和党史资源优势，深入阐述伟大建党精神的丰富内涵，使中国共产党的故事生动易懂；技术赋能，推动红色资源进校园，联合中共一大纪念馆开展伟大建党精神全国巡回展览，向中外师生诠释"伟大精神铸就伟大时代"；着眼身边，300余名师生组成采写团队，涉及28个语种，体现小切口、全景化、写实性特点，使用多种语言讲述党的诞生地故事。

2. 着力构建伟大建党精神研究阐释知识谱系

学校依托哲社研究平台清晰呈现伟大建党精神的学理脉络。作为首批成立的高校中国共产党伟大建党精神研究中心分中心，学校致力于向世界以多语种讲述中国故事和中国共产党伟大建党精神。2023年，举办"伟大建党精神在全球语境中的话语与叙事"国际研讨会，汇集来自中共上海市委党史研究室、上海市社会科学界联合会、中共一大纪念馆、上海市教育科学研究院、复旦大学、同济大学、上海大学、《文汇报》等单位的专家学者智慧，从历史的维度、全球化的视野和跨学科的研究方法来阐释伟大建党精神在全球语境中的话语与叙事的逻辑、途径和前景。

学校依托高校智库力量，为伟大建党精神的战略部署精准赋能。学校整合多学科资源，致力于特色研究领域和方向的拓展，从建党精神的内涵、实质、形象塑造以及海外传播等多角度、多方面，围绕"伟大建党精神"进行研究；通过国际会议、国际研讨、中外人文交流活动、智库专报等，表达中国态度，介绍中国经验，提出中国方案，传播中国智慧；开展《习近平用典》《习近平讲故事》《平易近人——习近平的语言力量》等著作外译；发布《网络媒体与全球传播》英文

学校师生多语译制中国国家形象系列宣传片并作交流展示

学刊、《跨文化交际与传播研究》国际期刊，聚焦国际传播能力提升，发出中国学界声音，构建中国学术话语体系。

3. 强化伟大建党精神传播创新实践

学校通过国际传播实践，促进伟大建党精神的经验智慧互通互鉴。将课程、网络、实践育人资源与国际传播能力培养相结合，组织师生深度参与中国共产党故事的国际传播实践，充分利用多语种形式和全媒体平台，提升全球叙事的吸引力和亲和力。学校与《人民日报》合作译制 12 个语种的中国共产党国际形象网宣片《CPC》，打造伟大建党精神国际传播品牌，在境内外网络平台上引起热烈反响和广泛关注；与《新民晚报》合作打造《百年大党——老外讲故事》多语种版外宣产品，助力塑造中国共产党可信、可爱、可敬的国际形象；打造具有国际视野的伟大建党精神传播网络平台，开通英语时评公众号 CPCReview，围绕伟大建党精神的国际传播推送相关英语国际政论、时评、述评。

学校积极开展青年担当行动，让伟大建党精神薪火相传。逾万名师生成为上海市注册志愿者，首批加入"上海红色纪念地青年志愿服务联盟"，年均累计服务时长达 20 万小时，形成多语种红色文旅和城市志愿服务特色实践品牌；不断深化与中共一大纪念馆、中共四大纪念馆等红色场馆的合作共建，开展多语种红色文化宣介志愿服务；与黄浦区合作重启"外国语学社"，主讲多语种版本《共产党宣言》；举办全市大中小学生讲好党史故事英语演讲比赛，共有 633 所学校 3616 名学生参与讲述，增强上海青少年的"四个自信"。

三、经验启示

党的二十大报告强调，要加快构建中国特色社会主义哲学社会科学学科体系、学术体系、话语体系，培育壮大哲学社会科学人才队伍；要增强中华文明传播力影响力，加快构建中国话语和中国叙事体系，讲好中国故事、传播好中国声音，展现可信、可爱、可敬的中国形象。上海外国语大学将继续围绕伟大建党精神的教育、研究和传播，发挥教学主阵地作用，将伟大建党精神融入学校"大思政课"体系，提升学生讲好伟大建党精神的话语能力；发挥学校特色，加强伟大建党精神宣传阐释和对外传播，在研学实践中彰显思想理论的价值，在全球话语构建中弘扬精神伟力，为服务支撑高质量发展、以中国式现代化全面推进中华民族伟大复兴贡献高校力量。

青年学子在红色场馆开展志愿服务

（上海外国语大学）

传承"两路"精神　唱响爱国情怀

一、基本情况

党的二十大报告中强调："弘扬以伟大建党精神为源头的中国共产党人精神谱系，用好红色资源，深入开展社会主义核心价值观宣传教育，深化爱国主义、集体主义、社会主义教育，着力培养担当民族复兴大任的时代新人。"习近平总书记考察上海时特别强调要传承弘扬红色文化。

上海音乐学院以习近平新时代中国特色社会主义思想为指导，深入学习贯彻习近平文化思想和习近平总书记考察上海重要讲话精神，坚持立德树人根本任务，制定学校《推进"三全育人"综合改革方案〔试行〕》《关于加强和改进新

2023 年 11 月 26 日，歌剧《康定情歌》专题节目在央视《音乐公开课》首播

47

形势下思想政治工作的实施细则》）。2021 年起，学校精心策划打磨并创排原创歌剧《康定情歌》，融思想性与艺术性为一体，构建"音乐＋思政"的"大思政课"模式，取得良好实效，形成强大铸魂育人的合力，培育和践行社会主义核心价值观。

二、主要做法成效

1. 讴歌"两路"精神，描摹时代英雄群像

学校根据流传于中国川西藏族地区一首具有世界影响力的民歌《康定情歌》为音乐基础，赋予其时代价值与人文内涵，从而打造一部中国原创歌剧。通过前期策划创作、实地采风，主创团队了解到一段在新中国成立之初，发生在川西大地上惊天动地的故事，主要反映在中国共产党的领导指挥下，由解放军、工程技术人员和当地人民群众组成的 11 万筑路大军于 1954 年建成川藏公路（原称康藏公路）、青藏公路，结束了西藏没有公路的历史，铸造了"一不怕苦、二不怕死，顽强拼搏、甘当路石，军民一家、民族团结"的"两路"精神，"两路"精神被纳入中国共产党人精神谱系。在此时代背景下，主创团队进一步深挖"一不怕苦、二不怕死"的"两路"精神，聚焦汉藏军民一家亲、民族大团结，展现了在中国共产党领导下新中国取得的伟大成就，以及推动西藏实现社会制度历史性跨越、经济社会快速发展的壮丽历史画卷，是一部用心用情用功打造的思想精深、艺术精湛、制作精良的民族歌剧作品。

2. "教创演研"一体化，实现全学科联动全员育人

歌剧《康定情歌》由上海音乐学院院长廖昌永担任总导演、艺术总监，作曲指挥系主任周湘林、上海音乐学院附属中学校长丁缨担任作曲，作曲指挥系教授张国勇担任指挥，众多业界资深专家强强联手，师生同台献艺，实现全学科、各院系和部门协同作战的"联合大作业"，实现创作表演、舞台呈现、宣传推广、评论综述、服务保障等全面覆盖。通过全校跨系部的联合作业，舞台即为课堂、教师"传帮带式"带教，巡演成为职业训练，为学生搭建了高水平的艺术实践舞台，既是学校"教创演研"一体化人才培养模式的成功实践，也是拔尖创新人才培养成果的集中展示。该剧为中国原创民族歌剧不断注入"上音方案"，为世界歌剧舞台唱出"中国声音"。

3. 在巡演剧组建立党支部，将思想政治教育融入全过程

近年来，学校注重将功能型党支部建到演艺剧组，加强思政引领，开设"行走"的音乐思政课。歌剧《康定情歌》开启巡演前，专门举办了出征仪式，院长廖昌永为全院干部、师生上了一节"紧扣时代脉搏，坚守人民立场，坚持守正创新"专题音乐思政课。

2023 年 5 月 8 日，上海音乐学院院长廖昌永以"紧扣时代脉搏，坚守人民立场，坚持守正创新"为主题，为全院干部、师生上了一堂生动的音乐思政课

在巡演过程中，结合演出内容和当地红色资源，马克思主义学院教师随行开讲，将思政课上到了排练现场和舞台上，诉说《康定情歌》的创作、表演历程，弘扬"两路"精神，引发数万观众共同唱响中华民族守望相助的炽热深情旋律。

4. 全国多地巡演，场场演出反响热烈

作为学校庆祝中国共产党成立 100 周年的大型献礼作品，歌剧《康定情歌》自 2021 年起至今公演共 14 场，先后入选第五届中国歌剧节、第 29 届"蓉城之秋"成都国际音乐节，总观摩人数超过 1 万人次，线上观摩数十万人次。各类媒体报道 674 篇，受到了全国各地专家的好评；演出反响热烈，备受观众喜爱。

三、经验启示

原创歌剧《康定情歌》从创作构思到形成框架，再到逐步完善、集中打磨，历时三年。学校党委高度重视，把它作为党建引领服务国家重大战略、服务社会的重要举措，着力开展思想政治教育，同时这也是一种延伸思想政治教育领域、创新思政课程形式的有益探索。

该剧先后入选国家艺术基金 2022 年度大型舞台剧和作品创作项目，文化和旅游部 2022—2023 年度"中国民族歌剧传承发展工程"重点扶持项目，教育部 2023 年度高校思想政治工作质量提升综合改革与精品建设项目，2023 年第五届

中国歌剧节优秀剧目，2021年度第一期上海市重大文艺创作资助项目，上海市建党百年、全面小康主题首批重点文艺创作项目。同时，学校以少数民族基地申报项目获批"国家民委中华民族共同体研究基地"。

上海音乐学院始终坚持为党育人、为国育才，赓续红色血脉，通过创演歌剧《康定情歌》，用好红色资源传承"两路"精神，培育和践行社会主义核心价值观，弘扬以伟大建党精神为源头的中国共产党人精神谱系，切实做到"坚持真理、坚守理想，践行初心、担当使命，不怕牺牲、英勇斗争，对党忠诚、不负人民"。

2023年5月8日，上海音乐学院党委书记裴小倩为歌剧《茶花女》
临时党支部书记陈晓翌、歌剧《康定情歌》剧组临时党支部书记郭恺授旗

（上海音乐学院）

服务革命老战士　弘扬新四军精神

一、基本情况

习近平总书记给上海市新四军历史研究会百岁老战士们回信时强调，多讲讲党的光荣传统和优良作风，引导广大党员不忘初心、牢记使命、坚定信仰、勇敢斗争。在考察盐城新四军纪念馆时，习近平总书记强调：新四军的历史"是开展革命传统教育、爱国主义教育的生动教材"。长期以来，上海电力大学自动化工

学子赴新四军四县抗敌总会纪念馆参观学习

程学院持续在用活红色资源、传播红色文化上下功夫，弘扬和践行新四军精神，深入推进社会主义核心价值观教育，将红色教育融入人才培养全过程，着力讲好红色故事，传承红色基因，赓续红色血脉。

学院党委以社会实践为载体，连续三年以党员、入党积极分子等牵头组队，开展了"服务革命老战士，弘扬新四军精神"主题系列实践活动，深挖新四军精神伟力，筑牢青年学生信仰底色。三年期间，累计参与队员 43 人次，线下宣传对象超 500 人次；设计制作队徽、红色文创图案 15 张，红色文创 13 种共 940 件；累计制作推送、新闻报道等 60 余篇，累计阅读量超 2 万；整理新四军二师老战士的部分光盘材料（314 张、约 900G），制作完成《最后的叙述人》红色故事视频和 1 本电子绘本。

二、主要做法成效

1. 传承红色基因，续写红色荣光

采访新四军老前辈苗华云

2023 年，学院"浪潮"实践队联系上海市五位新四军老前辈并进行多次采访，聆听他们讲述红色故事，深刻领悟党的光荣传统和优良作风。为了让更多的人了解这段历史，"浪潮"实践队充分利用抖音、微博、小红书等七个主流平台，用镜头叙述老前辈们的红色事迹，并制作了《最后的叙述人》红色故事视频和 1 本电子绘本，累计阅读量超 1 万，赢得社会广泛关注。"浪潮"实践队尝试用镜头和文字将红色革命故事呈现在大众面前，以"视频和绘本集"为载体在新时代讲好党的光荣历史，让新四军精神代代相传，接续红色教育"最后一公里"。

2. 解锁数字记忆，赓续红色血脉

学院连续三年组织学生协助学校党建中心开展新四军老战士一手史料的整理校对工作（空军原第四军副政治委员瞿道文等老同志的讲话稿、传记，共计 50 余篇、20 万余字），后期将编辑出版。2023 年，"浪潮"实践队与上海市新四军历史研究会二师分会会长程晓明紧密合作，共同整理新四军二师老战士的部分光盘材料（314 张、约 900G），将五位老前辈的口述史整理成电子文本，让这些宝贵的历史资料既得到了充分保护，又可以传播给更多的人，为红色事迹传承作出了实实在在的贡献。

3. 走进英魂故里，追寻红色根系

"浪潮"实践队走访调研上海福寿园新四军广场、新四军四县抗敌总会纪念馆等地，亲身感受这片热土承载的革命烈士的英勇气概，并在微信公众号平台上发布关于上海福寿园新四军广场的推文，介绍该广场的纪念墙，上面镌刻着 6000 多位新四军老战士的英名。推文引起一名新四军烈士后人的关注，通过微信

私信发来求助，想要了解先辈
"归队"事宜。还有人据此了解
了新四军文化，想让先辈"归
队"，魂归故里。

2022年，"浪潮"实践队
获长三角高校大学生暑期社会
实践专项优秀团队奖；2023年，
获"挑战杯"红色专项全国三
等奖、"知行杯"上海市大学生

茅山新四军纪念馆参观学习

社会实践大赛三等奖。队员的坚持与努力，让更多人了解了党的光荣故事和新四
军的先进事迹。后续，学院将进一步拓展红色文化宣传思路，录制系列"新四军
精神"微党课，结合学院入学教育、党员教育等活动贯穿大学生教育全过程，与
上海市新四军历史研究会进一步开展共建活动，打造长期活动平台，推动"最后
一公里"红色教育走深走实，以红色文化涵养学生精神品格，引导学生践行担当
奉献精神，培养又红又专的社会主义合格建设者和可靠接班人。

三、经验启示

1. 创新育人载体

学院以新四军红色历史作为宣传切入点，立足学生思想教育和党员教育，利
用红色文创、红色故事短视频、绘本集等载体讲述红色故事。这种方式符合当代
年轻人的喜好，有助于吸引更多群体参与其中。通过创新实践，将红色文化的传
承与当代传播手段相结合，实现了红色故事在新平台上的传播，为社会主义核心
价值观教育注入了新的活力，有效拓宽了红色文化传播途径。

2. 拓展育人方式

经过三年的调研实践，学院不断探索红色文化传承新方向。通过整理红色历
史手稿、面对面与前辈对话、红色革命旧址深入调研等育人方式，激发当代青年
对红色故事的兴趣，加深学生对红色文化的感知和理解，增强宣传的生动性和教
育性，进一步拓展红色文化传承的深度和广度。

（上海电力大学）

践行志愿精神　铸牢忠诚警魂

一、基本情况

上海公安学院充分依托上海作为党的诞生地、初心始发地和伟大建党精神孕育地丰富的红色资源优势，紧密围绕公安教育培养党和人民的忠诚卫士这一根本目标，发挥院局社协同育人作用，先后组建"党的诞生地""明灯"等学警志愿服务队，赴中共一大纪念馆、中共二大会址纪念馆开展现场讲解、秩序维护、客流疏导和游客服务等志愿工作，并依托该平台孵化打造一支由 100 余名政治坚定、理论扎实、素质全面的学警组成的学警讲师团，开发系列课程，采用线上线下相结合等多种形式，用公安"青年话"宣讲以伟大建党精神为源头的中国共产党人精神谱系，发挥朋辈教育作用，并有效服务本市大中小学思想政治教育一体化建设，教育引领广大学警进一步牢记宗旨意识，坚定理想信念，铸牢忠诚警魂。

公安学院学警志愿服务队成员休息日
在一大会址纪念馆开展志愿服务

二、主要做法成效

1. 主动挺膺担当，坚定入党从警初心

学院深入学习贯彻习近平文化思想和习近平总书记关于教育工作、公安工作

和青年工作的重要论述，全面贯彻落实习近平总书记考察上海重要讲话精神，准确把握公安院校职能特点，把践行志愿服务精神作为强化学警忠诚教育的重要载体，依托上海公安红色资源联盟，主动对接中共一大纪念馆，按要求招募学警，成立"党的诞生地"志愿服务队，利用节假日、寒暑假开展系列志愿服务，讲好党的诞生

公安教育名师朱志萍教授与"首部党章诞生地"
二大纪念馆志愿服务学生交流

史、奋斗史初心故事。总结固化经验做法，在第四个中国人民警察节当日联合中共二大会址纪念馆举办"'永远的旗帜'——中国共产党党章学习流动教室"2024年首展仪式，引入馆藏实物展品，充分发挥红色文献史料"以史育人"的社会功能；成立"明灯"公安学警志愿服务队，开展仪式教育，由志愿者代表现场演绎"诵读党章，讲述初心"，引领广大学警在开展志愿服务、宣讲传播党章精神中根植初心使命、砥砺奋进担当。

2. 贡献青春力量，守护党的精神家园

学院建立了两支志愿服务队，队员们秉持"既是志愿者，更是守护者"理念，全力投入、倾情守护，努力在志愿岗位上发光发热。"党的诞生地"志愿服务队克服连续性、高强度等困难，常态化开展现场讲解、秩序维护、人流引导和游客服务等志愿工作，认真做好寒暑期文化体验活动专项志愿服务，助力中共一大纪念馆充分发挥革命传统教育主要作用和平台功能，赢得馆方和游客的高度评价，馆方多次致信表示感谢。"党的诞生地"志愿服务队多次被评为"优秀志愿团队"，相关工作被"上海志愿者"宣传推广。"明灯"志愿服务队队员积极参与中共二大党史专题学习，跟班作业，加强练习，不断提升志愿讲解能力水平；同时以微宣讲、微展演等多种形式，生动讲好党章故事，相关工作被"人民网"、"学习强国"平台、《文汇报》、市委宣传部"申音嘹亮"微信公众号等主流媒体宣传报道。

3. 拓展志愿服务成效，赓续红色血脉

学院将志愿服务工作纳入"大思政课"建设，与中共一大纪念馆、中共二大会址纪念馆共建思政课教学实践基地，策划开展"开学第一课"，组织开展思政课现场教学、"红色行走"参观访学，鼓励学警分享志愿服务、学习参观体悟，从中遴选思想有深度、讲演有力度、感情有热度的学警，组建学警讲师团。围绕上海丰富的红色资源、公安英模、校史、校内解放上海高桥战役碉堡遗址等主题，开发短视频、主题团课、报告剧等30余门小切口、便捷易学的宣讲课程，通过集中备课、专家指导、试讲打磨等方式，练就过硬宣讲能力，线上线下相结合，采用青年喜闻乐见方式讲述党史、公安史、校史和地区发展史，发挥红色史料朋辈宣讲"可亲、可感、可传"作用。同时，以学警讲师团为主体，成立党的二十大精神青年师生宣讲团，用"青言青语"讲深讲透讲活党的创新理论，确保入脑入心。近年来，由志愿服务队衍生的学警讲师团被纳入上海市大学生理论宣讲联盟、团市委"百团知百年"上海大中学生党史宣讲团，累计校内外宣讲近100场次，先后多次被《人民公安报》、"上海教育"、《新民晚报》等主流媒体宣传报道，获公安部实践活动创新成果评比二等奖，原创宣讲报告剧《初心 启航》获上海公安机关政治练兵微宣讲三等奖。

三、经验启示

1. 找准着力点，创新育人理念

学院立足城市特点、行业特色、高校和地域特征，围绕忠诚教育这一核心进行顶层设计与优化升级，构建以学警志愿服务、学警讲师为主体，以"第二课堂""第三课堂"为阵地，以党史、公安史、校史、地区发展史寻访、研究及宣讲为内容的实践育人模式，在公安院校"立德树人、育警铸魂"学生思想政治教育中发挥了有效作用。

2. 聚合支撑点，构建育人体系

学院积极争取中共一大纪念馆、中共二大会址纪念馆、上海市教卫工作党委和市教委、市公安局、浦东新区高桥镇政府等有关单位，以及校内相关部门、教师的大力支持与配合，形成了育人合力。同时，为青年教师提供了提升育德意识和育德能力的平台，在志愿服务和宣传宣讲中，教师指导学生、学生反哺教师，

用社会主义**核心**价值观**铸魂育人**

形成了教学相长、共同提升的成长共同体。

3. 寻找增长点，擦亮育人品牌

学院坚持"开门办思政"理念，以学警志愿服务、学警讲师为载体，孵化打造集校园红色碉堡、禁毒馆、校史馆、忠诚卫士广场为一体的"忠诚铸魂"思想政治教育路线、"探寻红色'记忆'研学之旅"共建基地、"党的诞生地""明灯"志愿服务等多个育人品牌项目，有效服务大中小学思想政治教育一体化建设，努力探索形成公安院校育人"上海经验"，为培养党和人民的忠诚卫士源源不断注入强大动能。

公安学院学警讲师团成员为浦东新区高桥镇
小学教师宣讲毒品危害和禁毒故事

（上海公安学院）

引入丰富社会资源
实施"三色"研学校本课程

一、基本情况

搭建展示平台，展示"三色"研学课程成果

上海南湖职业技术学院以培育学生学科素养为导向，挖掘利用各种文化资源，设计与学校教育教学相衔接的"三色"（红色、金色、绿色）研学校本课程，开展实践性教学研究，实施沉浸式现场教学，全力打造学校特色文化品牌。该课程按照学生年龄特点、认知水平、研学能力等，把文化实地资源分配到不同学段，依托"实地打卡""研学感悟""精彩瞬间"等栏目引导学生参与研学活动，走进实地深刻感悟"红色革命文化"，深入探究"金色乡土文化"，亲身领略"绿色生态文化"，改变传统育人模式，让学生实地体验，身临其境感受历史、文化和自然。

二、主要做法成效

学校开发与实施"三色"研学校本课程，主要通过"红色"研学传承红色基因、"金色"研学探究乡村振兴、"绿色"研学感受创新发展三个方面展开。每条路线设置调研课题，要求学生以小组合作的方式完成研学报告及研学活动微视频，以大学生讲思政课的形式进行研学成果宣讲。

1."红色"研学传承红色基因

研学路线一：南湖学子游南湖。学院引领学生通过重走"一大"路——中共一大纪念馆和嘉兴南湖，让学生从建党文物中了解建党初期中国共产党的革命实践，从党的光辉历程中汲取砥砺奋斗的精神力量，感悟不屈不挠的革命精神，激发学生克服困难的勇气和信心。

研学路线二：井冈山＋南昌。学院组织学生前往中国革命的摇篮——井冈山和人民军队的摇篮地——南昌，通过参观八一南昌起义纪念馆、新四军军部旧

井冈山研学深刻感悟"红色革命文化"

址、烈士陵园，让师生真切地感受到一支听党指挥能打胜仗的人民军队是如何建立并一步步壮大的。同时，引导学生学习感悟共产党人用鲜血和生命铸就的红色革命精神。

2."金色"研学探究乡村振兴

研学路线一：浦东新区惠南镇海沈村。学院带领学生前往浦东新区惠南镇海沈村，感悟乡村振兴的力量。作为奥运冠军钟天使家乡的海沈村，以"自行车小镇、活力海沈"为主线，打造自行车文化公园，发展乡村生态旅游，推进农旅融合发展。海沈村的发展是浦东乡村振兴实践的一个缩影。它在创新中传承，在传承中发展，展现了在中国共产党领导下新农村发生的巨大变化，展示了新农村人对幸福生活、美好乡村的向往和努力，更体现了中国共产党全心全意为人民服务的精神。

研学路线二：福建省三明市泰宁县。学院以省级劳动教育基地"耕读李家"为核心，辅以乡村非物质文化遗产博览苑、"状元茗舍"茶文化等劳动基地，组织融参观、参与、体验为一体的研学活动，充分发挥活动育人作用。一个村庄的变化，折射出一个时代的轨迹。际溪村的"耕读李家"项目，在绿水青山和人文

福建三明绿色研学活动

景观之间找到了新的发展路径。

3."绿色"研学感受创新发展

研学路线一：浙江省湖州市安吉县余村。学院组织学生前往"绿水青山就是金山银山"理念的发源地——浙江省湖州市安吉县余村参与研学活动。学生了解到，村委将小楼改造为"美丽安吉绿色发展展示馆"，工厂的锅炉房改造成了电影院，企业的车间变成了文化礼堂，杂物仓库建起了农家书屋。围绕座谈会会址，余村打造了一个会址公园。2020年，村里成立了"余村故事"志愿宣讲团，从"三句半"到情景剧，从村社广场到田间地头，村民"现身说法"，讲述自己的绿色发展经历，让新时代党的创新理论飞入寻常百姓家。学生通过参与研学活动，践行生态文明理念，感悟乡村创新发展之路。

研学路线二：福建省三明市建宁县。学院将被授予第四批国家生态文明建设示范市县称号的福建省三明市建宁县作为研学基地，依托"生态福地"资源优势，以生态知识普及、生态文明体验、生态行为规范为主要分支，开展自然生态研学活动。

学院将研学课题成果择优推荐参加教育部、市级"领航计划"等赛项，其中1个作品获上海高职高专大学生讲思政课公开课展示二等奖，学校在微电影展示比赛中获得一等奖1个、二等奖1个、三等奖5个。

三、经验启示

学院通过开发与实施"三色"研学校本课程，整合利用丰富的社会资源，赋能学校思想政治教育教学，实现以文化人、以文育人。一是要拓宽"大主题、小切口，先资源、巧转化"的课程思路，构建基（营）地、路线、课程"三位一体"、多方协调的"三色"研学教育体系。二是要多渠道搭建展示平台，个性化展示"三色"研学课程成果。通过班级展示台、学校宣传屏、墙报、学校微信公众号把研学照片、视频、体验、感想等成果进行共享，提升影响力和辐射力。

（上海南湖职业技术学院）

发挥红色资源铸魂育人功能
推进"大思政课"建设走深走实

一、基本情况

为学习贯彻党的二十大精神、习近平总书记关于"大思政课"建设的重要论述和习近平文化思想，上海中侨职业技术大学马克思主义学院高度重视校外红色资源与校内思政课改革创新融合发展，举办"坚持'两个结合'，善用'大思政课'——地方优秀传统文化融入高校'大思政课'建设"专题研讨会、开设"追寻红色足迹"思政实践课、"公交车上的思政课"，带领社团成员和志愿者前往恒德里社区参观故居旧址，引导学生积极参与社区治理等一系列活动，充分发挥红色资源铸魂育人功能，切实推进"大思政课"建设走深走实，打造课内课外相贯通、教学实践相衔接的"大思政课"。

二、主要做法成效

1. 开展理论探讨，传承红色基因

为深入学习贯彻党的二十大精神，深刻领悟和不断推进"两个结合"，将习近平文化思想贯穿落实到"大思政课"建设的各方面和全过程，2023年10月13日，学院和伟大建党精神与地方红色文化实践育人研究中心联合主办了"坚持'两个结合'，善用'大思政课'——地方优秀传统文化融入高校'大思政课'建设"专题研讨会，来自山西、江西和上海的高校共同分享了地方优秀传统文化、红色文化融入"大思政课"建设的有益探索，对广泛凝聚共识、拓展"大思政课"建设路径、促进理论教学与实践教学贯通融合发挥了重要的推动作用。

"坚持'两个结合',善用'大思政课'——地方优秀传统文化融入高校
'大思政课'建设"专题研讨会在上海中侨职业技术大学召开

2. 追寻红色足迹,助力实践育人

本着开门办思政课,强化问题意识、突出实践导向的原则,2022年9月和2023年9月,学院连续两年和上海金山巴士公共交通有限公司开展"跨界"迎新活动,开设"公交车上的思政课"。思政课教师在迎新大巴车上因地制宜,为新生介绍沿途红色历史遗迹,讲述一个个动人的红色故事和上海城乡的发展变化,让学生深刻感受到红色文化蕴含的伟大精神,让红色故事浸润学生心田。

2023年4月15日,学院组织部分教师和知行学社学生参观金山区红色教育基地——"初心馆",探索革命先辈永葆初心的历史事迹。思政课教师王猛在"初心馆"现场授课,带领学生跨越时空,追忆金山党史上的"第一"元素,述说革命故事,追溯精神之源。通过近距离的参观和身临其境的体验,学生厘清了金山党史的发展脉络,充分领略革命先辈不屈不挠和顽强拼搏奋斗的精神风貌,感悟他们为民族独立和人民解放所做出的巨大牺牲和贡献。

3. 弘扬红色精神,服务社区治理

百年奋斗,再启征程。上海作为"全过程人民民主"重大理念首提地,应该让更多年轻人参与社区治理。2023年3月,学院教师带领青年志愿者前往恒德里社区参观标志性建筑聂耳旧居和上海市文物保护单位中共中央特科机关旧址,切

学院教师带领模拟政协协会学生赴恒德里社区参与社区调研志愿活动

身感受社区的红色文化底蕴，并结合自身专业特长为社区治理建言献策。7月21日，学生积极参加上海市静安益家仁科学服务中心开展的"青柠 π"社区志愿者活动，参与"共筑同心'园'"结对关爱计划，认领独居老人的"微心愿"。青年志愿者在红色旗帜引领下，走进社区、服务社区，打通社会治理的"神经末梢"，共同建设一个人人有责、人人尽责、人人享有的"同心家园"。

三、经验启示

1. 理论与实践相结合

上海中侨职业技术大学马克思主义学院和金山巴士公司
开展"跨界"迎新活动——"公交车上的思政课"

针对弘扬伟大建党精神和推进地方红色文化融入思政实践课，学院将继续组织专题研讨会，与来自全国各地的同行进行理论研讨，交流分享经验，不断挖掘习近平新时代中国特色社会主义思想与中华优秀传统文化、红色文化的结合点，与党和国家大政方针的结合点，与社会主义核心价值观的结合点，做到理论与实践相结合，提升理论的说服力和亲和力。

2. 拓展思政实践活动形式

学院将继续坚持开门办思政课，善用社会"大课堂"，挖掘利用地方红色资源，带领学生赴场馆、到田间地头、美丽乡村，在公交车上开设形式多样、贴近学生、生动灵活的"行走的思政课"，在实践过程中教育引导学生坚定"四个自信"、自觉做到"两个维护"，成为堪当民族复兴重任的时代新人。

3. 引导学生参与社区治理

学院将继续完善志愿者沟通联络平台，同时整合利用高校、社区、专家各方资源，挖掘社区故事，传承和发扬红色精神，引导青年大学生将满腔热情落实到社区治理和社会服务工作中，充分认识国情、社情和民情，为基层治理增添"新鲜血液"。

（上海中侨职业技术大学）

用中国共产党人精神谱系
擦亮学子人生底色

一、基本情况

红色马拉松实践团在南泥湾开展实践调研活动

在百年波澜壮阔的历史进程中，中国共产党领导人民共同谱写了"为有牺牲多壮志，敢教日月换新天"的壮丽史诗，构筑了长达百年时间跨度、彰显时代特点和鲜明特色的"精神坐标"。从2019年开始，上海思博职业技术学院积极调研党史学习教育融入思想政治教育的现状与困境，明确中国共产党人精神谱系正本清源的价值导向与独特的历史脉络，开展理论研究与实践探索，丰富教学样态，彰显教育温度，用中国共产党人精神谱系点亮学子人生底色。

二、主要做法成效

学院首次将中国共产党人精神谱系纳入上海民办高校德育的重要内容，并探索纾困机制，积极打造"三体四同五强"育人路径。"三体"是指教育内容成体系、教育过程重体验、教育成效见体质；"四同"是指教育主体、教育内容、教育场域及教育评价协同；"五强"是指强身心健康、强体育素养、强理论自觉、强文化自信、强政治使命感。

1. 开展线上线下混合式教学，打造在线精品课程

学院依托专家团队建设以"红色马拉松与中国共产党人精神谱系教育"为主题的"智慧树"在线课程。该课程共有 36 学时，共计 2 学分，总时长 556 分钟，面向社会开放，采用线上线下混合式教学方式，强调师生互动、生生互动，组织学生开展研究型、项目式学习，侧重于训练学生审辩式思维能力等高阶思维和问题解决能力。课程实施六个学期以来，共有来自 8 所学校的 9049 名学生选修该课程，另有来自 25 所学校的社会公众选修该课程。平台数据显示，该课程累计浏览量 1.46 万人次，累计互动量 6.84 万次。

2. 对接四种课堂，多维度融入，增强理论教育的深度和温度

学院着力构建第一课堂、第二课堂、第三课堂以及网络课堂（自主开发的"智慧树"课程和虚拟红色展厅），聚焦中国共产党人精神内涵，创新课堂教学形式，创设生动的教学环境，开展线上线下相结合的实践活动，打造"行走的红色课堂"。四种课堂同频共振、协同育人，建构立体式、互动式、沉浸式的教育场域，多维度融入，增强理论教育的深度和温度。

3. 开展"中国共产党人精神谱系 + 体育教育教学改革育人协同"研究与实践，打造跨界融合、多元互动的思政育人共同体

学院立足"健康中国"和体育强国建设，开展"中国共产党人精神谱系 + 体育教育教学改革育人协同"研究与实践，推进全覆盖体育课程改革，构建"10+X"多项目多元化体育课程思政。建设"校园奔跑"系统，每学期每个学生需完成45次奔跑打卡任务，人均累计超过 90 公里，相当于参与 2 次马拉松。与此同时，每年组织"定向跑""迷你跑""荧光跑""环湖跑"等红色马拉松活动。学院贯通红馆—

"百年百件"红色经典珍藏文献特展现场

"奋斗百年 向阳奔跑"红色马拉松开幕仪式

体馆—展览—赛事—线上平台，依托多元主体，打造跨界融合、多元互动的思政育人共同体。

4. 建立健全立体化协同育人机制，实践育人成果显著

坚持教育主体协同，依托专家引领、教师主讲、导员专育、学生宣讲落实；坚持教育内容协同，深入开展中国共产党人精神谱系理论研究，从源头上理清中国共产党人精神谱系教育的重点，探索中国共产党人精神谱系与专业课教学的融合点，开发校本教材、活页教材等；坚持教育场域协同，促进学生获得生动的学习体验、丰富的学习经验、扎实的学习成效；坚持教育评价协同，将"精神谱系+"教育纳入学生素质学分。该机制受到《文汇报》《青年报》"学习强国"等主流媒体关注，成为市级精品项目、获得课题立项、入选优秀案例、形成教育工作法、赢得多项"知行杯"奖项、取得2项软件著作权专利。

三、经验启示

1. 找准育人切入点，让中国共产党人精神谱系教育"立"起来

将中国共产党人精神谱系融入思想政治教育，拓展教育内容，成为高质量、重德行的思想政治教育新的生长点。以可读、可信、可鉴、可传的中国共产党人的励志故事作为精神谱系教育的活教材，以中国共产党人精神谱系为课程内容，结合翔实史料，深入挖掘鲜活饱满的共产党人物特征，讲好中国故事，传播中国声音。

2. 找准育人着力点，让中国共产党人精神谱系主题教育活动"亮"起来

"大思政课"建设背景下，学院紧扣大学生的身心发展特点和认知规律，强化社会实践体验，促进教育活动目标化、体系化建设，将思政小课堂和社会大课堂有机融合，拓宽了中国共产党人精神谱系教育时空，最大限度地实现价值引领与立德树人的同频共振。

3. 找准育人发力点，让教师在中国共产党人精神谱系教育中"动"起来

中国共产党人精神谱系教育对思政课教师和辅导员在挖掘党史和思政元素方面的能力提出了更高要求。他们积极探索四种课堂同频共振的最优路径，找准使中国共产党人精神谱系进教材、进课堂、进头脑的发力点，除了研究适应新时代的教学内容，还以历史主动精神开展中国共产党人精神谱系学理研究，着力寻求校际、地区之间在教育教学上的创新与突破。

（上海思博职业技术学院）

创新红色文化传播形式
打造沉浸式红色教育互动剧

一、基本情况

沉浸式教育互动剧《信仰的力量》演出剧照

习近平总书记强调："不能把理想信念只当口号喊。理想信念是精神层面的东西，也是实打实、能感知、可衡量的。"自2021年起，上海视觉艺术学院表演艺术学院党支部以"信仰的力量"为主题，连续三年以不同表演形式和内容进行汇报演出，成为该党支部的党建特色项目。2023年，表演艺术学院党支部再次创新表演形式，以真实的历史事件为故事核心，融入动人的故事，通过演绎和互动的方式来讲述先辈的革命往事。此次沉浸式表演既丰富了红色文化的传播形式，又让师生从被动接受转变为主动体验，在表演和互动中激发精神力量，唤醒民族自豪感，坚定历史自信和文化自信。

二、主要做法成效

学校积极打造沉浸式教育互动剧《信仰的力量》，在审美价值的基础上凸显社会实践性。如果说电影的震撼来自听觉和视觉，那么沉浸式互动剧在这个基础上还有更大突破。该剧讲述了在抗日战争全面爆发之际，为营救共产党地下情报人员，多名中共党员与日本侵略者斗智斗勇并最终取得胜利的革命故事。此剧导演充分利用师生入场前十五分钟来调动个体积极情绪，巧妙利用音效音响渲染气氛，确保适宜的入场人数，通过全感官刺激使观众能够全神贯注地融入剧情。演出开始，在场师生观众被随机分为两条故事线，通过"共荣饭店"的左右长廊进入会场，演员与观众在酒店工作人员指引下全方位沉浸在剧情中，长廊上的壁画、香薰、房间与两侧站立的日本士兵等细节让师生仿佛置身历史之中。沉浸式演出的方式打破了传统观演模式中的"第四堵墙"，除了所在"歌舞厅"主会场外，网格幕布组成的两侧墙壁通过光影的重构，呈现出饭店走廊、卧室等场景，多维空间和非线性的叙事方式，让整个表演空间更为灵动。

虽然革命故事是当年情景舞台的再现，但在实景空间衬托和鲜明的角色塑造下，现场师生仿佛身临其境，反响强烈，时而有人愤愤不平、时而有人感动落泪、时而有人咬牙切齿，每位参与者在精心的重构空间中不再是旁观的观众，而是成为事件的当事人。参演学生深入挖掘历史史料，在排演和演出过程中切身体会先烈们大无畏的革命精神以及面对牺牲毫无畏惧的坚定决心。演员动人的表演切实影响着每一名师生观众，也在一定程度上影响了大家的情绪变化。

首轮演出结束后，共回收师生有效问卷53份。调查内容涵盖演出满意度、剧目沉浸感、心流体验感、教育互动性等14个方面。超高的满意度和"二刷"的复看率，都表明红色教育互动剧深受观众喜爱，未来将可能成为红色理论传播的一种新途径。

值得一提的是，为配合剧情需要，学校图书馆二楼东侧展厅进行了重构，改造后的戏剧空间更具交互性和符号性，让广大师生一进入场景就能全感官体验革命年代的历史文化。

本次《信仰的力量》汇报演出作为上海视觉艺术学院民创项目"红色艺术资源服务党建创新实践项目"的子课题，旨在通过沉浸式情景演出提高党员师生的政治

沉浸式教育互动剧《信仰的力量》开场

沉浸式教育互动剧《信仰的力量》演职人员

素养，引导师生从旁观者的视角转变为历史亲历者与故事情节推动者，取得了良好成效。

三、经验启示

此次红色教育互动剧充分利用表演艺术学院专业优势，通过注重体验性与参与感的沉浸式演出，可以更好地实现开展红色教育、传承红色精神的目的。同时，红色教育互动剧作为红色文化传播的新方法，能够让参与者跨越时空限制，切身体会红色精神和家国情怀，使参与者学会珍惜眼前的美好生活，坚定理想信念，继承革命传统。

接下来，表演艺术学院党支部将首演录像进行剪辑制作，在学校官方媒体进行在线播放，同时将常态化安排演出场次，邀请全校党员师生、入党积极分子以及广大学生观演，进而将范围扩大至全市民办高校党员师生代表，共同追寻信仰的力量。此外，学校还将继续用好沉浸式戏剧这一深受青年喜欢的戏剧类型，结合专家意见和观众问卷反馈，持续优化作品内涵，在作品假定性、分寸感、互动性、实践性方面进行突破，力求推出更高质量的沉浸式互动教育作品。

（上海视觉艺术学院）

"红色故事我来讲"：
让红色印记镌刻在学生心中

一、基本情况

2021 年 2 月 18 日，习近平总书记给上海市新四军历史研究会百岁老战士回信，提出要"多讲讲中国共产党的故事，党的光荣传统和优良作风"。上海市长宁区教育系统关工委（以下简称"区教育关工委"）以习近平总书记重要指示为引领，主动对接区域内红色教育资源，与上海市新四军历史研究会紧密联合，协同策划组织"红色故事我来讲"主题活动，旨在让学生树立"为国学习、不负此生"的理想信念，让教师践行"为党育人、为国育才"的初心使命，让学校"抓住契机、创设品牌"不负众望。

2022 年至今，区教育关工委整合各方资源，坚持联合联动，践行主题活动，形成红色文化育人品牌，让红色基因代代传。

家校社联动的红色寻访活动

二、主要做法成效

区教育关工委在打造"红色故事我来讲"育人品牌活动过程中，主要立足以下五个维度进行创新实践。

1. 组织推进

区教育关工委制定"红色故事我来讲"主题活动方案，采用以点带面的模式循序推进。2022年，组织12所中小学校先行先试（高中3所、初中4所、小学5所），2023年"红色故事我来讲"活动覆盖全区中小学，参与率达到100%。

2. 活动主体

"红色故事我来讲"主题活动以学生参与为主体，以组成学生团队为主要形式。在老同志指导下、学校教师和家长帮助下，通过"六个一"（革命素材读一读、英雄事迹听一听、相关影视看一看、创编讲稿写一写、讲演视频录一录、巡回宣传播一播），学生在"知英雄、敬英烈、明志向"过程中不断感悟革命精神和时代价值，爱国爱党的种子在心中牢牢扎根。

3. 内容选定

聚焦党史中关于新四军革命故事和英雄人物事迹，以此为切入点，引领学生主动加入"四史"学习宣传行列。

4. 项目实施

全区各中小学统筹组建项目团队，由各校关工小组成员担任项目负责人，新四军研究会成员担任联络员，"红二代"老同志担任辅导员，学生成员各有分工，家长代表参与其中，大大提升了活动的力度、深度和效度。

5. 教育受众面

全区各中小学关工组充分用好"红色故事我来讲"活动载体，利用升旗仪式、校会课等开展主题宣讲，组织全体学生学习观摩，让红色印记镌刻在学生心中。区教育关工委充分发挥品牌效应，向各级关工组织微信公众号、"中国火炬"、"学习强国"等网络平台推送主题活动信息，做好宣传报道，获得各级各类关工组织关注和好评。

两年来，"红色故事我来讲"主题教育活动在长宁区各中小学蓬勃开展，红色文化育人品牌已然形成。全区各中小学制作完成69个演讲视频，3名学生参加上海市"2022'新征程新奇迹'红色故事演讲大赛"，其中，1个故事入围40强、2个故事入围400强。此外，"红色故事我来讲"入围第21届上海市社会科学普及活动周特色项目；天山第二小学、北新泾第三小学分别与上海市新四军

学校同新四军历史研究会签订共建协议

历史研究会五师分会签订爱国主义教育共建协议；西延安中学结合学校思政课设计了"定向南京路　追忆战上海"红色寻访短课程；现代职业技术学校关工组会同上海市新四军历史研究会（一师分会）教师，组织教工党团员和学生开展"追忆红色历史　重走解放上海之路"红色微旅行活动，充分发挥活动育人作用。

三、经验启示

1. 充分发挥各方优势

学校是大中小学思想政治教育的主渠道、主阵地，既有较为丰富的立德树人主题教育活动经验，也有不断拓展主题教育活动形式的需求。上海市新四军历史研究会拥有丰富的红色教育资源，众多老军人和研究党史、新四军历史的"红二代"老同志。两者有机结合，发挥各自优势，才能达到资源高效统筹整合、作用效应叠加放大的良好效果。

新四军历史研究会年近百岁的
新四军老战士　为学生赠送红色书籍

2. 充分依托协同推进

"红色故事我来讲"主题活动品牌打造过程中，有力推动了"校领导主抓引领、新四军历史研究会有效指导、学校关工小组'五老'亲临助力、学校德育

部大队部密切配合、学生深情投入、家长积极参与"六个支点协同发力格局的形成，为各方联动提供了较好的媒介平台。

3. 充分激发创新活力

开展"红色故事我来讲"主题活动过程中，长宁区各中小学积极探索，丰富教育形式，参加对象上从学生扩展到教师，项目成员从个人扩大到团队，宣讲内容从一个主题模块延伸到多个主题模块，表现形式从单一延展到多样化，探索出了主题活动同学校德育工作、思政课程建设、项目化学习等有机结合的实践路径。

（长宁区教育工作党委）

"红"存少年心 "绿"动未来梦

一、基本情况

交大附中附属嘉定德富中学全面贯彻党的二十大精神，持续加强红色文化传承工作，深入开展社会主义核心价值观宣传教育，深化爱国主义、集体主义教育，努力打造特色文化品牌，注重以文育人、以文化人。

学校引入戏剧课程，以红色文化育人创新，发挥示范引领作用。在此基础上，结合党建工作品牌特色，推出立足红色文化的绿色环保剧目展演，将环保、可持续发展等新发展理念融入校园戏剧。学校围绕红色文化，开发实施戏剧课程，让学生在学习戏剧的过程中传承红色基因，践行绿色发展理念，培养堪当民族复兴重任的时代新人。

剧团全体演职人员合影留念

二、主要做法成效

1. 坚定"红色"，引领教育方向

红色教育是落实立德树人根本任务的重要途径。为培育有坚定理想信念、爱国踏实笃行的学生，学校依托戏剧教学，厚植学生爱国情怀，让红色基因在学生心中生根发芽。2016 年，学校成立"戏剧进校园"专项小组，建立戏剧社，以项目引领为切入点，保障戏剧工作制度化、戏剧学习常态化、戏剧活动普及化、戏剧项目课程化。多年来，戏剧社积累了《放飞德梦》《姥爷的故事》《德贝中国节》《屈原》《从一个人到一群人》《红星照耀中国之斯诺新书发布会》《从百草园到三味书屋》《一张流浪的纸》等多部经典作品，学生在市、区级各类舞台上展示风采，参与长三角、市、区、镇等各类戏剧戏曲展演比赛，荣获市、区级奖项 20 余项。其中，《一张流浪的纸》获得第二届上海校园戏剧节优秀剧目奖和最佳男主角两项殊荣，并作为全市初中组代表参加闭幕式演出，为学校争得荣誉。

戏剧社团在第二届上海校园戏剧节闭幕式暨
颁奖晚会上的演出

学校积极推动开展校内戏剧课程比赛，打造红色基因传承教育优秀案例；推进主题活动，提升红色基因传承教育育人实效；探索红色基因传承教育的有效路径，助力青少年更深入、系统地学习红色文化，传承红色基因。

2. 围绕"绿色"，发展教育主线

在戏剧教学过程中，教师积极创新教学方法，有机融入校园特色项目，根据剧目设计制作演出服装，以及使用多媒体等现代技术进行舞台艺术的创新表达。比如，《一张流浪的纸》以学生视角看待一张"废纸"为切入点，聚焦到纸张浪费背后反映的树木砍伐、水土流失、土地沙化等不良现象，引导学生树立"从我做起，从身边的事做起"的理念，并做到知行合一。学生通过真挚动人的表演，

诠释了自己对"绿水青山就是金山银山"的理解与认识，增强了生态文明意识。

以"绿色"主题进行戏剧表演，充分把握"绿色"教育主线，使"绿水青山就是金山银山"的新发展理念深入人心。通过"以节助演，以赛推戏"的形式，为本市广大师生充分搭建戏剧艺术教育的广阔舞台，充分展示当代上海学生心灵美、形象美、语言美、行为美的时代风采，在党的二十大精神引领下，一起迈进新时代，扬帆新航程。

三、经验启示

学校坚持"五育"并举、融合育人，努力打造戏剧教育特色。2023年，学校与上海戏剧学院继续教育学院达成战略合作，同时，与上海市学生艺术团上海交通大学附属中学戏剧团、上海市嘉定区第一中学戏剧团对接，积极推进艺术"一条龙"的人才培养，共同携手构建戏

学生演出前化妆

剧团人才培养体系，在做好普及戏剧教育的同时，不断提升学校戏剧教育的创新创作能力，深入推进艺术育德工作。

学校依托红色文化创建"戏剧课堂"，能够帮助学生提高思想认识与情感认知，提升艺术素养，培养学生社会责任感；通过"红色"剧目帮助学生了解英雄模范的光荣事迹，深刻感受"典型人物"背后的奉献品格和爱国精神，深入理解和感受红色精神，以美培元、以文化人，培养德智体美劳全面发展的社会主义建设者和接班人。

（嘉定区教育工作党委）

模拟红色场馆长：基于项目化学习的综合实践活动探索

一、基本情况

上海市奉贤区曙光中学始终坚持"布置洪炉铸少年"的办学理念，以承继和培育"红色精神"为重要教育元素和载体，丰富红色教育内涵，创新红色教育方式，积极开展"模拟红色场馆长"项目化学习综合实践活动。该活动以"如果我是红色场馆馆长，如何更好地利用场馆资源，对青少年进行红色教育"为驱动性问题，探究"如何开发红色场馆教育资源"这一本质问题。学生通过此次活动，从"红色教育接受者"的身份，转化为"红色教育策划者"。项目成员深入挖掘利用奉贤区红色资源，为奉贤区红色场馆的红色教育出谋划策，得到多个场馆的高度认可，培养了创新精神、实践能力和社会责任感。

二、主要做法成效

学生在中国人民志愿军纪念馆交流

"模拟红色场馆长"项目自2022年1月17日起实施，学生经历理论学习、实践考察、撰写企划书、对外宣传和交流等环节。

1. 依托区内资源，深化理论学习

在外出实践之前，学生接受了一次由中共上海市奉贤区委党史研究室专家带来的有关奉贤党史的讲座，为实践活动打下了坚实的理论基础。

2. 开展团队合作，优化实践考察

理论学习之后，学生进入项目化学习第二阶段——实践考察，以班级为单位前往分配好的红色场馆。参观地点包含9个奉贤区红色教育基地（上海中国人民志愿军纪念馆、民福村红色堡垒纪念馆、奉贤区烈士陵园、上海警备区海湾女子民兵哨所、北宋抗日烈士纪念碑、中共奉贤县委旧址、赵天鹏烈士纪念碑、庄行暴动烈士纪念碑、上海知青博物馆、奉贤区档案馆）。各班级又分为若干个小组，学生在参观过程中依托任务单，边观摩边思考，并做好相应记录，积累项目化学习资料。

3. 形成书面成果，强化对外宣传

参观学习结束后，学生进入项目化学习第三、第四阶段——撰写企划书和对外宣传。各小组以"模拟馆长"的身份，针对参观场馆的所见所闻所思进行组内交流，探讨该红色场馆提升红色教育能力的方法，并撰写红色教育企划书。经过校团委筛选，部分优秀项目小组脱颖而出。小组成员将自己的想法录制成宣讲视频，上传至学校微信公众号进行宣传，并利用暑期与相关场馆负责人进行交流，部分建议得到了场馆的认可和采纳。

以民福村红色堡垒纪念馆为例，项目组成员从环境、运营、宣传等方面为场馆提出建议：在场馆播放相关历史事件的红歌，给来访者带来听觉上的享受；增加体验项目，如打卡纪念卡片所在地、收集场馆系列印章等，增强来访者的体验感；与周边学校合作，定期开设情景类课程，在校内演出话剧，宣传场馆故事；设计参观任务单、感悟卡；利用网络平台面向青少年开展"民福村历史有奖问答""文创产品设计"等活动。

学生在民福村交流

2022年7月，"模拟红色场馆长"项目组优秀成员参加了第十三届全国中学生领

导力展示会，并荣获一等奖。"模拟红色场馆长"项目的开展，既有助于学生深入学习和掌握红色历史知识，弘扬红色文化，让学生在角色体验、深度参与中感受红色情怀、重拾革命精神；也有助于学校充分整合利用社会资源，拓宽教育场域，开展全方位、立体化的红色教育。

三、经验启示

学生在奉贤区烈士纪念馆交流

基于项目化学习形式开展"模拟红色场馆长"活动，带领学生走进真实世界，直面复杂问题，通过团队协作、持续探究的方式，经历问题提出、方案制定、过程调整、交流改进、成果展示等一系列步骤，使学生不断突破已有知识界限，在解决实际问题过程中，激发想象力，培养创新创造能力，让学生真正成为学习主体。

让红色成为立德树人的鲜亮底色，只有在坚定理想信念、厚植爱国主义情怀、加强品德修养、增长知识见识、增强综合素质上下功夫，才能真正培养出能够担当民族复兴大任的时代新人。"模拟红色场馆长"项目是学校在综合实践活动育人方面的一次新探索，未来，我们将继续走好教育改革创新求索之路，踔厉奋发，献礼新时代。

（奉贤区教育工作党委）

增强历史自觉坚定历史自信

"入脑入心""有声有色""身临其境"
开展新时代爱国主义教育

一、基本情况

近年来，同济大学全面贯彻落实习近平新时代中国特色社会主义思想和党的二十大精神，立足学校全面开启高质量发展新征程的切实需求，充分用好"四史"资源和校史资源，固本培元、凝心铸魂，不断加强新时代爱国主义教育，弘扬爱国主义精神，将广大师生的爱国之情转化为强国之志、报国之行，在中国特色世界一流大学建设新征程中展现更大作为。

二、主要做法成效

1. 充分结合主题教育，让爱国主义教育"入脑入心"

以"不忘初心、牢记使命"主题教育、党史学习教育以及学习贯彻习近平新时代中国特色社会主义思想主题教育为牵引，深入推进新时代爱国主义教育。联合中国工程院、中共一大纪念馆、中共二大会址纪念馆、中共四大纪念馆、延安革命纪念馆、西柏坡纪念馆、陈云纪念馆等举办系列展览，培养师生"同济天下"的家国情怀，推动爱国主义教育

同济大学原创话剧《铸诗成剑》，讲述了著名校友、"左联五烈士"之一殷夫以笔为戈向革命的光辉历程

同济大学庆祝中国共产党成立 100 周年升旗仪式

走深走实、入脑入心。立足学校学科特色，面向全校学生开设"中国道路"思政选修课，由校党委书记、校长等校领导和名师专家授课。围绕"中国共产党人的精神谱系"开办"中国精神"系列大讲堂。创作排演校园版歌剧《江姐》、原创民族实验歌剧《志丹，志丹》、校园精品红色剧目《霓虹灯下的哨兵》、原创舞蹈《终将见我微笑》等舞台艺术作品，以多样化的艺术形式生动展现革命英烈在民族独立和人民解放斗争中的坚定信念。

2. 聚焦重要时间节点，让爱国主义教育"有声有色"

学校不断创新爱国主义教育的方法手段，营造全校上下浓厚的爱党爱国氛围，围绕建党节、国庆节、建军节、校庆日等，特别是在中华人民共和国成立 70 周年、中国共产党成立 100 周年、党的二十大胜利召开等重要时间节点和重要事件，开展丰富多样的主题活动，如举办主题升旗仪式、烈士纪念日主题活动、大型主题党课、师生合唱比赛、校庆暨毕业晚会系列活动，向师生展示新中国建设取得的伟大成就，"有声有色"地推进爱国主义教育。学校以热播剧《觉醒年代》为切入点，邀请《觉醒年代》编剧龙平平教授讲授沉浸式主题党课，在师生中引起巨大反响，引发青年人共鸣，进一步激发了师生的爱国热情。

3. 充分利用丰富资源，让爱国主义教育"身临其境"

扎根中国大地，坚持"与祖国同行，以科教济世"的传统，鼓励师生积极开展各类实践活动，把论文写在祖国大地上，让爱国主义教育"身临其境"。学校把实践育人作为爱国主义教育的重要载体，积极搭建平台，健全机制，丰富实践内容，紧跟时代脉搏，将爱国主义教育的内涵和价值贯穿其中。紧密围绕国家重大战略、国家重大工程建设，建设百所"四重"示范性实践基地，围绕"红色薪火传承""人民城市实践""助力乡村振兴"等七大板块展开，每年组织1300余支团队1万余人次，赴30余个省区市开展各类社会实践活动，让广大师生在实践中体悟伟大的"中国之治"，坚定"四个自信"，树爱国之心，立报国之志。

三、经验启示

在持续深化爱国主义教育过程中，同济师生报国强国的使命感和责任感得到极大增强，能够自觉将"小我"融入"大我"，秉承"与祖国同行、以科教济世"的优良传统，积极投身于祖国建设。未来，学校将进一步加强新时代爱国主义教育，激发党员干部和师生的爱国热情。一是在学习贯彻党的二十大精神中进一步深化新时代爱国主义教育，以深入贯彻落实《新时代爱国主义教育实施纲要》为抓手，以深化新时代爱国主义教育为牵引，不断培育堪当民族复兴大任的时代新人。二是进一步丰富爱国主义教育的载体与形式，不断创新爱国主义教育的方式方法，加强运用新时代广大师生喜闻乐见的形式，依托多平台、多渠道让爱国主义教育"入脑入心""有声有色""身临其境"。三是充分用好社会实践平台，拓展"四重领域"实践基地，鼓舞师生扎根中国、胸怀天下，为全面推进中国式现代化、实现中华民族伟大复兴书写新的辉煌篇章。

同济学子参观由学生宣讲员讲解的
"延安精神永放光芒"主题展

（同济大学）

以科学家精神为引领
推动专业教育与思想政治教育互融互通

一、基本情况

2014 年 2 月，中共中央政治局就培育和弘扬社会主义核心价值观、弘扬中华传统美德进行第十三次集体学习，习近平总书记指出："一种价值观要真正发挥作用，必须融入社会生活，让人们在实践中感知它、领悟它。要注意把我们所提倡的与人们日常生活紧密联系起来，在落细、落小、落实上下功夫。"在青年大学生中，大力弘扬以爱国精神为核心的科学家精神与践行以爱国、敬业、诚信、友善为价值准则的社会主义核心价值观的建设目标溯本同源。为贯彻落实习近平总书记的重要讲话精神，将社会主义核心价值观融入青年大学生的思想、学习、生活中，东华大学紧扣一流学科、立足课程思政、扎根实践科研、聚焦文化润心、坚持榜样引领，以材料科学与工程学院为重点实施单位，深入推进科学家精神引领专业教育与思想政治教育互融互通，丰富社会主义核心价值观的时代内涵。

二、主要做法成效

1. 立足课程思政，开设"特色化"的"大思政课"

学校党委大力推进课程改革，在课程建设、教学组织实施、课程质量评价体系建立等方面强化"价值引领"，打造"锦绣中国"思政示范课程。自 2017 年 4 月开课以来，由学校党政领导、院士、知名教授等组成的"高配"师资团队纷纷走上"锦绣中国"讲台，为学生讲述特色科研成果及其背后的"东华故事"。如中国科学院院士、材料科学与工程学院院长朱美芳讲述"材料创新与科技强国之

中国科学院院士、材料学院院长朱美芳为青年学生讲授"思政大课"

梦",通过价值导向与知识导向融合,将学校纺织、材料、服装等特色科研成果融入教学内容,增加科研成果展示室等颇具学科特色的课程实践教学环节、研究性学习交流环节,提升课程亲和力和针对性。学院层面,坚持以教学模式的探索与创新,实现课程思政"配方"先进、"工艺"精湛、"功效"显著,将思想政治教育融入专业实习全过程,深度挖掘实习所在地丰富的红色育人资源,打造行走的"思政大课堂"。

2. 扎根实践科研,打造"一体化"培养模式

学院为构建本硕博一体化贯通培养模式、培育复合型高层次创新人才,着力探索出一条协同链、培育链、创新链深度融合、聚合发展的有效路径。面向本科生,形成六个"百分百"培养特色:为100%的班级配备博导班主任,100%的本科生加入课题组开展科创训练,100%的本科生进入校外实习实践基地,为100%的"卓越班"学生配备企业行业导师,100%的科研成果进课堂、进实验平台,100%的科研仪器设备用于本科生教学。面向研究生,学院通过大团队、大平台、大项目开展协同育人工作,组建30余支跨学科、跨行业、跨国界的导师队伍,与上海商飞、上海石化等五家企业联合成立"新材料产业学院",吸纳123家行业重点企业,由151名企业导师联合培养人才,并依托16个国家级教学科研平台,不断提升学生发现真问题、解决大难题、定义新命题的实践创新能力。通过持续发力,学院本科生深造率持续保持全校第一,2023年达63.85%,创历

史新高。学生参加科技竞赛获奖达 81 项、152 人次，其中包含"挑战杯"全国大学生课外学术科技作品竞赛国家级奖项 2 项、上海市级奖项 7 项，"互联网＋"大学生创新创业大赛上海市级奖项 7 项等。

3. 聚焦文化润心，汇聚"浸润式"育人合力

为营造浓厚的校园文化氛围，学院组建"学术天团"——弘扬科学家精神校园文化工作室做客"小青科"。通过阐述老一辈科学家啃下"硬骨头"技术难题的科技价值和历史意义，从"东华故事"中深挖东华人披荆斩棘、筚路蓝缕的创业历程，追求科学、献身祖国的奋斗精神，攻坚克难、服务国计民生的学术成长经历，进而孵化成微视频和访谈录两类网络育人成果。同时，邀请纤维材料改性国家重点实验室学生讲解团的"小讲师"打造"材经频道"思政工作坊，在新生入学教育、毕业典礼、开学大课等重要时间节点进行科普讲解，激发学生学习兴趣，提升学生的专业自豪感和使命感，最终以自我教育的形式实现"入芝兰之室久而自芳"的效果。相关成果已衍生出教育部课题 1 项、校德育创新类课题 1 项、辅导员工作培育项目 1 项、校园文化工作室 1 项、特色工作法 1 篇、工作案例 3 篇、各类获奖 18 项。

成立"小青科"工作室，录制推出
系列微课作品，推进科研文化润心

4. 坚持榜样引领，弘扬"阶梯式"示范力量

充分发挥学生的榜样示范和朋辈引领作用，开展"材子榜样"评选活动，通过报名、推荐、评选、表彰、宣传等环节寻访选树一批自立自强、潜心科研的优秀榜样典型，并以讲座、风采展示、校园新闻等形式，耕耘好宣传表彰力度"责任田"。同时，组建科学家精神学生理论宣讲团，逐步构建"浸入式学习—多角度辅导—立体化宣讲"的递进式、系统化理论学习和宣讲机制，并利用学风建设月、支部共建等形式让青年学生"走上讲台、走出校门"，在践行社会主义核心

价值观的生动实践中用青年之声奏响时代强音，用青春力量营造好学乐学、向上向善的育人氛围。不仅如此，宣讲团还积极探索青年学生参与大中小学思想政治教育一体化建设的有效载体，依托国家重点实验室开放日等契机，为中小学生常态化提供科普教育服务，主动走进中小学校园、走进科技馆、科技成果展、社区等，将科学故事、红色资源转化为生动教材，用科学家精神推进社会主义核心价值观入耳入脑入心。

三、经验启示

目前，学校以科学家精神引领践行社会主义核心价值观的路径探索已取得一定成果。未来，将持续推出"一揽子"计划以加强科学家精神对青年大学生行为实践的引领与培育。比如，探索制订"科研启蒙计划"促进大中小学科普、科创共建，让青年大学生与中小学

科学家精神学生理论宣讲团积极开展宣讲

生"组团"申报科创项目、开展科普项目研究与实践，实现教育客体到教育主体的自主转变，从"受教"到"施教"、从"用学"到"领学"，真正实现科研育人。同时，将把握科学家精神作为培育时代新人主脉络，以科研实践及科研成果的应用为契机，把思想价值引领作为科研育人的核心，搭建线上平台充分展示学院科研资源与育人楷模，鼓励引导青年学子参加科学研究活动、积极参与发明创造活动，使青年学子在科研实践和学习中更好地感悟、认同、践行与弘扬科学家精神，培育塑造具有强烈创新精神和突出科研能力的时代新人。

（东华大学）

回溯中国百年法治史
坚定中国特色社会主义法治路

一、基本情况

作为党的诞生地和中国特色社会主义建设的排头兵，上海拥有丰富的红色资源，锻造了"开天辟地、敢为人先"的红色基因；同时作为近代"西法东渐"中心和国际化大都市，见证了近百年来中国法治之路的发展前行。自 2018 年起，上海财经大学法学院致力于将上海红色基因融入法治文化教育当中，以上海红色景点为空间，以中国百年法治发展道路为脉络，每年选择一个法治主题进行调研，通过史料挖掘和实地考察，带领当代大学生进行实地走访与现场教学，了解中国近代多元法文化的冲突与选择，探访中国特色社会主义法治之路，弘扬中国特色社会主义法治精神。

师生共同开展法治文化红色之旅

二、主要做法成效

截至目前，红色法治文化教育已开展了6期，先后共有6所高校、40余名专业教师、多名红色场馆负责人参与策划组织，将红色资源与专业教育有效融入大学生日常思想政治教育当中。

第一期：走出书斋　坚毅启程。寻访中共一大纪念馆等16个红色场馆，青年班主任在红色景点中开设法律微课堂，讲解红色景点背后的法治故事，活动得到"全国高校思政工作网"报道。

第二期：行走申城　叩问初心。共寻访12个红色场馆，分别在中共一大纪念馆、犹太难民纪念馆、中共上海地下组织斗争史陈列馆暨刘长胜故居、顾维钧纪念馆、上海申报旧馆等场馆开设红色法治讲堂。项目获得教育部人文社科辅导员专项立项。

第三期：血脉相承　云上接力。以"从百年党史看中国百年法治发展史"为主题在全国进行调研，并在"上财法学会"公众号上进行推文连载，活动被《新民晚报》、上海新闻网等媒体报道，并被新浪网、腾讯网、澎湃新闻等多家媒体转载。项目获校优秀暑期实践项目。

第四期：百人百馆　献礼百年。组织开展"百人百馆百个法律故事"活动为建党百年献礼，形成了一本红色法治文化案例集、一个红色法治文化宣传视频和10部优秀微党课视频。本期项目被列为校党建工作攀登计划项目，同时形成2篇研究论文、1篇辅导员工作法（入选上海首届辅导员工作法）和1篇咨询报告并被采纳。

第五期：方寸之间　法治之光。带领一百多名师生组织开展"方寸之间、法治之光"法治邮票主题展，共收集展示新中国成立以来90多张中国特色社会主义法治建设中所发行的邮票。邮展分别在学校和虹口区10个重点文化场所

红色法治文化地图发布

开展习近平法治思想宣讲

陆续展出。活动被《新民晚报》、中国新闻网、劳动观察等多家媒体报道。项目入选第22届上海市社会科学普及周活动。

第六期：绘图溯源　探馆寻理。对虹口区红色法治文化资源进行挖掘，梳理出红色法治文化场馆和地标38处，形成一张虹口区红色法治文化地图，并在其中三个红色场馆录制了三期行走思政课，视频获上海市高校大学生讲思政课公开课展示活动三等奖。"红色法治文化融入大学生日常思想政治教育"入选2024年度上海高校"时代新人铸魂育人"高校思想政治教育工作精品项目。

三、经验启示

2023年，中共中央办公厅、国务院办公厅印发的《关于加强新时代法学教育和法学理论研究的意见》指出，"传承红色法治基因，赓续红色法治血脉"，"构建中国自主的法学知识体系"。项目组将继续每年选择一个法治主题，遴选专家团队，依托上海红色资源进行调研与探寻，在上海多元的法治文化形态中彰显法治文化中的红色基因，从中挖掘既为现代人类社会所共有的，又具有中国特色的法治文化，从而构建"中国"意义上红色法治文化的知识基础，培育与繁荣中国特色社会主义法治文化，为新时代全面依法治国提供持久的精神动力和深厚的文化底蕴。

（上海财经大学）

接续白袍红心基因　发挥医教协同优势

一、基本情况

上海交通大学医学院深入学习贯彻党的二十大精神，落实立德树人根本任务，始终坚持以"报效祖国、服务人民"为办学使命，坚持以交医精神开创医学事业发展新天地，以教育强国、科技强国、人才强国和健康中国建设为己任。运用"距离中国共产党的产床（中共一大会址）最

上海交通大学医学院党委书记江帆
开启"行走的思政课堂"第一讲

近的高校"这一得天独厚地理优势，打造医学人文红色教育基地，在思政育人新高地中培育有灵魂的卓越医学人才。学院将红色历史文化作为育人基本底色，联动区域相关单位、13家附属医院和附中附小，发挥校园内外140余处红色印记的爱国主义教育功能，引领师生医护员工坚定历史自信、文化自信。通过打造行走的思政精品课程、可阅读的交医建筑、院史馆、党史小屋等区校共建文史育人载体，形成可复制、可借鉴、可推广的大中小学一体化医学人文教育模式，从而推动社会主义核心价值观培育工作走深走实。

二、主要做法成效

学院积极回应习近平总书记在学校思想政治理论课教师座谈会上提出的"培

95

养什么人、怎样培养人、为谁培养人"根本问题，切实推动思政小课堂与社会大课堂有机结合，推进大中小学爱国主义教育共同体建设。接续百年白袍红心基因，发挥多方医教协同优势，通过打造串联式交医红色印记系列、沉浸式党史院史育人平台、行走式思政精品课程，加强医学人文教育基地建设，引导大中小学生"立大志、明大德、成大才、担大任"，成为堪当民族复兴重任的时代新人。

1. 深挖厚植，交医红色印记涵养医学人文教育土壤

策划打造交医红色印记系列，带领师生重温历史时刻，汲取奋进力量。作为黄浦区红色资源不可或缺的一部分，重庆南路校园东一、东四、东八舍均为"上海市黄浦区文物保护建筑"，老红楼为"上海市优秀历史建筑"，校园多处旧址被上海市委党史研究室收录在《红色文化地图》中。为坚定师生医护员工历史自信和爱国情怀，学院策划交医红印记系列活动，通过查阅历史档案、整理红色故事、反复考证材料，历经 6 个月，最终呈现出校园中 8 处交医"红"印记，分别是："报效祖国、服务人民"勉励寄语石刻、"上海国际救济会第一难民救助所"旧址、"震声歌咏团"诞生地、"淞沪会战"第三救护医院旧址、上海解放

上海交通大学医学院红色印记地图

"人民保安队"诞生地、交医历史文化的沉淀与象征老红楼、"一·二八"战役第二十八伤兵医院旧址震旦大礼堂、忠诚的爱国主义战士余濆雕像。同时联动13家附属医院深挖历史故事,包括:1844年上海开埠后第一所西医医院诊所"仁济医馆"(附属仁济医院前身)、1958年广慈医院(附属瑞金医院前身)成功抢救大面积烧伤病员邱财康等,形成一衣带水的红色医学人文教育模式,在此基础上设计交医红色地图、制作阅读交医铜牌、组建师生讲解队伍,数十万名师生医护员工及参访人员通过交医红色印记,深入了解交医人白袍红心、救死扶伤、精勤不倦的故事,共同镌刻医者担当,书写交医精神。

2. 以史育人,党史院史平台提升医学人文教育格局

发挥党史小屋、院史馆在课程思政上的支撑作用,强化文史研究中的育人作用。建党百年之际,学院打造以"初心之地红色之城——上海·党的诞生地"为主题的党史学习小屋,撷取中共一大纪念馆、中共二大会址纪念馆与中共四大纪念馆的馆内精华,挑选百余张历史资料照片,展现中国共产党人为上海城市精神所注入的红色基因;并通过多媒体教学,搭建了"码"上学党史、红色云展馆、党史小自测等平台,把党史学习小屋"开"在校园里,足不出校,就能让师生上一堂鲜活的"党史课",让师生在参观学习中激发爱党爱国热情。70周年院庆期间,学院翻新院史馆,通过室内设计、多媒体互动等形式重现世界首次成功抢救大面积烧伤病人、世界首创癌症诱导分化治疗、世界首例断肢再植手术等医学场景,充分发挥党史院史在育人方面的"史料宝库"作用,在立德树人方面的"源头活水"作用,在弘扬精神方面的"坚强阵地"作用。充分发挥党史小屋、院史馆在课程思政上的支撑作用,利用展品和展陈资源,积极建设课程思政示范课,让党史院史教育贴心、暖心、走心,让思想政治教育有吸引力、影响力和生命力。同时组建相关研究团队,紧紧围绕中国医学发展史等研究课题,切实在支撑学校思想政治教育和大学文化研究上彰显文史力量,努力打造"大思政课"实践教学基地。

上海交通大学医学院开在校园里的党史小屋

3. 融会贯通，行走思政课堂扩张医学人文教育版图

以浸润式思想政治教育为主线，优化大中小学一体化示范精品思政课程。多年来，学院充分发挥距离中国共产党"产床"最近的高校院区的优势，引导全体师生医务员工传承红色基因。致力打造以医学院、各附属医院、医学院周边三公里内红色地标等为"内中外环"的思政课堂，影响了几代交医人的成长，成为卓越医学人才培养的重要环节。学院与黄浦区委宣传部、中共一大纪念馆联合打造"学思践悟二十大、行走课堂启新程"思政精品课程，将红色故事与医学故事、城市文化与校园文化、思政课程与专业课程融合汇聚，持续打造区校融合的红色医学人文教育基地。行走的思政课堂以"报效祖国、服务人民"勉励寄语石刻为起点，结合邹韬奋纪念馆、周公馆、马恩雕像广场、渔阳里、又新印刷厂、上海医药大厦等红色地标以及中共一大纪念馆红色文物，传递信仰的力量、榜样的力量、青年的力量、创新的力量，旨在号召交医师生坚定理想信念、激发爱国热情、强化使命担当。此外深度融合以交医为"内环"、周边红色地标为"中环"、附属医院为"外环"的"三环"区域红色文史资源，面向社区、医院、中小学全面开放，完善行走式文史教育模式，打造可阅读、可讲述、可漫步的"交大医学"文史教育名片。

三、经验启示

一是促进医学人文品牌文化共融。通过品牌联动、创意共享、文化交流等方式，共同探索创新合作模式，提高多方品牌产品在文化与功能上的契合度与融合度，进一步加强品牌建设，全面提升品牌影响力与竞争力，共同打造特色文化品牌，促进红色文史大发展。整合多方红色资源、人才资源、科研资源等方面的优势，做好党员教育、志愿服务等需求匹配对接，形成资源构成多元化、作用发挥最大化、基层满意最优化的资源共享格局。

二是完善医学人文通识课程建设。医学人文通识课程是医学院改革人才培养模式和课程体系，全面推动教学改革的重要内容之一。课程将针对医学生的特点，将人文社会科学与医学的联系作为该类课程设置的主要依据，展示人文知识的主要领域，进一步提升医学生基本的文化素质素养，开阔医学生的视野，帮助养成医学生的人文精神。医学人文通识课程将采用遴选立项、期满验收、定期复

评、不断更新的方法进行建设，每年评选优秀医学人文教育通识课程。学院将设立医学人文教育通识课程基金，对被遴选为医学人文教育通识立项建设课程给予相应的经费支持。

三是开辟医学人文浦东校区阵地。进一步做好交大医学院医学历史传承地的建设规划、布局定位，夯实校友中心、现代医学发展展示区、医学院历史文化传承区以及思政课程的实践区等规划。充分发挥两个校区文化建设的互动性和互补性。重庆南路校区以"红"为主线，重点展示红色基因、交医精神、历史成就、杰出人物等；浦东校区以"蓝"为主线，运用地理位置优势，深度联动浦东新区、张江综合性国家科学中心、亚洲医学中心等，发挥海派文化、医学文化集聚效应。两个校区一脉相传、遥相呼应，打好"红""蓝"文化品牌组合拳，建设兼具历史底蕴和时代气息的医学历史传承地。

（上海交通大学医学院）

走进社区　做新时代
"枫桥经验"践行者

一、基本情况

基层是社会治理的最前沿，是"中国之治"的根基。2023年是毛泽东同志批示学习推广"枫桥经验"60周年，"枫桥经验"自提出起便成为全国政法战线的一面旗帜。

为赓续植根于中华文脉的"枫桥经验"，进一步推动新时代"枫桥经验"创造性转化和创新性发展，上海政法学院法律学院党委依托我国高校本科阶段唯一开设的法学专业——法学（调解方向），打造学院特色调解文化品牌，引领学院青年成为弘扬新时代"枫桥经验"拥护者与践行者，激发青年学子们用奉献与奋斗为"枫桥经验"写下薪火蔓延的生动注脚。

在前期宣传的基础上，百余名学生自行组队走访上海基层社区，参与调解、普法等工作。为进一步提升活动实效，学院与相关街道社区联合设立实践基地，学院辅导员、专业课教师对学生进行指导。

石泉路街道为学生颁发调解员聘书

二、主要做法成效

1. 自发走访上海全域辖区，结对促进教学实践

大学生调解志愿队队员在走访期间，共发动100多人次，实践的脚步南至金山，北到崇明，奔走的身影出现在上海的大

街小巷，实现上海市16个辖区的走访全覆盖。共有39名法学（调解专业）的学生作为对接活动负责人带领其余64名志愿队成员对浦东新区、嘉定区、松江区、徐汇区、奉贤区等上海市16个辖区的街道进行了走访，取得了丰硕的成果，其中有9家司法组织表明

与三林杨思社区签约

了合作意向。以此成果为基础，未来将进一步扩大实践范围。

2. 召开专项实践活动，增强学子信心

2023年4月25日，法律学院（调解学院）做新时代"枫桥经验"践行者——大学生调解志愿者队走进社区专项实践活动出征仪式在学校成德楼四楼报告厅举行。校党委副书记、主题教育领导小组副组长刘刚，学生工作部部长丁永建、合作发展处处长王晓宇，法律学院党总支书记文立月、调解学院院长侯怀霞、石泉路街道办事处主任吕升昂、党工委副书记季洪雷，上海律宏（湛江）律师事务所主任黄冬艳以及法律学院师生代表参加活动，该活动获上海教育电视台专题报道。

3. 深入推进各街区工作落地，收获丰硕实践成果

大学生调解志愿队以践行新时代"枫桥经验"为切入点，将"专业发展""学生实践""思政育人"三者紧密结合，坚持学思用贯通、知信行统一，把学习贯彻和履行职责结合起来，既继承弘扬"枫桥经验"的优良传统，又创新丰富"枫桥经验"的时代内涵。志愿队员响应号召，自觉与各个街道社区进行联系开展活动，充分发挥同学们的能动性，真正走入社区，将新时代"枫桥经验"带入社区，为新时代"枫桥经验"的践行注入青春的生命力与活力。大学生调解志愿者队将知识传播的"小课堂"连接到气象万千的"大社会"，将法学调解知识转化为破难题、促发展、解民忧、办实事的生动实践，在"往社区走"的过程中投身基层社会治理与社会服务，引领更多青年成为弘扬新时代"枫桥经验"拥护者与践行者，激发青年学子用奉献与奋斗为"枫桥经验"写下薪火蔓延的生动注脚、用赤子之心激活"枫桥经验"的时代伟力。

三、经验启示

在习近平新时代中国特色社会主义思想的指导下，以大学生为实践主体而成立的大学生调解志愿队为基层社会治理强化、国家治理体系完善提供了新方法。大学生调解志愿队以践行新时代"枫桥经验"为切入点，创新丰富"枫桥经验"的时代内涵。学生响应号召，自觉与各个街道社区进行联系开展活动，充分发挥能动性，真正走入社区参与基层治理工作。该案例充分展现了"自动自觉的生命力"与"赋权增能的实践感"，鼓励青年学子们在"闯"的过程中，"干"出实事。

未来，法律学院党委将进一步扩大学生走访范围，鼓励支持外省市同学返乡后投身基层社会治理与社会服务，引领更多青年学子成为弘扬新时代"枫桥经验"拥护者与践行者，为新时代"枫桥经验"的践行持续注入青春的生命力与活力。

与祝桥镇签约

（上海政法学院）

弘扬军营文化　培育良好学风

一、基本情况

经教育部批准，上海师范大学天华学院于 2005 年 4 月建校，2018 年 6 月获批非营利本科学院，目前在校学生 11000 余人，生源来自全国 31 个省区市。为使"专、通、雅"协调发展的育人理念落到实处，学校经过 19 年的实践探索，积极弘扬军营优秀文化，充分发挥退役军人骨干作用，坚持用"军魂、军威、军风"来助力高校培育和践行社会主义核心价值观。

二、主要做法成效

1. 始终坚持以"军魂"铸造师生爱国心

一是部队转业领导担纲铸魂手。学校层面有 3 名转业干部在学校董事会、校

倡导"团结紧张严肃活泼"之风，开展"班训、班徽、班规、班歌"征集活动，提升凝聚力

党委任领导，教学层面有 5 名具有军旅情怀的专家教授在健康、国防教育等特色专业领衔主讲，行管层面有 3 名转业干部在职能部门担任主管。3 名二级学院院长、党总支书记有从军经历，他们言传身教，率先垂范，带领学校积极落实立德树人根本任务。

二是优秀士官任职"兵教师"。学校除按规定配备专职辅导员外，还专门从部队挑选 33 名优秀退役士官以及 6 名留校退役大学生组成"副辅导员"队伍，负责校园国防教育、安全管理工作，凝聚传承军魂的中坚力量。

三是充分发挥民兵连作用。学校充分发挥民兵连"聚则一把火，散为满天星"的模范带头作用，2023 年征兵工作超额完成上海市规定任务，学生连续三年完成无偿献血指标任务。

2. 始终坚持以"军威"呵护学生成长

学校着眼育人目标，采用"三化"管理模式，为学生成才保驾护航，形成天华特色品牌。

一是国防教育常态化。采取"集中训练与常态化军训"相结合的方式，确保学生国防教育在人员、时间、内容、质量上"四落实"。军事理论教育积极开展备课示教、评教评学活动；落实每周二、周四早晨两次军事技能的"常态化训练"及 8 天集中训练，实现了在校大学生"男生人人会打军体拳、女生个个会展功夫扇"。

二是宿舍管理军事化。开展和谐宿舍创建评比，在大学生宿舍采用"床上看被子、桌上看杯子、抽屉看本子、床下看鞋子、整齐看柜子"等准军事化管理模式；组织副辅导员前往宿舍检查学生宿舍按时熄灯、关闭网络等情况，使学生自觉养成"睡得下、起得来"的好习惯。

三是安全管理网格化。学校建有集安全管理、消防控制于一体管理应急指挥中心，三年疫情防控期间，以网格化精准防控，实现了零

学校组织 800 名男生军体拳训练成果展示

感染；合理划分教学、生活、体育活动等区域，适当安排不同年级学生上课、就餐时间，避免出现交通拥挤、就餐等候时间过长等问题。2021 年 3 月，学校被评为上海市智慧安防先进集体、上海市安全教育先进集体。

3. 始终坚持以"军风"孕育学生成才

学校通过将部队的优良作风融入校风建设之中，弘扬正能量、锤炼好品质。

一是传承优良传统。积极借鉴部队"双四一"活动经验，努力做到"知道学生在哪、干啥、想啥、要啥，思想工作要跟上"，把问题解决在萌芽状态；运用部队安全管理"三责"做法，不断强化师生安全主人翁意识，做到"我的安全我负责、他人安全我有责、学校安全我尽责"。办学期间，学校无刑事案件、无行政责任事故；充分发挥部队"两个经常性"工作作用，让学生改变不良学习和生活习惯，于细微之处促进良好习惯养成。

二是传递阳刚之气。利用楼宇厅堂、走廊等场所建立爱国主义教育展厅、军队文化墙，展示退役军人风采，传承军人的优良作风；鼓励学生在校期间阅读 30 本经典书籍，培养师生的浩然之气，让其受益终身。

三是培养意志品质。在学校及 7 个二级学院分别建立健全心理健康工作室，配备 4 名专职与 16 名兼职咨询疏导师等专业队伍，并与驻地精神卫生中心建立合作关系，积极为学生养成健康人格服务；倡导"团结、紧张、严肃、活泼"之风，开展各年级"班训、班徽、班规、班歌"征集活动，提升凝聚力；每年组织一次学生代表走进军营参观军史馆活动，邀请 2—4 名部队领导进校作专题报告，激励学生把树立远大理想与培养坚毅忍耐品质结合起来，提高学生的耐挫力，不断磨砺学生的意志品质。

三、经验启示

学校以军营文化助力培育和践行社会主义核心价值观，促进爱国主义教育落地生根，主要启示有：

一是发挥退役军人作用。学校在学生管理队伍中引进退役士官，担任学生副辅导员，与辅导员一起开展思想政治教育工作。学校还充分调动退役复学大学生力量，实施示范引领工程。成立大学生民办连，协助武装部开展军事训练、国防教育、征兵宣传和新生军训以及一系列学生管理工作，充分发挥退役军人学生群

"英勇顽强打胜仗！"这是退役大学生士兵
参加 2023 年上海民办高校军训工作现场会表演敢冲敢打的战术动作

体的自治作用。

二是紧密融合学风建设。社会主义核心价值观教育不能仅仅停留在理论说教层面，还需要落实在日常实践以及学生行为养成中。学校将社会主义核心价值观教育有机融入学生的日常行为养成，通过军营文化融入学风建设，加强对学生一言一行的规训、示范和引导，将社会主义核心价值观教育落细落小落实。

（上海师范大学天华学院）

"多语种 +"讲好中国故事
课堂内外融促育人

一、基本情况

党的二十大报告指出："加快构建中国话语和中国叙事体系，讲好中国故事、传播好中国声音，展现可信、可爱、可敬的中国形象。"上海外国语大学贤达经济人文学院外语学院积极推进全员全程全方位育人，落实立德树人根本任务，将践行社会主义核心价值观贯穿于育人各个环节，全面推进社会主义核心价值观融入教育教学和人才培养，结合"课程思政"和"三进"工作，立足学科优势服务国家战略，不断探索外语学科思政教育和建设，"多语种 +"讲好中国故事，厚植学生家国情怀，课堂内外融促育人，培育和践行社会主义核心价值观。

承办第五届"儒易杯"中华文化国际翻译大赛

107

二、主要做法成效

1. 聚合力：党建育人引领学科专业建设，促进"爱国主义国情教育"与"专业课程教育"有机融合

围绕立德树人根本任务，以党建育人引领学科专业建设，结合人才培养核心任务，深化培育和践行社会主义核心价值观，日常教育教学中，党员教师和辅导员开展课堂爱国主义教育和新时代公民道德教育，教育引导、实践养成和管理服务同步并进，坚持课堂教育和课外讲座和实践融合相结合，引导学生成为担当民族复兴大任的时代新人，促进党建引领下"爱国主义国情教育"与"专业课程培养教育"有机融合。2023年，外语学院成立了学校党建示范点——课程思政教学研究中心。

2. 建特色："多语种+"传播中国声音，促进"多元文化课程"与"讲好中国故事"有机融合

外语学院英语、德语、法语、西班牙语、日语、朝鲜语、阿拉伯语七个语种多元文化课程建设中，要求学生在基础语言课程前十分钟开展"中国故事"演讲，在授课教师全程指导下，学生采用PPT、自制短视频等多种形式脱稿演讲，活动纳入课程的平时成绩。通过班级选拔，学生晋级参加系赛，系赛一等奖获得者进入学院"用外语讲好中国故事"多语种演讲大赛汇报展演。该赛事2022和2023年主题分别为"喜迎二十大，赋能外语人才培养"和"守正创新，勇毅前行"，旨在以讲好中国故事、弘扬中华文化为活动目的，立足学科优势服务国家战略，厚植学生家国情怀，坚定文化自信。以讲好中国故事为契机，突出思政引领，创新教学方式，加强实践要求，重视以赛促学，培训学生的语言交际能力和竞赛能力；以讲好中国故事为驱动，搭建多元跨文化交际平台，构建以爱国主义为特色的社会主义核心价值观教育，提升用外语

举办"用外语讲好中国故事"演讲大赛汇报展演

传播中国声音的意识和实践能力。通过此类活动，获得 2023 校级及以上各类奖励的学生达 245 人次。

3. 树典型：多形式课内外协同育人，促进"模范引领"与"全面育人"的有机融合

在学校服务学生成长的育人体系建设中，外语学院辅导员定期组织"多语种＋"爱国教育主题班会，将爱国教育和征兵入伍宣传相结合，通过视频、退役学生分享、榜样教育互动等形式，提升学生的社会认同度，增强社会归属感和社会责任感，明确个人的社会职责，鼓励学生应征入伍保家卫国；组织学生党员开展榜样宣传和引领教育活动，带头践行社会主义核心价值观，树立标杆形象，引导学习敬业精神，加强学风建设，从自身做起，从身边做起。专业教师组织"多语种＋"讲好中国故事学生展演赛后撰写参加活动的心得体会，公开发布在学院微信公众号"贤星闪耀"系列、"巴别塔"院刊和展板上进行宣传和交流，以点带面树品牌，掀起全院学生"用外语讲好中国故事"的热潮。

外语学院教师围绕课程思政、讲好中国故事开展教学研究，以赛促教、促学、促研。近两年教师发表相关教研论文 18 篇，2 门课程获市课程思政示范课程，2 个教学团队获市课程思政示范课程教学团队，2 门课程获校级课程思政示范课程。

承办的《巴别塔》杂志中有"中译外"专栏

三、经验启示

上海外国语大学贤达经济人文学院外语学院融促外语学科专业课程和思想政治教育协同育人，不断厚植学生的家国情怀，提升学生的语言表达技能，服务人才培养卓有成效。未来，学院将加强宣传和行动引导，组织口译大赛和模联活动，提升学校和学院的社会影响力，把"用外语讲好中国故事"演讲大赛打造成贤达品牌。

（上海外国语大学贤达经济人文学院）

传承红色基因，构建"1+6+X" "四史"学习教育工作机制

一、基本情况

中国特色社会主义进入新时代，我们既面临世界百年未有之大变局，又处于实现中华民族伟大复兴的关键时期。职业院校把"四史"教育融入立德树人全过程，对于落实为党育人、为国育才的使命，具有重要时代意义和战略意义。

上海现代化工职业学院从习近平总书记关于立德树人、"四史"教育的重要论述入手，提出了"四史"学习教育"1+6+X"工作机制。党政工团密切配合，齐抓共管，从顶层设计、师资队伍、教育资源、长效机制等方面进行统筹规划，将立德树人的成效作为检验学校一切工作的根本标准，坚持课程育人、实践育人、文化育人、仪式育人、队伍育人、共建育人的六元融合模式，形成了协同育人共同体。

二、主要做法成效

赴金山烈士纪念馆开展"行走的思政课"

1. 课程育人

紧紧抓住教师队伍"主力军"、课程建设"主战场"、课堂教学"主渠道"，把"四史"学习教育融入课程教学中，实现"四史"教育进教材、进课堂、进头脑。首先，把"四史"学习教育融入思政课中，

左侧竖排：用社会主义核心价值观铸魂育人

不断丰富更新教学内容，筑牢意识形态主阵地。其次，结合专业特色和学科特色，把"四史"学习教育融入"课程思政"中，确保各类课程与思政课程教育同向同行，构建全员全程全方位育人大格局。

2. 实践育人

积极创新实践载体，将"四史"学习教育有机融入，通过组织开展主题团日、纪念征文、知识竞赛、演讲比赛、座谈会、专家访谈、社会实践等多种主题实践活动，用鲜活的事实与学生喜闻乐见的方式，进一步筑牢育人体系，深化学生对"四史"的认识和理解，认清当代青年肩负的历史使命，坚定他们为实现中华民族伟大复兴中国梦奋斗的信心与决心。

3. 文化育人

深化以史育人，让"四史"学习教育渗透于学校的教学、科研、管理等环节，将"四史"元素充分融入校园环境中。利用宣传栏、校园网、微信公众号、校园板报、墙壁、景观等宣传载体，深入挖掘学校红色文化资源，着力打造融理念文化、行为文化、环境文化、制度文化于一体的

举办"弘扬传统文化 加强学生德育
——弟子规朗诵"活动

"学校精神"。注重以文化人，培育和践行社会主义核心价值观，推进"中华优秀传统文化进校园""中华经典诵读主题征文"等活动，厚植家国情怀。

4. 仪式育人

充分利用重要的时间节点和节庆活动开展"四史"学习教育，弘扬中华民族精神、上海城市精神。如在五四运动纪念日、建党纪念日、九一八事变纪念日、国庆节等重要的时间节点，开展好"节日里的'四史'学习教育"。充分利用入学教育、成人仪式、毕业仪式、国旗下讲话等仪式活动，将"四史"元素融入其中，增强仪式感，提高"四史"学习教育的吸引力和感染力。

5. 队伍育人

组建"四史"宣讲团，围绕"中国共产党为什么能""马克思主义为什么

"海鸥"大学生理论宣讲团

行""中国特色社会主义为什么好""信仰的味道为什么甜""艰苦奋斗的本色为什么美""党的靠山和底气为什么强"等主题，深入班级进行宣讲。运用学生业余党校、团校平台，建立党史学习小组，组织青年学生畅谈学习党史的感悟和体会。

6. 共建育人

校企文化的对接、职业道德的交融，是职业院校不同于普教的鲜明特色。逐步深化对职校人才培养规律的认识，在课程设置、专业教学实践环节及职业技能比赛中，把职业技能和职业精神高度融合，培育敬业、精益、专注、创新等富有时代气息的"工匠精神"，培养一批技术娴熟、手艺高超、能够掌控现代化设备的"大国工匠"。

三、经验启示

要聚焦"培养什么人、怎样培养人、为谁培养人"这一根本性问题，用好"四史"相关资源，引导青年学生传承红色基因，弘扬优良传统，接好时代"接力棒"，真正扛起一代人的使命担当。融入过程中，要注重彰显历史性和时代性，突出强调党组织的全面领导、思想铸魂和价值引领，注重加强与企业的合作，聚焦课程育人、实践育人、文化育人、仪式育人、队伍育人、共建育人。

（上海现代化工职业学院）

在"行""研""做""论"中
赓续红色血脉

一、基本情况

"红色堡垒"课程是上海市教委首批 100 门"中国系列"课程之一。该课程以"习近平新时代中国特色社会主义思想"为统领，结合上海市第六十中学校园内中国共产党创办的第一所正规大学——上海大学的遗址墙与静安区范围内的红色学习资源，开发了"红色堡垒"认知、"红色堡垒"研习、"红色堡垒"浸润三大模块。近几年，学校按照《新时代爱国主义教育实施纲要》的相关要求，通过创设"行中学""研中学""做中学""论中学"等学习情境，引导学生通过专题教育、研究性学习、社会实践与社团活动，培育和践行社会主义核心价值观。

二、主要做法成效

1. "行中学"——激发红色文化学习兴趣

每年寒暑假学校都依托静安区丰富的红色资源，组织师生从上海市第三次工人武装起义的出发地青云广场遗址（位于上海市第六十中学校园内）出发，重温宝山路与静安区的红色文化资源，开发了多条红色 city walk 路线，如"青云广场—商务印书馆旧址—湖州会

上海大学与学校红色联盟签约

113

馆—中共二大会址纪念馆"学习路线，布置了相应的学习作业，如展现学习过程与收获的微电影等分享学习体悟。

2. "研中学"——提升红色文化学习实效

红色课本剧

2020年学校与上海大学签订"红色联盟"合作协议，每周一，由上海大学教授开发的"红色中国国情"课程定时开讲，旨在指导团员学生与对红色文化学习感兴趣的学生进行研究报告的撰写，通过带领学生设计研究方案、收集资料、学习研究方法等，引导学生学会运用多学科知识分析问题。近年来，多名学生在市级课题研究比赛中获奖。学校还邀请俞秀松烈士后代俞敏等革命前辈后代开展面对面交流，深化学生对红色文化的体悟。

3. "做中学"——强化红色文化学习成果

学校依托开学典礼、升旗仪式、主题班会等，为学生展现红色学习成果搭建舞台。如学校开展"永远的旗帜——中国共产党章程流动教室巡展""百物进百校，百讲证百年一大文物进校园""'喜迎二十大，奋斗新征程'开学第一课"等活动。此外，学校话剧社的同学自编自演《红色学府》《探寻百年初心》等红色课本剧，并获得广泛的赞誉。

4. "论中学"——优化红色文化学习品质

学校为学生红色学习成果的展示提供舞台，在升旗仪式上创设由师生代表讲述红色故事的环节；在班会课上举行学生红色课题研究成果的报告会；在学校名家讲坛项目中，多次邀请专家学者来学校开设红色文化讲座，拓宽学生红色

论中学：苏智良教授作题为"红色上海往事"的讲座

文化学习的视野。学校的"向日葵"画社绘制《红色宝山路》系列连环画，布置在学校操场周边，进一步丰富了校园的红色景观。

三、经验启示

未来，学校将在"红色堡垒"课程的基础上，创新"移动的红色书院"红色文化学习方式。它将以培育能应对百年未有之大变局的时代新人为宗旨，以解决现实生活问题的能力为目标，探索、建立并完善指向中学生核心素养培育的理想信念教育新路径，具体围绕以下方面展开：

一是打造线上红色文化学习平台。通过与市区红色场馆、高校和社科研究机构合作，整合红色文化学习资源，开发线上线下相结合的红色文化学习平台，为学生大思政课的学习搭建载体，方便学生指导与答疑解惑。

二是完善红色文化学习的机制保障。学校将以师资保障为核心，将教师参与红色文化课程建设作为教师发展的考核指标，激励教师参与红色文化课程的开发与指导，为教师发展搭建各个层级的研训平台，在校内评选红色文化的金牌宣讲员，打造一支高素质的红色文化教育师资队伍。同时签约更多红色文化学习实践基地，引导学生在实践与感悟中下功夫。

三是探索学生红色文化的多维评价方式。通过探索学生红色文化学习画像的评价机制，激发学生参与红色文化学习的成果展示与交流以及校园红色文化环境布置等，注重红色文化学习的过程性评价，激励由红色文化传承的被动接受者变为自觉传播者。在学习成果方面注重学生的创意物化能力，通过红色旅游地图开发、红色明信片与文创产品设计、红色纪录片拍摄剪辑等探索红色学习成果评价的新形式，避免高中学段与大学、小学初中红色学习内容的重复。

（静安区教育党工委）

小小讲解员　童言话党史

一、基本情况

上海市浦东新区"红领巾讲解员"团队成立于建党百年之际，旨在号召广大青少年学生讲好党的故事、上海故事、浦东故事，在学习讲解和宣讲志愿服务中厚植家国情怀，坚定理想信念，根植社会主义核心价值观。它是广大青少年发声、成长的平台，也是各街镇、学校深化组织开展青少年社会主义核心价值观教育的一个区级范例和模式。

二、主要做法成效

做法 1. 从"小试牛刀"到"成团出道"

在 2021 年"十万少年看浦东"浦东青少年红色大寻访"五四"专场活动中，

浦东新区红领巾讲解员讲解日常
——为小伙伴们介绍科创板块

有十几位"红领巾"走进浦东展览馆，首次从参观者变成讲述者，浦东少先队员第一次以"红领巾讲解员"正式亮相。同年"六一"主题集会中，一支百人团队完成集结，浦东新区"红领巾讲解员"正式成团"出道"，共同肩负起未成年人在新时代文明实践活动中宣传新思想的光荣使命。

做法 2. 主由精品团队引领全区少年

2021 年，上海开展暑期未成年人"从小学党史　永远跟党走"活动，"红领巾讲解员"团队活动作为一项重点活动项目在区暑期工作会议上正式发布，会上将未成年人党史学习教育实践活动纳入常态化管理。在区级"红领巾讲解员"示范引领下，百余所中小学校组织学生预约前往烈士陵园、名人故居、纪念馆等爱国主义教育基地，在教师和家长带领下，边走边看边学边讲，受到场馆和参观人员的一致好评，掀起了浦东青少年在学党史、讲党史的浓厚氛围。

成效 1. 新时代文明实践搭建学习讲台

区新时代文明实践中心为小讲解员们提供集中学习的场地，除加强礼仪、语言等方面的培训外，还围绕党史学习教育、社会主义核心价值观教育等内容选择优质学习资源输送到"红领巾讲解员"的学习课堂中。在浦东青少年广泛参与"知党史　感党恩　跟党走"系列主题活动的浓厚氛围下，"红领巾讲解员"在新时代文明实践中心、爱心暑托班、党群服务中心、雏鹰假日小队等各个实践场所组团学党史，通过一段段场馆讲解重温党的峥嵘岁月，了解改革开放的伟大成就，感受浦东三十年的沧桑巨变。

2023 年 5 月 21 日，浦东新区红领巾讲解员在中华艺术宫讲述"居然水中间——近代以来的江南景观美术作品展"

成效 2. 红色场馆单位共享阵地平台

浦东新区在融媒体中心、区文物保护管理所、区烈士陵园管理所、相关街镇等协调下，浦东开发开放 30 周年主题展、"四史"学习教育展、浦东开发开放陈列馆、张闻天故居、黄炎培故居、川沙烈士陵园、高桥烈士陵园、南汇烈士陵园、红色泥城主题馆、"'两弹一星'爱国主义教育基地"等首批 10 个红色场馆向"红领巾讲解员"开放。场馆工作人员分享场馆讲解词，提供支持与保障服务，顺利地衔接起社会团体参观预约与"红领巾讲解员"的讲解预约。中华艺术宫、世纪公园、中国第一枚液体探空火箭发射基地旧址、浦东历史博物馆等各类优质场馆纷纷为"红领巾讲解员"提供学习展示平台，并在浦东外国语学校成立了首支双语讲解员团队。

三、经验启示

1. 建立两级队伍，培育品牌特色

一是区级团队逐年培养递增。结合"3·5"学雷锋纪念日、文明游园联盟成立、"海上风华"红色艺术作品展等各类活动，根据项目需求，选拔具有相关特长或兴趣的"红领巾讲解员"持续在各类学习阵地开展党史学习讲解活动，通过不断选拔培训，区级团队由成立伊始的百人团队迈向千人团队。

二是街镇团队拓展辐射、各具特色。一方面，不断拓展建设"红领巾讲解员"学习服务阵地的同时，形成街镇、场馆、学校联动协同的工作格局。另一方面，以区级讲解员团队为示范，组建街镇级特色"红领巾讲解员"团队。如老港镇航天梦"红领巾讲解员"讲述航天人初心，泥城镇"红领巾讲解员"讲述家乡红色泥城抗日历史，书院镇"红色小脚丫"团队开展"红色经典润乡土"主题

2023 年 7 月 19 日老港镇航天梦红领巾讲解员到浦东展览馆
进行交流讲解，并为"青马班"学员讲解浦东故事

活动，宣桥镇"小米粒"团队在野生动物园讲述动物科普与保护知识，花木街道"花木少年说"以少年之声弘扬文明风尚，周家渡红领巾"三长"助力青少年学生关注城市治理，航头镇"航·未来"团队弘扬崇德向善的家文化。

2. 拓展学习阵地，促进"五育"融合

"红领巾讲解员"队伍的教育培养，是以场馆学习讲解为队伍的聚合点，从志愿精神、形象气质、语言素养、专业知识、探究能力等各方面提升青少年学生的综合素质。通过人才、资源和项目的匹配，在建立"红领巾讲解员"团队基础上，区域还成立美育、生态科普、双语、航天等专项讲解员团队，在浦东历史博物馆成立"百人团"。此外，以东岸滨江新时代文明实践带为依托，成立"水岸故事宣讲队"，试点开展自主探究讲解，引导广大未成年人讲好"一江一河"城市故事，从今昔发展看浦东瞩目成就。

（浦东新区教育工作党委）

从"望志"到"兴业"
我们的上海 党的诞生地

一、基本情况

上海市黄浦区卢湾一中心小学于 2006 年成立的"红喇叭"小讲解员社团，是全国首支志愿服务中共一大纪念馆的小学生讲解员团队。社团名中的"红"象征着爱国主义教育，"喇叭"代表宣扬和讲解。习近平总书记强调"上海是党的诞生地"，激发了师生们的热情，社团不断创新活动形式和课程内容，通过童言讲故事、童声说党史，充分发挥文化育人、活动育人、实践育人的功能，引导学生将对党史的理解转化为实际行动。

吴蓉瑾校长和小讲解员们在中共一大纪念馆

二、主要做法成效

"红喇叭"小讲解员社团充分利用中共一大纪念馆的红色资源，以儿童的视角讲述党史故事，围绕习近平总书记在上海的足迹、视察时的讲话论述，丰富完善讲述资源。同时借助学校信息化发展优势，搭建"云剧场"虚拟讲解空间，将党史学习、习近平新时代中国特色社会主义思想融入学校教育教学。

1. 挖掘资源，述说故事

以馆内现存的珍贵文物和情境布置为载体，从"为什么会在上海""在上海怎么样""在上海要干什么"三个角度设计培训课程，引导学生深入了解中国共产党的初心和历史背景。小讲解员在撰写讲解稿时，巧妙融入有趣故事，如陈望道在翻译《共产党宣言》时误把墨汁当红糖的插曲，使参观者深受吸引。

小讲解员进行现场讲解

2. 搭建剧场，学讲党史

"红喇叭"小讲解员社团利用学校教育信息化发展优势，搭建"云剧场"爱国主义教育平台。该平台以三片投影幕构成的多媒体戏剧表演互动空间为基础，将爱国主义教育基地虚拟成场馆地图。社团通过任务驱动，进行虚拟导览、讲解教学、拓展学习和模拟演练，进一步提升学生的培训效果。学生在平台上进行多方位学习，足不出校便可以了解红色基地。

3. 传承精神，共讲党史

习近平总书记在中国共产党第二十次全国代表大会上的报告中指出，要"讲好中国故事、传播好中国声音，展现可信、可爱、可敬的中国形象"。校长吴蓉瑾在现场听取时倍感鼓舞，坚定了办好"红喇叭"小讲解员社团的决心。学校与更多红色场馆合作，与广大党员、团员共同推出一系列优质课程和活动，包括开

小讲解员在行动

设红色课程"初心之地 光荣之城"、主题宣讲《信仰灯塔》等，厚植学生家国情怀，在实践中将立德树人这一根本任务落到实处。

三、经验启示

18年来，学校共培养了一千多名"红喇叭"小讲解员，服务近千场次，如今"小小讲解员"课程的开设，使千余名在校学生通过学习达到人人都能讲解，不少毕业生毕业后依旧担任各类红色场馆讲解员，并且回到母校培训学弟学妹。"红喇叭"小讲解员社团被中央电视台、新华社、《解放日报》等媒体相继报道，并连获全国"红领巾社团"、市区红领巾社团称号。2023年，小讲解员们还在第四届"中外人文交流小使者"全国展示活动中获得一等奖。

未来，我们将进一步深化主题，充分运用习近平总书记在上海的足迹等丰富资源，创编更多精彩故事，牢记"上海是党的诞生地"，真正做到把党史故事讲好、传播好，把党的光荣传统发扬好、继承好！

（黄浦区教育党工委）

传承雷锋精神　培育时代新人

一、基本情况

上海市金山区教育系统把传承雷锋精神作为落实立德树人根本任务的重要内容，系统规划、常态推进、广泛参与，将传承雷锋精神融入学校教育教学和人才培养的全过程、各方面，在全系统形成学习雷锋榜样、传承雷锋精神的良好氛围。

二、主要做法成效

1. 系统规划，把握时代内涵

一是发布《金山宣言》。2013 年，金山区精神文明建设办公室、金山区教育局、共青团金山区委员会、朱泾镇人民政府联合举办"构筑雷锋家园，成就幸福人生"主题活动，向全国中小学发出学雷锋活动常态化的《金山宣言》。

二是建设示范基地。金山区朱泾小学建设全国首个"雷锋学校示范基地（上海市中心学校）"；金山区建立沪上第一个"雷锋体验馆"，并将其打造成为区域青少年实践基地、爱国主义教育基

"纪念毛泽东等老一辈革命家为雷锋同志题词六十周年"主题活动暨《金山宣言》发布十周年主题活动

123

金山区海棠小学"行走的LOVE"爱心志愿服务活动

地，培养雷锋精神的实践传播基地。

三是打造特色项目。发挥学校学雷锋主阵地作用，涌现了"随迁子女学校送教行动""同心携手 倾心相助（失独家庭）""行走的love"等一批特色项目。其中，"行走的love"被评为全国学雷锋最佳志愿服务项目。

2. 常态推进，融入育人全过程

一是融入思想道德建设。根据不同学生年龄特点，融合社会主义核心价值观，剖析雷锋精神的丰富内涵，结合实际开展分层教育。如，廊下小学以校友张鲜军为榜样，引领少年儿童争做勤奋好学、乐于助人、诚实守信的"鲜军式好少年"。

二是融入主题教育活动。将每年3月定为学雷锋主题教育月，深入开展形式多样的学雷锋活动。如，张堰中学举行"心手相连 快乐奉献"爱心义卖，亭林小学开展"听党员老师讲英雄的故事"等活动。

三是融入学校课程建设。各学校完善组织、制度等保障，确立了雷锋精神教育"实施课程化、内容项目化、评价多元化、管理制度化"的运作模式。如，朱泾小学开发"小雷锋拓展营"综合实践课程，在生动的学习活动中传承雷锋精神。

3. 广泛参与，壮大志愿服务

一是优化志愿服务网络。教育局志愿服务中心下设"V爱而行"志愿服务总队及9个志愿服务分队，6个党群志愿服务基地及97个服务站点，形成"条块结合、三级联动"志愿服务网络。各学校建立党团员教师、学生志愿者服务队300余支，建立学雷锋志愿者服务基地100余个。

二是扩大志愿服务规模。教育局志愿服务总队现已招募师生志愿者9900余人，广泛参与垃圾分类、环境清洁、交通执勤等志愿服务活动。如，金山初级中学"小金灵"志愿者在区文化馆参加服务，累计已达1000人次。

三是深化志愿服务品牌。打造"金小囡"亲子早教、"鑫之家"家庭教育指导等富有教育特色的志愿服务品牌。依托区未成年人心理健康辅导中心，构建"中心＋分中心＋学校心理辅导室"三级架构，开通24小时未成年人心理咨询热线服务。

三、经验启示

要进一步创新内容、形式和手段，让雷锋精神在新时代绽放更加璀璨的光芒。一是强化价值引领，深入学习习近平总书记关于弘扬雷锋精神的重要论述，深刻把握雷锋精神的时代内涵和实践要求，引导全体党员干部和广大师生践行社会主义核心价值观；二是拓展实践载体，继续联合区文明办等多部门，搭建雷锋精神学习平台，推动形成齐抓共管的长效机制；三是擦亮特色品牌，营造赓续传承雷锋精神的浓厚氛围，使"金山特色"学雷锋活动更有时代感和影响力。

"金小囡"亲子早教活动

（金山区教育工作党委）

125

以演促教、以文化人　汇聚同心筑梦力量

一、基本情况

2023 年，上海市马戏学校（以下简称"马戏学校"）及其校企合作单位上海杂技团，与新疆杂技团共同合作，打造民族大团结题材的杂技剧《天山雪》，以内地援疆、文化润疆为大背景，将现实中马戏学校培养新疆班的成功案例融入其中，深入挖掘新疆优秀历史文化和民族团结故事，体现了新中国成立后，在党的领导下，全国人民和新疆各族人民共同努力，为建设边疆、保卫边疆、促进民族大团结所做出的贡献，反映新中国成立以来不同时期内地援疆、文化润疆的丰硕成果。

《天山雪》把 2010 年马戏学校培养新疆班教育援疆的成功案例融入创作。2017 年，学校新疆班《抖杠》节目荣获第六届蒙特卡洛"新一代"国际马戏节比赛唯一金奖，体现了沪疆两地通过文化教育，共同为国争光。

《天山雪》赴新疆巴楚县惠民演出

二、主要做法成效

1. 贯彻落实党的二十大精神，助力《天山雪》创排

马戏学校深入学习贯彻党的二十大报告精神，从中汲取精神养分，聚焦新时代现实题材和发展成就，以援疆、文化润疆为大背景，以铸牢中华民族共同体意识为主线。从新中国成立初期解放军屯垦戍边，到20世纪五六十年代全国青年投身边疆建设，再到中巴公路的修建，一直延续到新时代上海新疆两地杂技人深化文化教育合作，《天山雪》展现了沪疆两地三代人在不同时期共同建设美好家园、携手同心为国奋斗的历程，徐徐展开了一幅跨越70多年的援疆、文化润疆的历史长卷。

2. 援疆教育成果丰硕，助力《天山雪》创排

2010年，马戏学校受新疆维吾尔自治区文化厅和新疆艺术剧院杂技团委托开设新疆班，专门培养近六十名来自新疆的杂技学员，学制七年。学校不仅将海派杂技倾囊传授，还注重发挥新疆班学员能歌善舞的优势，

《天山雪》赴新疆解放军部队慰问演出

通过创排节目和主题晚会，提升学员的舞台综合艺术能力。新疆班毕业大戏、校园汇报剧《阳光梦》就是一个成功案例。2017年，新疆班学员毕业时，已具备表演二十多个大中小型节目的舞台能力。现在，他们已经成为新疆艺术剧院杂技团的演员主力，在新疆乃至全国文艺舞台上发光发热。

在《天山雪》创排过程中，马戏学校秉持工匠精神，反复打磨全剧13幕的21个杂技节目，师生与来自上海、新疆两地共5家演出团体的85位演员一起参与演出，其中近70%是马戏学校在校生、毕业生。值得一提的是，新疆派出的二十多位演员中，有超过半数是马戏学校新疆班毕业的学生，他们来沪重回"母校"参与创排在舞台上交出自己毕业后的一份新"答卷"。

3. "育训结合"，助力《天山雪》创排

在创排《天山雪》期间，马戏学校开展了丰富的德育相关活动，以激发师生

的中华民族共同体意识，其中让人印象最深刻的是国家非遗项目维吾尔族达瓦孜代表性传承人、中国杂技家协会副主席、新疆杂技家协会主席、新疆艺术剧院杂技团名誉团长阿迪力·吾休尔上了一堂主题为"团结一致，为实现中华民族伟大复兴而努力奋斗"的党课。

阿迪力·吾休尔为"中国走钢丝第一人"，曾创造 5 项世界吉尼斯纪录，被誉为"高空王子"。他分享了自己的成长经历，围绕高空走钢丝这项独特技艺，

国家非遗维吾尔族达瓦孜传承人
阿迪力·吾休尔指导节目创排

讲述了爱党、爱国、热爱达瓦孜杂技事业的拳拳之心，党在他心中的地位和作用，表示只要不忘初心，就能克服任何困难，鼓励大家要做到心怀责任、勇于担当，为中国的杂技事业、中华民族文化繁荣作出最大的贡献。党课语言朴实生动、案例感人，极大地激发了在座师生投身创排《天山雪》的热情。

三、经验启示

由上海杂技团、上海市马戏学校、新疆艺术剧院杂技团联合出品，历时三年创作的杂技剧《天山雪》圆满完成新疆地区的演出，以中华优秀传统文化丰富新疆各族人民的精神生活，生动描绘了"沪疆情深，亲如一家"的美好画面。

截至 2023 年 12 月，《天山雪》已被列为 2023 年度国家艺术基金大型舞台剧和作品创作资助项目、2022 年度上海文化发展基金会资助项目、"上海文化润疆"重点项目，中国文联 2023 年重点创作目录项目和中国文联文化润疆协作机制 2023 年度工作计划重点项目，并成为首部入选中国文联两大项目的杂技剧目。

马戏学校从《阳光·梦》到《战上海》，再到《天山雪》，这三个剧目见证了学校在人才培养、专业创新、教学改革和校企合作等方面的不断探索和发展所作出的努力。

（上海市马戏学校）

用中华优秀传统文化滋养心灵

"中医药文化＋思政"大中小学
思想政治教育一体化建设

一、基本情况

习近平总书记在文化传承发展座谈会上指出，在五千多年中华文明深厚基础上开辟和发展中国特色社会主义，把马克思主义基本原理同中国具体实际、同中华优秀传统文化相结合是必由之路。中医药文化是中华优秀传统文化的重要组成部分，不仅源远流长、博大精深，

"岐黄中国——我从典籍中探中华文明"
张江学区学生征文演讲比赛

而且与马克思主义理论具有内在的契合性，是中医药院校思想政治教育的重要资源。

上海中医药大学积极践行"第二个结合"，聚焦推进"中医药文化＋思政"大中小学思想政治教育一体化建设。近年来，建设成效逐步显现。2022年"中医药文化教育资源建设及推广大中小学贯通融合的传承与创新教育实践"获上海市教学成果特等奖；2023年"中医药文化教育资源贯通大中小学的创新与实践"获国家教学成果一等奖。

二、主要做法成效

1. 顶层设计与组织保障，形成思想政治教育的"施工图"

一是明确工作理念。作为具有鲜明专业特色的中医院校，在与浦东张江学区合作开展大中小学一体化思想政治教育过程中，致力于挖掘中医药文化的思想政治教育因素，以"统筹衔接、双向联动、资源共享、优势互补"的理念为指引，推动大中小学思政课一体化建设工作落到实处。

二是加强组织保障。2020年学校与浦东新区张江学区11所中小学签署合作共建协议，成立了大中小学思政课一体化建设指导中心；2023年学校聘请了大中小学一体化教育专家担任上海中医药大学"大思政课"建设专家咨询委员会委员。学校专门成立"大中小学一体化推进'大思政课'建设领导小组"，加强对一体化建设工作的领导；成立"大中小学一体化推进'大思政课'建设专家咨询委员会"加强对一体化建设工作的专业指导。

2. "联动"到"互通"的育人模式，共绘思想政治教育"同心圆"

张江学区种子教师参加上海中医药大学马克思主义学院开设的"岐黄中国"文化基因和国际视野特色课程的学习

一是以集体备课为依托，发挥上海中医药大学名师、名家引领作用，在做好各学段衔接的基础上，通过集体备课建构具有针对性、实效性并能实现循序渐进、螺旋上升的思想教育方法体系。

二是以教学交流与学术沙龙研讨为平台，提升教师的教学能力与研究能力，做到教研相长，大中小学教师互相取长补短，"协同作战"，构筑育人共同体。

三是以种子教师培养为切入点，健全大中小学思政课教师培训制度，充分发挥骨干教师的引领示范作用，通过专题理论轮训、挂职访学、项目资助等形式加强对大中小学思政课骨干教师的培养。

3. 利用区域优势，高校特色，形成思想政治教育一体化"特色牌"

一是打好张江科技特色牌。发挥张江高科在生物医药、科技创新等重要科技孵化方面的优势特长，通过相关主题活动，培养大中小学生学科学、爱科学的兴趣与潜力，提升他们的科技创新思维能力。

二是擦亮中医药文化特色牌。上海中医药大学拥有丰富的体现中医药文化特色的思政

上海中医药大学"杏马先锋"博士团送教到校暨
张江学区"岐黄中国"系列活动

课教研资源，拥有"岐黄中国"品牌思政课、"杏马先锋"博士团，通过发挥学科优势，将名师、博士等优质资源下沉，推出有示范性的大、中、小学分层分类课程体系以及特色校园活动。

三、经验启示

第一，顶层设计是关键。站在全局的高度，制定"中医药文化＋思政"大中小学思想政治教育一体化建设的总体规划，确保各学段目标、任务和要求的连贯性和系统性。

第二，课程建设是核心。注重课程建设，开发符合各学段思政教育特点，且具有中医药文化特色的课程。

第三，教师培训是重点。通过专题培训、专家讲座、学术研讨、社会实践等多种形式对大中小学思政课教师开展马克思主义理论培训以及中医药文化素养培养，培育"种子教师"。

第四，评价机制是保障。建立科学的思想政治教育评价机制，对建设效果进行评估和反馈，及时调整和完善相关措施，确保思想政治教育一体化建设的顺利进行。

（上海中医药大学）

阅读育人：书香致远　经典铸魂

一、基本情况

上海商学院在开展阅读育人实践中，营造校园阅读氛围，铸就多个校园阅读品牌，书香校园建设卓有成效；推动社会阅读，与社会机构、阅读团体和知名文化人士密切合作，致力培育青少年阅读习惯；在上海市教卫工作党委、市教委指导下连续三年开展主题阅读活动，阅读红色经典，传播红色文化，促进中华优秀传统文化、革命文化和社会主义先进文化传播。同时，在构建阅读育人体制机制、构筑阅读育人共同体、打造阅读育人品牌等方面积累了一些经验。未来，学校将继续以书为媒，继续夯实书香校园建设，继续承办上海市红色主题阅读活动，立足长三角和上海市，赋予阅读育人品牌更多的价值和内涵，推动阅读育人向全国辐射和推广。

长三角阅读论坛暨夏丏尊等"一周一书"实践100周年活动在上海商学院举行

二、主要做法成效

1. 书香校园建设卓有成效

学校自 2003 年开展校园阅读活动以来，历经 20 年校园阅读沉淀，铸就"一周一书"阅读品牌，形成具有全国影响力的"克期读"阅读理念，提升学生阅读能力，引导学生养成阅读习惯。在校内设立读书月，以学校主办、部门承办、师生参与的工作机制，采取诵读比赛、专题讲坛、阅读交流等形式，提升学生科研素质、专业知识、综合素养和审美能力。在全年接续以二级学院为主体，结合学科专业特色，以名师品读、教师点评、学生感悟的形式，开展系列主题阅读活动，落实立德树人根本任务。

2. 推广全民阅读成就斐然

学校以校园阅读品牌为媒介，以学校阅读资源为基础，整合校园资源，集中高校文化研究机构、文明文化场馆、名师专家、阅读组织等资源，开展课程阅读和课外阅读交流，提升校园阅读影响力。主动对接资源，积极发掘中共一大纪念馆等校外红色史料、景点和场馆等红色资源，主动联系沪内外高校知名专家学者，与阅读领域资深行业人士进行深入沟通，指导阅读活动、分享阅读智慧、点亮青少年人生。积极联合资源，与文明文化建设单位和社会阅读团体共同举办各类阅读分享会，与沪上知名文化机构联合举办各类专题阅读活动，与各级各类媒体共同传播全民阅读的理念、举措和成效，扩大全民阅读影响力、向心力。

3. 辐射文化品牌影响广泛

自 2021 年起，在上海市教卫工作党委、市教委的指导下，学校连续三年承办"读红色经典　做信仰传人"市级阅读活动，结合建党百年、疫情防控、主题教育等主题，以文章、视频、音频、书法、案例

在"阅读向未来　奋进新征程——读红色经典做信仰传人之上海市'文化援疆'活动"中，为喀什孩子们送上上海同学写满寄语的书签

等形式，学习宣传贯彻习近平新时代中国特色社会主义思想，引导青少年学生热爱中华文化、传播红色文化、增强文化自信，参与人数达几十万人，几十家主流媒体进行报道传播。学校牵头成立长三角阅读育人联盟，举办长三角阅读论坛，搭建和联通长三角大中小学校和各类阅读机构的协作桥梁，将理论成果应用到新时代书香校园、书香家庭、书香社会建设实践。2023年8月，在上海市教卫工作党委、上海市教委指导下，学校与上海市对口支援新疆工作前方指挥部、志愿服务公益基金会等，组织沪上知名专家学者和中小学教师代表组成文化援疆团队，赴新疆喀什开展"阅读向未来　奋进新征程"——读红色经典　做信仰传人（第三季）主题阅读活动，深入当地中小学开展厚赠图书礼包、举办阅读讲座、体验非遗文化等活动，并取得良好效果。

4. 阅读育人信息化建设开始起步

2023年，学校开始建设AI虚拟辅导员学生管理信息化服务平台。虚拟辅导员可以实现远程在线全天候随时咨询解答、信息推送，为学生提供个性化、便捷化、远程在线7×24小时的辅导服务，并于2023年秋季新生入学期间正式上线。学校的虚拟AI辅导员正式上线，成为辅导员处理日常事务的助手，实现辅导员24小时陪伴，并在此平台上开辟就业补给站、心灵驿站、书香四溢、学习资源、缤纷校园等五大板块。在其中的"书香四溢"板块，学校通过定期的阅读分享会、书籍推荐、阅读视频分享等形式，推动阅读育人开展，最高日点击量达792次。未来，学校将会通过设置固定栏目、发布阅读通知、专家荐书等形式，推动阅读信息化建设向纵深开展。

三、经验启示

1. 系统化设计，知信行合一

学校联合易班网、新华发行传媒、教育报刊总社、相关大中小学等定期举行联席会议，通过整体谋划、专题研讨、主题交流和定期协商等形式，整体规划阅读育人的顶层设计和运行机制。结合学生成长规律，每年设定不同主题，采取师生共读、经典诵读、名家领读、师生对谈、亲子共读等方式，并创造性开展"阅读＋观影""阅读＋走访""阅读＋展览"等特色阅读活动，以"经典阅读""行走阅读""浸润阅读"等，引导学生读思结合、学用相长、知行合一。

2. 构筑共同体，深化三全育人

学校以"一周一书""读书月"香斋书院等阅读品牌为载体，与上级主管部门、知名文化机构和文化人士、大中小学校等育人主体积极联动，构筑全员阅读育人共同体，通过举行各种层面、不同主题的阅读活动，大力推进本市青少年学生读书行

李强教授在"我们的节日·清明"暨新江南读书会宋词专场主题活动上，以《清明时节，遇见最美春天诗词》为题带领大家品鉴唐诗宋词

动在大、中、小学段全覆盖，积极推动各级各类学校书香校园建设全系统达标，助力读书活动及成果全媒体传播，构建阅读育人同心圆。

3. 打造文明文化品牌，注重宣传推广

学校将阅读活动与开展学生思想政治教育工作相结合，与课程学习相结合，与校内外各类活动相结合，与学者专家的讲座论坛相结合，积极融入学生课堂、社会实践、学习参观、典礼仪式等各类场景，并借助各级各类媒体的传播推广，打造红色经典阅读育人品牌。在品牌推广实践中，注重发挥全媒体传播力，将主流媒体的影响力、专业媒体的引导力、社交媒体的亲和力、平台媒体的辐射力相结合，传播阅读理念，推广全民阅读，倡导社会阅读，积极传播上海商学院阅读育人的品牌、形象和价值。

未来，学校将继续夯实书香校园建设，推动校园阅读向纵深开展，继续打造校园阅读品牌。努力整合社会阅读资源，成立阅读文化育人联盟，继续承办上海市红色主题阅读活动。积极立足长三角和上海市，赋予阅读育人品牌更多的价值和内涵，推动阅读育人向全国辐射和推广。

（上海商学院）

构建以文化人的"非遗+"培养模式

一、基本情况

立足新时代，上海旅游高等专科学校会展与经济管理学院坚持以习近平文化思想为指导，根植于中华优秀传统文化沃土，不断发挥文化育人在高校思想政治教育体系中的重要作用，积极构建政行企校多方融合协同育人机制，以区域"非遗+"模式将传承创新中华优秀传统文化教育作为大学生培育和践行社会主义核心价值观教育的切入点和着力点，通过"非遗+演出""非遗+研学""非遗+课程""非遗+实践""非遗+双创"等形式，实现以文培元、以文铸魂、以文化人、以文润心，不断坚定文化自信，推动文化繁荣，夯实乡村振兴的文化基础。

参与"中国华服周·沪上繁花"展演

二、主要做法成效

1. 创新机制，加强校地协同育人，搭建学生践行社会主义核心价值观的平台

依托校地合作，深入调研非物质文化资源，发挥专业优势，携手柘林镇镇政府、海湾旅游区管委会、花角村村委会等积极搭建实践平台，有效实现资源共享和优势互补，使非遗资源转化为乡村和教育发展的重要内生动力，进一步拓宽培养中华优秀传统文化继承者和弘扬者的路径，在助力乡村文化振兴的同时推动文化传承创新。

2. 注重内涵，赋能成长成才需要，丰富学生践行社会主义核心价值观的内容

坚持从中华优秀传统文化中汲取社会主义核心价值观教育的丰厚营养，不断丰富教育内容，以"非遗＋职业素养""非遗＋劳动教育""非遗＋美育润心""非遗＋志愿服务"为主题，先后组织开展非遗传承人进校园"传承非遗技艺，弘扬工匠精神"、蛋雕艺术体验、花角村采艾叶包粽子、践行乡村劳动教育、"赓非遗底蕴·续时代内涵"之非遗剧创作大赛、"展非遗风采·注入时代生机"之非遗手账/文化产品创作大赛等活动，通过融入"非遗"文化引导广大青年学子做传统文化的探寻者、实践者和推行者，在潜移默化、寓教于乐中提升素养和能力，在建设中华民族现代文明的生动实践中彰显青春担当。

3. 拓展形式，深融聚焦人才培养，优化学生践行社会主义核心价值观的路径

秉持立德树人、文化育人理念，坚持多维发力，不断寻求中华优秀传统文化与职业教育人才培养的深度契合点，营造全员全程全方位育人氛围，有效拓宽人才培养质量提升的路径。发挥专业特色优势，创新课程思政，将"非遗文化节"作为任务导学单，以"思想引领、文化传承、知行合一、匠心修炼"的建设理念开展"演艺活动策划与组织"课程教学，有效实现了帮助学生树立正确职业观、价值观的德育目标；积极推动非遗文化融入"五育"教育，开设"民俗体育项目——滚灯"作为旅游特色体育课程选修课；优化育人生态，积极塑造"非遗文化"创新创业精神，助力优秀传统文化融入人才培养体系建设，《遗韵新生——基于非遗文化遗产开展的课程研发、非遗传承项目》在2023年第九届中国国际"互联网＋"大学生创新创业大赛（上海赛区）中斩获铜奖。

第二届非遗文化节启动仪式

4. 搭建载体，整合优质资源，打造学生践行社会主义核心价值观的品牌

紧扣非遗创造性转化、创新性发展，整合优质社会资源，积极推动形成青年学子践行社会主义核心价值观的"非遗＋"品牌项目。携手奉贤区柘林镇连续举办两届"非遗文化节"，加大力度拓宽"非遗＋思政"的广度，深培大学生文化自信之根；积极落实"推进大中小学思想政治教育一体化建设"的号召，学院非遗实践团队为奉贤区"爱心暑托班""爱心寒托班"倾心打造非遗滚灯研学内容，以高校的"大手"拉住中小学的"小手"，呈现了一场德智体美劳共同发展的文化守护课。同时，学院组建"非遗传承社"，学生自主编排滚灯节目并多次受邀参加长三角滚灯艺术交流活动、海湾旅游文化节表演、柘林镇文化旅游节演出等。从被动式"输血"传播到主动式新鲜的"造血功能"传承，学生勇担文化传承之责，让非遗真正融入社会和校园，成为一道亮丽的风景。

三、经验启示

着力赓续中华文脉、推动中华优秀传统文化创造性转化和创新性发展，这是增强文化自信的应有之义。学院通过融入"非遗"文化，开展社会主义核心价值观教育实践活动，全面落实"五育"并举，切实实现学校、社会多层次育人，让

高职院校学子深刻感悟中华文脉、增强文化自信、领略匠心之美。

未来，学院将聘请相关领域专家学者筹建"非遗文化传承与创新研究中心"，发挥专业优势，逐步探索和完善社会主义核心价值观教育的新格局，形成"社会＋学校＋学院"的联动体系、"制度化、阵

柘林镇文化旅游节

地化、项目化、精品化"的机制，以及"进社区、进社团、进课堂、进网络、进心脑"的模式。同时，继续推进大中小学思想政治教育一体化建设，并将"非遗"融入公益实践、劳动实践、文化浸润、旅游休闲等，使个人所学成为实践所得，吸引更多的大学生积极主动地培育践行社会主义核心价值观，在守正创新中将文化的力量转化为社会主义精神文明建设的强大动力。

（上海旅游高等专科学校）

柘林镇文化旅游节

141

组建"匠心龙狮队"
传承中华优秀传统文化

一、基本情况

学生参加"徐行杯"上海市第二届舞龙舞狮邀请赛

舞龙舞狮是中华民族优秀的传统体育项目，既可以强身健体、磨炼意志，又可以传承和发扬传统文化，是一项兼具健身价值、教育价值和文化价值的体育项目。2023年3月，上海杉达学院组建了一支"匠心龙狮队"，该支队伍全部由工程学院38名大二学生组成。

学院通过第二课堂建设与实践逐渐将其发展为学校的特色文化品牌项目，不断丰富学生的所学所见，促使中华优秀传统文化得到保护与传承，达到以文化人、以文育人的效果。

二、主要做法成效

1. 将"舞龙舞狮"项目纳入第二课堂建设与实践

从策划组建"匠心龙狮队"伊始，学校党委、学校团委便给予高度的重视和支持，学校通过第二课堂建设的形式发展舞龙舞狮运动，既确保了开展舞龙舞狮运动训练的时间，也提供了有力的制度和经费保障。

2. 引导学生深入了解龙狮传统文化

建队前期，学院播放龙狮传统文化相关视频，让学生认识到竞技式舞龙舞狮不同于民间杂耍式的表演，服装和道具非常新颖有趣，动作也更有难度。随着学生对舞龙舞狮文化内涵和技术特点的了解不断加深，这一民族传统体育项目在学生眼中也逐渐变得"高大上"了，

荣获"梦想杯"上海学子体育大联赛舞龙专项赛
暨同济大学第三届"友谊杯"舞龙比赛一等奖

很多学生为能成为一名龙狮队成员而感到骄傲。

3. 开展刻苦训练

在教练的指导下，经过几个月的刻苦训练，"匠心龙狮队"队员们掌握了舞龙舞狮的技艺，并且结合舞龙舞狮和小彩龙的技艺，创新形成了独特的表演形式，这不仅展现了学生对中华优秀传统文化的深刻理解，也体现了工匠精神中的创新思维。队员日常一周三练，表演前还会集训，力量控制、体能储备、互相配合等方面有很高要求，在训练过程中意外受伤等问题也时有发生，但没有一个队员退缩或放弃。舞龙舞狮项目需要很强的团队精神，队员只有团结一心、齐心协力、密切配合，才能精准表演好每一个动作，展现出相应的技术水平。有学生表示：加入"匠心龙狮队"的三个多月里，真切感受到团队中的每个人都至关重要，刻苦训练的时光里有汗水、有泪水、有困难、有喜悦，深切感受到了苦尽甘来的喜悦和获得感。

4. 保持创新发展

"匠心龙狮队"于2023年6月首次出征第十届上海市学生龙文化全能赛龙狮比赛就荣获团体二等奖、道德风尚奖；同年11月在上海市第六届舞龙舞狮公开赛中更是取得第一名的好成绩；在学校2024新春团拜会上进行展演并获得师生的一致好评。这些成绩和收获让队员们备受鼓舞，队员们不断突破极限，提高技能水平。学院将龙狮精神注入教学和训练过程，"勤奋，求是，开拓，创新"的校训不仅影响着学生现在的学习生活，还关系他们未来的人生发展。学生纷纷表

学生参加第十届上海市学生龙文化全能赛龙狮比赛活动

示将继续秉承"匠心"精神，不断创新发展技能水平，为传承和发扬龙狮文化作出更大的贡献。

三、经验启示

一是要积极发挥学校人才资源优势，推进龙狮文化品牌项目建设。学院不断扩大龙狮队的成员储备，积极发挥大学生团队合作和拼搏精神，打造学校龙狮文化特色品牌项目，加强龙狮文化建设。二是高校舞龙舞狮第二课堂不仅能丰富学生的课余文化生活，还有很强的教育引导作用，也更容易被兴趣广泛的学生接受。

未来，学院将设置选修课程，并完善相应的基础设施，以更好地培养舞龙舞狮人才，增强大学生民族精神与自豪感，提高大学生体能。学院计划把舞龙舞狮运动的科研与培训基地都融合在第二课堂建设和研究中，真正做到在"思想、行动、发展"上统一步调，有力提高和推广龙狮文化，以文化人，以文育人。

（上海杉达学院）

汇聚城乡文化资源
打造文化育人的上海样本

一、基本情况

为学习贯彻习近平文
化思想和习近平总书记考察
上海重要讲话精神，贯彻落
实全国和上海宣传思想文化
工作会议精神，把培育和践
行社会主义核心价值观工作
做得更细、更实、更深入人
心，上海立达学院依托上海
红色文化、海派文化、江南
文化的丰富资源，积极发挥

非遗进校园，校长与学子共做"叶榭软糕"

自身优势，主动对接国家和地方发展战略，加强与地方政府、区域文化组织及村
居民舍的深度合作，立足松江，致力于优化城乡文化资源配置，力求打造既有松
江特色又蕴含立达文化的独特品牌。

二、主要做法成效

1. 师生参与，绘制乡村新风貌

学校积极贯彻《上海市乡村振兴"十四五"规划》精神，秉持"落实示范性
庭院项目，绘就乡村振兴新画卷"的工作理念，组织艺术设计等专业18名师生
对松江区东石村的墙面进行了非遗、生态、文化等方面的绘画设计，让传统古朴

和现代时尚实现完美融合。

2. 课程思政，非遗文化进校园

学校积极开展"非遗"进校园、进课堂等文化活动，举办国家级非物质文化遗产"龙舞—舞草龙"系列展出活动，举行"非遗集市"公益体验活动，并结合学校国际化育人教学，使师生足不出户便能感受、体验松江地方非遗文化，2023年共计开展非遗进校园、进课堂等活动四次。

3. 校地共建，展现非遗文化风采

在国家文旅部组织的全国"四季村晚"之夏季"村晚"中，学校表演专业21名师生展现了筘布非遗走秀、海阳秧歌，播音与主持艺术专业1名学生表演了浦东宣卷非遗节目，学生原创节目将独特的非遗文化展现得淋漓尽致。

在国家文旅部组织的全国"四季村晚"之夏季"村晚"中展示非遗"筘布"旗袍

4."Yue"行上海，传播上海文化魅力

全球大学生研学中心（上海）于2023年10月31日成立，为深入学习贯彻习近平文化思想，助力建设文化自信自强的上海样本和习近平文化思想最佳实践地，研学中心打造"三个一"文化传承创新工程，即一基地（海派非遗传承创新基地）、一中心（影视研创中心）、一大师班（汉光陶瓷大师班），立足松江，由点及面推进乡村振兴与文化建设。

2023年，学校承接了来自武汉工程科技学院、昆明传媒学院、中南林业科技大学涉外学院、南宁理工学院等多所高校师生的三期研学项目，不断优化研学项目的路线、完善研学计划、节约研学成本，同时不断寻找亮点，研学中心以

"'Yue'行上海，We together"为主题，将从青春启航"约"上海、沧桑百年"阅"上海、科技创新"跃"上海、文化自信"悦"上海、研学影视"乐"上海、筑梦未来"越"上海等六大主题展开研学。

目前，研学中心已挖掘并体验叶榭软糕制作工艺、青浦茭白

茭白叶编织制作工艺进入课程

叶编织制作工艺、青浦刨花灯制作工艺、上海老城厢皮影戏制作工艺等传统上海非物质文化遗产项目四项，游览参观中共一大纪念馆、四行仓库等红色育人基地多处，并结合研学学生的专业知识背景提供不一样的专业场景体验，帮助学生顺利完成研学活动，受到社会各界的一致好评。

三、经验启示

学校持续加强地方合作，与松江区文化旅游局、松江区农业农村委员会、叶榭镇政府共同研究制订框架，在原有乡村振兴学院基础上，于2024年1月29日成立社会公益学院，由常务副校长兼任院长。学校将以"开放、共享、连接、协同"为工作理念，继续探索开拓学校服务社会、传承文化等方面的实践，继往开来，笃行不怠，继续丰富上海立达学院社会公益学院的公益服务内容，扩大其在链接高校和企事业单位、社会组织等参与社会公益的辐射区域，实现更高质量的人才培养。同时建立高校、乡村、行业、企业共建共享机制，共建共享科学研究、实践实训空间，构建"政产学研"一体的产教融合新模式，加强校地合作，校企合作，强化协同创新，增强供给，开放共享研究成果、提高资源使用效益，打造出既有松江特色又蕴含立达文化的独特品牌。

（上海立达学院）

匠心筑梦　精技传承

一、基本情况

上海工商外国语职业学院傅雷生平陈列馆

2012 年，上海工商外国语职业学院"'疾风迅雨廔'——傅雷生平陈列馆"成功申报为上海民办高校教学高地建设项目。2013 年，傅雷生平陈列馆在学校图书馆建成，该馆存有傅雷的生平图片、视频以及部分实物等。傅雷生平陈列馆不仅承接学校的外语教学任务，还成为引导校内外青少年培育和践行社会主义核心价值观的重要场所。

二、主要做法成效

1. 匠心筑梦——传承傅雷工匠精神，学思践悟文化育人

傅雷是我国著名的翻译家，一生共翻译了三十四部外国文艺名著，在翻译界被誉为"没有他就没有巴尔扎克在中国"，他提出的"重神似不重形似"的翻译主张深深影响了翻译理论的发展，他对事业认真与执着的工匠精神更是深深影响了几代人。学校充分利用校内优质教育资源，开展了多样的教育实践活动。

一是举办"傅雷杯"大学生翻译奖大赛。2013—2018 年，学校连续举办了六

法国嘉宾与上海工商外国语职业学院师生隆重举行
傅雷诞辰 110 周年纪念活动

届面向海峡两岸学子、涵盖七大语种的"傅雷杯"大学生翻译奖大赛。该大赛不仅积极宣传推广了傅雷对翻译事业的热爱及其对翻译工作的刻苦，更让广大学子了解了各国文化，促使学生传承傅雷工匠精神。

二是开展傅雷诞辰 110 周年纪念系列活动。2018 年，在傅雷诞辰 110 周年纪念日前后，学校先后举办了"傅雷译著及《傅雷著译全书》展""'走进赤子的世界'报告会"以及"纪念傅雷诞辰 110 周年经典作品诵读大赛"等活动。

三是创新傅雷译著诵读活动形式。为开创傅雷译著诵读活动新形式，编印了《傅雷优秀译著诵读交流资料汇编》，并开展了"傅雷译著诵读竞赛活动"，对文化育人的新形式作了有益尝试并取得良好成效。

2. 精技传承——赓续傅雷工匠精神，以德铸魂思政育人

《傅雷家书》倾注了傅雷大量心血，论以艺术、诲以做人、嘱以爱国，在纪念改革开放 40 周年之际，《傅雷家书》入选"大民大国·40 年 40 本书"，学校围绕《傅雷家书》主要做了以下工作：

一是重塑傅雷读书会及举办《傅雷家书》图片展。2019 年，学校成立了新一届傅雷读书会并招募到 360 名新成员；举办了为期半个月的《傅雷家书》图片展，让参观者不仅领略到傅雷在家书中所蕴含的深沉父爱，更让参观者感受到与社会主义核心价值观相契合的"傅雷工匠精神"。

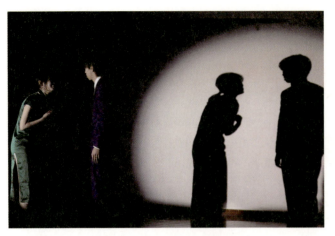

上海工商外国语职业学院原创傅雷话剧《严父教子》

二是举办傅雷爱国情怀讲座，编演傅雷话剧《严父教子》。2019 年，学校特邀傅雷研究专家王树华作了"从《傅雷家书》探索傅雷的家国情怀"报告。在建党 100 周年之际，成功编演了傅雷原创话剧《严父教子》，话剧作品在 2022 年度第七届上海共青团新媒体影响力大赛中获"年度 TOP 文创作品奖"。

三是打造校内实践基地。为更好地推动思想政治教育工作，傅雷生平陈列馆从 2021 年起连续三年作为校内实践基地，顺利承接了 8397 名学生的实践活动，学生在实践中深刻感受到"傅雷工匠精神"，体悟学校的"傅雷校园文化"。

三、经验启示

2018 年，学校与上海健康医学院签署了《"傅雷"课程思政实践教学基地共建协议书》。2019 年，上海市浦东新区精神文明建设委员会等部门特向傅雷生平陈列馆授予"浦东新区学生社会实践基地"铭牌。2019 年，上海市委第十三巡回指导组制作《上海工商外国语职业学院主题教育创新特色》工作专报，为全市高校开展"不忘初心、牢记使命"主题教育提供有益借鉴，主题教育有关内容被《解放日报》《文汇报》《新民晚报》以及上海新闻综合频道、上海东方卫视等主流媒体报道。

（上海工商外国语职业学院）

助力非遗"出海" 与世界美美与共

一、基本情况

上海工艺美术职业学院基于"传承非遗　创新设计"办学理念，以共建"一带一路"倡议为重要指引，一方面利用上海作为社会主义现代化国际大都市的区位优势，举办高水平、高规格的非遗保护研讨会和展览，将国际非遗带入中国，汇聚各国传统文化艺术家与理论研究者，建立常态化交流机制，另一方面积极推动非遗出海，面向共建"一带一路"国家，选择世界文明的标志性文化场馆作为展示平台，以海派非遗作品展现上海文化魅力，提升中华文化的国际传播效能。通过"引进来、走出去、共发展"的方式，构筑一系列品牌化的国际城际展会平台，在此基础上联合国内外院校、政府、企业、机构构建"一带一路"非遗保护交流合作共同体，实现非遗资源的集聚、交流、转化和推广功能，促进中国与各国之间文明互鉴、民心相通。

"薪技艺"国际青年工艺美术展展览现场

二、主要做法成效

1. 引进来——汲取世界多元营养滋养非遗文化

国际手工艺创作营之紫砂艺术创作

学院连续 11 年承办国际（上海）非物质文化遗产保护论坛和国际传统艺术邀请展，吸引来自亚、欧、非、美等大洲的几十个国家的千余位各方人士参与，已成为世界各国共同推动非遗保护事业发展、交流、分享的重要平台，是具有广泛社会影响的品牌活动。自 2015 年起，与清华大学美术学院先后于上海、达卡、北京等地联合主办五届"薪技艺"国际青年工艺美术展暨学术研讨会，采用国内国际双年交叉展形式，累计展出涵盖陶瓷、金属、纤维、漆艺、玻璃等千余件作品，来自世界各国的青年手工艺术家，在交流中探索东西理念交融。

实行"海外艺术家驻留计划"，开展"国际工艺家课程教学周"，服务长三角地区及全国工艺美术人才数百人；举办"国际非遗艺术时尚周""国际非遗文化学术交流周"，进一步盘活非遗文化资源，建立常态化交流机制。与上海艺术品博物馆联合出版《国际非遗文典》，涉及 20 余个国家的非遗保护情况和经验，是迄今为止国内首次较为系统地总结包括中国在内的世界各国在非遗领域取得的成果、经验、方法的书籍。

2. 走出去——用东方传统工艺向世界讲好中国故事

学院先后在埃及、土耳其、斯洛伐克等"一带一路"共建国家举办上海非物质文化遗产精品展，展出涵盖海派绒绣、海派丝绸、戏曲服饰、木版水印技艺、海派玉雕、嘉定竹刻、金山农民画、金银细工制作技艺、民族乐器制作技艺等众多具有代表性的沪上非遗作品，中国非遗传承人的独特匠心和中国传统手工艺的非凡魅力，吸引当地领导人、学者和众多观众驻足观看，受到数百家中外主流媒体报道，被称赞为"最成功的文化交流项目之一"。学院还与乌兹别克斯坦国家艺术与设计学院签署了全面合作备忘录，在该校开设"工艺中国"海外课堂，输出陶瓷、玻璃等手工艺非遗课程。同时，建立海派非遗数字积累中心，摄制《海上艺匠》专题纪录片，进行多语种翻译创作，向海外推荐发布后火速"出圈"，累计播放量达113万。

3. 共发展——构建非遗保护交流合作共同体

依托上海的区位优势与国际非遗保护运动的文化影响力，学院探索出一套行之有效的"展览—论坛—平台"的非遗交流合作生态模式，上海市文化和旅游局、上海市人民政府外事办公室、上海工艺美术职业学院、上海艺术品博物馆、上海市文化艺术档案馆、亚历山大图书馆、土耳其和伊斯兰艺术博物馆、伊斯坦布尔艾登大学、斯洛伐克国家博物馆等10余家海内外机构，一同构建"一带一路"非遗国际保护交流合作共同体。依托"一带一路"上海非物质文化遗产精品展、"薪技艺"国际青年工艺美术展暨学术研讨会，搭建非遗交流合作平台，汇聚各国优秀艺术家，带动非遗活态传承与发展。举办当代工艺美术批评论坛、国际手工艺创作营等，实现各国艺术家与理论研究者的思想交流与碰撞，并以文集、展览形式展示与保存成果，使加入展览、论坛的院校、机构与艺术家成为资源汇集、导入、转化并持续产生影响力的交流合作共同体。

海外观众在非遗展品前驻足观看

三、经验启示

"一带一路"非遗保护交流合作共同体已成为世界各国加强非遗保护交流合作的重要平台和讲好中国故事、展现海派文化艺术的重要窗口，形成了文化交流互帮、互助、互鉴的良性运行机制，构建了"中国非遗、国际互鉴"的教育与传播路径，增强了"一带一路"共建国家人民对中华文化的认同感。

面向未来，上海工艺美院将努力建立"非遗进课堂"的常态化长效机制，持续举办"一带一路"非遗保护高端论坛、"一带一路"上海非物质文化遗产精品展，进一步扩大论坛影响力、提升展览规格。此外，积极构建"一带一路"非遗保护联盟，持续扩大"朋友圈"，吸引更多的院校、行业、企业、机构加入，做强做大联盟，进一步提升中华文化的国际传播效能，推动非遗活态传承和创新发展。

（上海工艺美术职业学院）

赓续江南文脉　传承工匠精神

一、基本情况

江南造船集团职业技术学校创建于 1950 年，隶属于江南造船（集团）有限责任公司，是一所"立足企业，辐射长三角"的国家级重点学校，目前承担着为海军高精尖装备建设输送高素质技术技能人才的重任。如何把产业后备军培养成既有军工品质，又有工匠精神的江南传人，一直是学校积极探索和实践的目标。近年

江南造船展示馆主题教育

来，学校全面落实立德树人的根本任务，依托民族工业丰富的文化资源，开展"军工文化进校园"活动，赓续江南造船"爱国奉献、务实创新、自强不息、打造一流"的红色文脉，厚植军工报国的家国情怀，传承工匠精神，把社会主义核心价值观教育落细、落小、落实。

二、主要做法成效

1. 涵养军工文化，用心呵护趋同感

由于"企业办校，校企合一"的特殊性，学校每年会对新生开展为期一周的"入厂教育"，使学生明确企业预备制工匠身份，为职业生涯规划做好准备。组织

新生参观江南造船三大教育基地，了解中国近代、现代军事造船工业发展史以及江南人自强不息、积极拼搏为国家创造无数个"第一"的伟大业绩，树立不忘初心、军工报国的责任感和使命感。创建优秀毕业生风采长廊，展示已成长为国家技术能手的学长们爱岗敬业、自强不息、勇于创新的先进事迹，为学生树立学习楷模，引导职业价值趋同感。

2. 弘扬军工品质，着力培养认同感

学校长期与属地驻地部队携手开展共育活动，组织学生走进部队、走进军营接受爱国主义教育和国防教育，学习人民军队的优良作风，并聘请驻厂军代表走进"江南学堂"开展现代化国防建设大思政教育，增强学生军工自信。基于"国家发展、江南需求、我的理想"思考探究，学校实施"一年成型、二年成人、三年成才"教育方案，组织学生全程参与实践，在体验中达成军工育人目标。建立企业辅导员制，聘请企业劳动模范、能工巧匠、技术骨干担任各专业和班级辅导员，参与班级管理，学生预先接触企业管理制度，增强军工的认同感和融入感。

3. 锻造工匠精神，精心打造归属感

学校将江南造船军工制度文化同步引入教育过程中，在实训区内布置企业文化宣传板报、警示标语等，并通过班前会制度，加强对学生劳动观念、安全意识、生产工艺的教育。组织学生选择江南造船创世界、国家"第一"的产品，开展"江南寻宝"活动，通过人物专访、档案查阅等形成调研报告，树立工匠楷模。组织志愿者承担江南造船展示馆讲解、企业重大庆典礼仪接待工作，参加企业组织的各类技术技能比武活动，在践行中濡养企业文化，锻造工匠精神。

赓续江南造船红色文脉

在"军工文化进校园"系列活动的推进中，学生厚植爱国、敬业情怀。涌现出一批批优秀学生，他们以"请党放心，强国有我"的青春誓言践行着社会主义核心价值观，在历届上海市"星光计划"技能比赛、全国职业院校技能大赛乃至世界技能大赛中摘金夺银，取得骄人成绩。优秀毕业生层出不穷，已成

学做高素质技能人才

长为企业技术骨干，成为实至名归的船舶工匠。他们中有曾获"嘉克杯"国际焊接大赛一等奖的李硕，现立足关键岗位，承载"全国技术能手"使命，在国家战略性产品制造上攻坚克难，勇攀技术高峰；荣获"全国技术能手"称号的杨伟成，解决新型材料焊接技术难题，成为江南造船的第四代"焊将"，用焊花点亮大国工匠之路；荣获"全国技术能手"称号的贾梦坤，已为薪火授业的金牌教练；2019年毕业的刘俊，用焊枪突破种种难关，荣获"全国技术能手"称号。大国重器离不开大国工匠的成长，学校把江南造船精益求精、追求卓越的文化渗透在育人全过程中，激励着更多青年　代走技能成才、技能报国之路。

三、经验启示

习近平总书记曾多次指出，要坚持不懈用新时代中国特色社会主义思想铸魂育人，着力加强社会主义核心价值观教育，引导学生树立坚定的理想信念，永远听党话、跟党走，矢志奉献国家和人民。

展望未来，高质量发展是江南造船实现跨越发展的必然选择，也是新时代赋予的历史使命。学校作为江南造船的"黄埔军校"将在全面建设社会主义现代化国家新征程中，坚持党的领导，坚持立德树人，赓续江南文脉，传承工匠精神，把"军工文化进校园"活动持之以恒深入推进，坚持用军工文化构建校园文化，让社会主义核心价值观教育活动内化于心、外化于行，培养一代代具有高度使命感、责任感、不断进取、能承受品牌之重的高素质技术工人队伍，为江南造船、为行业发展和区域经济建设作出应有的贡献。

（江南造船集团职业技术学校）

挖掘校本红色资源
拓展红色文化教育版图

一、基本情况

红领巾党史宣讲团成立

上海市闵行区颛桥中心小学有着光荣的红色基因，学校曾是中国共产党地下组织在颛桥地区的重要活动点。2020年学校中共地下联络站遗迹被列入闵行区革命旧址，2022年颛桥镇党委在学校树立了纪念碑，并要求学校对遗迹加以保护和利用。在以往的教育实践中，学校尝试将校本红色资源融入"大思政课"建设，但由于缺乏顶层设计与明确目标，没有建立相应的运行机制，资源利用的深度和广度不够，教育效果大打折扣。近年来，学校以校本红色场馆建设为基础，对红色资源进行二次开发，积累了经验，取得了良好成效。

二、主要做法成效

1. 建立校本"四史"教育基地

红色文化场馆是红色文化的重要载体与展现平台，在传播红色文化、弘扬爱国主义精神过程中具有重要作用。学校广泛收集校本红色资源，对资源信息进行核实、整理和提炼，并从革命历史的脉络、革命人物的故事以及革命精神三个维度通过不同形式呈现出来。目前，已形成了以红色史迹纪念碑为标志，思源墙、古井圈、校史馆、星火领航室、党员活动室"六位一体"的红色物理空间；以《世纪记忆》为蓝本，以《红星闪耀颛桥小学——中共地下联络站的故事》连环画、《传承红色基因，牢记强国有我》诗歌作品、《死并不是完结》革命作品MV、纪念碑剪纸作品为代表的红色精神空间，它们与学校少年英才墙、敏思园、鼓娃博物馆等人文景观一起成为学校的"四史"教育基地，为"大思政课"建设提供了丰富的物质基础。

2. 形成党组织领导下的"大思政课"建设运行机制

学校构建了以"红色颛小，传承有我"为主题，由学校党组织领导，党政齐抓共管，思政课程和课程思政相结合，校内文化活动和校外社会实践齐推进的"大思政课"建设机制。

在课堂学习中，突出将学校红色故事融入思政课程和课程思政过程中。在文化活动中，突出典型事件的仪式感和年级活动的关联性与递进性，如四年级学生的"争传承章"活动在 9 月 30日（烈士纪念日）启动，在

德育第一课堂现场直播

次年清明节期间授章；二年级的入队仪式在 5 月 16 日（颛桥解放日）举行，并且会收到四年级学生的入队寄语。在主题实践中，突出规范性和引导性，学校分别制定了《红领巾党史宣讲团章程》和《护碑中队章程》。

3. 承担区域内教学研讨和展示任务

学校党组织主动对接区德育"第一课堂"项目，以提升学校教育品质和影响力。2023 年 4 月 4 日，学校承担了闵行区中小学德育"第一课堂"（第六讲），主题为"清风扬希望，童心齐向党"，全区四、五年级学生线上同步观看。围绕"清明祭英烈"这一传统文化活动，学生从学校中共地下联络站遗迹纪念碑出发，以"寻找伟大建党精神的印记"为主要任务，在校内校外，在纪念场馆、文艺作品、党的重要会议等不同路径中探寻党的发展历程，感受一代又一代中国共产党

人的精神力量，迸发出"强国有我"的坚定信念。

三、经验启示

争传承章启动仪式

1. 筹建学校红色云展馆

学校已经从物理空间和精神空间两个维度建立了"四史"学习教育基地，学生可以触碰也易于感知。下一阶段，学校积极建设虚拟空间，通过与镇党群服务中心合作，筹建学校红色云展馆，借助信息技术的力量，讲述学校红色故事，发扬革命精神，最后形成集物理空间、精神空间和虚拟空间为一体的红色资源生态。

2. 形成将学校红色资源融入学科教学的目录指南

目前，学校已经积累了一些将红色资源融入道德与法治、语文、数学、美术等学科教学的案例，总体还处于起步阶段，距离深度融入学科教学还有一定的距离。下一阶段，学校将组织各教研组，开展将学校红色资源融入学科教学的讨论，提出具有可行性的方案，并进行更广泛的研究，期待通过一段时间的努力，能形成将学校红色资源融入学科教学的目录指南和典型案例。

3. 将学校红色文化教育的经验向学区内推广

目前，学校承担了颛桥镇示范性学区红色文化联盟盟主校的任务。学校将借鉴已有经验，从地方红色文化资源开发入手，与颛桥镇党委政府一起研制适合学校教育的《颛桥红色文化地图》，探索"党委政府领导、学区办指导、盟主校主持、联盟校参与、资源点支持"的红色文化联盟协同运行机制，同时开展学区内教师培训，研究不同学段的项目目标，体现"小学生重在启蒙道德情感，初中生重在打造思想基础，高中生重在提升政治素养"的教育要求，在颛桥镇学区内探索"基于地方红色资源的中小学思政一体化建设"新路径。

（闵行区教育党工委）

寻松江古迹　赏非遗文化

一、基本情况

松江被誉为"上海之根"。历史文化悠久，人文荟萃，千百年的文化积淀，非遗项目丰富，孕育了大量多姿多彩的民间艺术。松江区机关幼儿园创办于1956年，地处松江老城区核心地带。园所前院——明清古宅"钱以同宅"，目前为松江区古琴非遗基地。周边拥有丰富的松江

元宵节活动之体验花篮马灯

历史文化传承资源，如方塔公园、醉白池、杜氏雕花楼、仓城等。根据上海市文明单位的创建要求，结合社会主义核心价值观和"求真尚美，民俗润心"办园理念的内涵，幼儿园开展了"云间非遗行走课程"，以"走出去"和"请进来"的方式，让幼儿寻松江古迹、赏非遗文化，亲身体验非遗文化的魅力，构筑对家乡文化的认同感和归属感，让传统文化植根幼儿心田，成为传承松江文化的接班人。

二、主要做法成效

幼儿园借助多种方式了解松江非遗项目的内容，并通过线上问卷、访谈等方式了解幼儿、家长喜欢的非遗项目，筛选与梳理适宜3—6岁幼儿开展的非遗活

动内容。结合幼儿园共同性课程中的主题活动，在不同阶段开展与主题活动相融合的非遗项目，进一步丰富幼儿对松江历史文化的认识。

1. 寻松江古迹，了解古城历史

在中班"在马路边"和大班"我们的城市"主题活动中，开展寻访松江古迹的活动，中大班的幼儿共同畅游方塔园（宋代）、醉白池（宋代）、云间第一楼（宋代）、雕花楼（清代）、大仓桥（明代）等极负盛名的历史建筑，观察不同时期历史建筑的特点，在潜移默化中感受松江历史的变革。

在"我要上小学"主题活动中，组织大班幼儿访问两所历史名校——中山小学（始建于1802年）和松江二中（始建于1904年），瞻仰全国重点文物松江唐经幢、抗日小英雄夏秋生塑像、松江最早的中共党员侯绍裘烈士塑像等，古朴的校园浸润着传统文化与红色文化，浸润着幼儿的心田。

2. 赏非遗文化，体验非遗魅力

一是访非遗基地，领略非遗技艺。在"好听的声音"主题活动中，参观松江区机关幼儿园旧址"钱以同古宅"——松江古琴非遗基地，通过实地探访，幼儿不仅了解了古建筑的特点和历史背景，更在古宅中体验悠扬婉转的古琴琴韵。通过现场演奏和体验，幼儿更直接地感受到中华传统音乐的魅力，加深了对非遗文化的认识和了解。

二是非遗进校园，欢庆传统节日。元宵节，我们邀请糖花、泥塑、剪纸、顶缸等非遗传承人进校园，在学习与体验中感受多元的非遗文化，增添节日的欢乐氛围。端午节来临之际，松江区农林职业学校的大学生来园表演"非遗舞草龙"，幼儿亲身体验"非遗舞草龙"，丰富幼儿对传统舞龙活动的经验，体验别样的非遗舞龙的快乐。中秋佳节之际，开展竹编、草编、新浜花篮马灯舞、抖空竹、江南丝竹等活动，非遗传承人展现非遗文化的技艺，给予幼儿更直接的感受。

3. 品非遗美食，尝舌尖上美味

松江的"非遗美食"制作技艺流传至今，虽是常见的松江传统美食，却承载着松江历史发展的缩影，有叶榭软糕、张泽羊肉、广利粽子、泗泾豆腐、阿六汤圆……中大班的幼儿走进广富林遗址公园内的"八十八亩田"叶榭软糕店，在"非遗手艺人"的指导下，尝试着用面粉、豆沙等各种材料，制作叶榭软糕，并品尝美味软糕，充分体验劳动的乐趣，感受非遗美食的别样风味。

"云间非遗行走课程"将非遗文化引入幼儿的一日活动，是机关幼儿园民俗

国家级非遗叶榭舞草龙体验活动

非遗叶榭软糕制作体验活动

特色活动呈现的一个载体，不仅拓展了主题活动内容，更扩大了幼儿开展课程的活动空间，将社会资源纳入幼儿一日活动，为幼儿园的课程开展注入了文化底蕴和历史深度。在多样化的非遗活动体验中，幼儿的动手能力、创新思维得到锻炼与提升，团队合作能力也进一步提高，增强了文化认同感和自豪感。

三、经验启示

一是注重实践体验，幼儿通过亲身参与和体验，了解松江历史文化和非遗文化，萌发幼儿对中华优秀传统文化的喜爱。二是注重文化传承，借助"寻""赏""品"等多感官的体验活动，让幼儿更全面地感受和了解"非遗文化"的艺术魅力。三是注重资源整合。充分利用社会资源，包括历史建筑、文化景点、非遗文化等，为幼儿拓展生活与学习的空间，丰富课程内容。

"云间非遗行走课程"已粗具规模，还有待深入规划与系统实施。后续将继续推进该项目的"广度"，寻求更多松江乃至上海的非遗资源，拓展更多的非遗项目，融合社会主义核心价值观，让幼儿有充分的机会接触和了解中国的非遗文化，增强幼儿对传统文化的兴趣和热爱，为传承和发扬中华优秀传统文化打下基础。同时推进该项目的"深度"，从社会主义核心价值观的内涵出发，以"完整课程"角度进行不断改进与完善。

（松江区教育工作党委）

"尚美虎头鞋":
传统工艺的现代教育传承

一、基本情况

2006 年，上海市青浦区尚美中学开始实施"尚美虎头鞋"课程，该课程已在传统工艺教育领域内取得了显著成效。作为一门结合民间艺术与现代教育理念的特色课程，它不仅传承了中国传统的虎头鞋工艺，还成功地将其融入现代学生的学习与生活中，形成了一种独特的教育模式。课程通过深入探索青少年民间工艺教育，旨在传播和传承中华优秀传统文化，同时促进现代审美和民间工艺的融合。课程内容涵盖对虎头鞋的艺术特点、制作技艺及其文化背景的学习，以及创新设计与制作的实践活动，旨在培养学生的文化认同感和创新能力。

二、主要做法成效

1. 主要做法

一是融合文化与技艺。"尚美虎头鞋"课程重视虎头鞋的文化和历史价值，并将其作为教学内容的核心。通过讲述虎头鞋中关于虎文化的起源、发展及其在中国文化中的地位，学生不仅学习到制作虎头鞋的传统工艺，还能深入理解其背后的文化意义。

课堂活动：寻根探艺—我们的虎头鞋

二是鼓励学生创新设计。在传承传统技艺的基础上，鼓励学生进行创新性设计。学生在了解传统元素后，

通过"虎头鞋变变变"活动，使用现代材料和设计理念，创作出具有个人特色的虎头鞋。这一过程不仅提升了学生的创造力，也使他们能够将传统文化以现代化、个性化的方式表达出来。

三是注重社会实践。"尚美虎头鞋"课程实施过程中，最关键的是将学生的学习成果与社会

上海教育博览会展示学生作品《寅虎迎春》

实践紧密结合，这不仅可以促使学生探究一项宝贵的传统工艺，还能促使学生在整个学习过程中加深对中华优秀传统文化的理解与热爱。学生通过在校外展示与讲解虎头鞋作品，不仅能将所学知识转化为实践，而且能有效传播中华优秀传统文化，使自己真正成为这门民间艺术的传承者和传播者。

此外，他们还参与了虎头鞋的文创设计和公益海报设计，并开展虎头鞋义卖活动，旨在为社区内的患病学友筹集资金。这些活动不仅增强了学生对项目的参与感和对民族文化更深层次的认同，而且还培养了他们的社会责任感。通过这些经历，学生亲身感受到友善和合作的力量，进一步提升了他们在社会参与和文化传承方面的能力。

"尚美虎头鞋"课程通过多元化的教学活动，有效地促进了学生在艺术感知、创新思维、社会责任以及对传统文化理解方面的全面发展，展现了一种不仅注重学术知识，还强调实践能力和个人价值观培养的教育模式。

2. 社会影响与认可

"尚美虎头鞋"课程及其学生作品受到社会各界的广泛关注和认可。学校通过组织展览、参加比赛和媒体报道等方式，展示学生的作品和课程成果。这些活动不仅提升了学校的知名度，也加深了公众对于传统文化重要性的认识。

"尚美虎头鞋"课程自 2006 年起便取得了一系列引人瞩目的成就。该课程的核心部分——灵巧手艺术实践坊，已经赢得了众多荣誉和认可，如：2006 年，荣获"首届上海市百佳红领巾小社团"称号；2009 年，在全国第三届中小学生艺术展演上获得上海市活动艺术教育特色项目奖；2019 年，在全国第六届中小学生艺术展演中获得学生艺术实践工作坊二等奖；等等。2011 年，以"创意虎头鞋"

教学成果为代表，学校获得了"全国中小学中华优秀文化艺术传承学校"称号。此外，"虎头鞋非遗进校园"项目被认定为上海市中华优秀文化研习暨非遗进校园优秀传习基地。在上海市普教系统举办的一校一品民族文化展示活动中，学校展出的"纸艺虎头鞋"也获得了极高的评价，赢得上海市校园文化建设"一校一品"特色学校奖。

"创意虎头鞋"教学成果还分别在四届上海教育博览会、两届上海传统文化教育成果展及多个国际和全国性展览中展出，获得极大关注。"尚美虎头鞋"课堂教学"虎头鞋＠变变变"还获得上海市中华优秀传统文化系列课程——"非遗空中课堂"优秀课程二等奖。该课程还得到《文汇报》《少年日报》《改革》等多家媒体的报道，显示其在文化教育领域的影响力。

三、经验启示

爱心筹款义卖彩绘虎头鞋签约仪式

一是文化与教育相结合。将传统文化教育融入现代学校教育体系，可以促进学生对传统文化的认知和尊重。这种融合不仅促进了传统艺术的传承，还培养了学生的创新精神，使其坚定文化自信。

二是创新与传承并重。教育过程中，既要注重传统工艺的传承，又要鼓励学生进行创新实践。这种平衡可以让学生在尊重传统的同时，培养他们的创造力和独立思考能力。

三是社区参与文化传播。通过让学生参与展览和社区活动，可以扩大中华优秀传统文化的影响力，同时为学生提供展示自我、增强自信的平台。这种互动有助于构建更加紧密的社区关系，并促进文化的跨代际传承。

面对快速变化的社会，教育应不断寻求创新和改进。未来将继续探索将传统文化与现代技术、新的教学方法有机结合，这也是推动传统文化教育发展的关键。

（青浦区教育工作党委）

厚植"大树精神" 培育时代新人

一、基本情况

上海市崇明区大新中学始建于 1939 年，位于崇明岛中部，是一所农村初级中学。校园绿化面积为 10848 平方米，校园内有多达 92 种树木品种、四千多棵树木，树龄 40 年以上树木有 22 棵，其中位于东南角的榔榆达百年之久，被列为二级保护古树。学校始终坚持"为成才更为成人"育人理念，将"树木"与"树人"有机相连，确立了"树文化"教育建设品牌项目，将培育"大树精神"贯穿学校育人中心工作全过程，以党建为引领，积极挖掘富有红色基因的"树文化"教育内涵，构建"树文化"教育课程体系，擦亮围绕立德树人培育"树文化"的教育底色，让师生在红色的基石土壤和大树下快乐成长。

二、主要做法成效

1. "树"铸魂魄，红色基因涵养家国情怀

通过深入挖掘校内校外所蕴含的红色基因、红色精神来厚植爱国情怀，教育引导学生树立正确的历史观、民族观、国家观和文化观。

一是探寻红色印记，弘扬中华传统美德。指导学

新生入学教育参观学校大树教育保护基地

学生在"书香润校园"区级展示活动上表演原创舞台剧《大新中学红色印记》

生重点寻访新河地区的革命前辈，先后开发了"读论语、学做人""大新中学校史""新河老街记忆""海农文化""古诗词中的树文化"等校本课程，通过中华传统美德的学习熏陶、文明礼仪的学习、家乡情怀的培育，激发学生爱家乡、建家乡的情感。

二是讲好校园故事，打造红色校园文化。利用校园内的抗日民主堡垒、校史陈列馆、22棵大树成长故事等教育资源逐步形成学校红色教育的特色项目，排演由真实故事改编的《大新中学红色印记》舞台剧，组建由教师和学生组成的讲解员队伍，帮助师生了解学校发展史，使红色基因渐渐融进血液、浸入心扉。

三是深化阵地建设，筑牢理想信念根基。举办"思政大讲堂""党课开讲啦""学习二十大"专题系列讲座，承办"思政入校园""书香润校园"区级展示活动，通过橱窗开设"每周时政"宣传栏、广播台设立"党史学习"专栏等，引导全体师生积极践行社会主义核心价值观。

2. "树"孕品格，大树精神培育核心素养

依托学校"崇明区大树教育保护教育基地"资源，让学生在"树木"的文化视野中获取"树人"的营养和智慧，培育具有生态意识和观念、拥有生态知识和技能、秉持生态智慧和素质的生态人。

一是挖掘"树文化"，开发校本课程。学校相继完成了《古诗词中的"树文化"》《散文作品中的"树文化"》《大新中学树木中的图释》《大新中学"树文化"教育跨学科综合实践活动手册》等系列校本学习资料，为学生的跨学科发展提供

了学习平台。

二是立足"树文化"，完善德育活动。以市级课题"农村初中'成人'培养目标下构建'树文化'德育课程体系的实践研究"为驱动，围绕"理想信念""爱国情怀""品德修养"等多个主题，开展"大树下成长"系列教育活动，凸显"树文化"教

"在大树下成长"活动之"学习二十大、争做好队员"预备年级换巾仪式

育的育人功能，培育具有"树文化"素养的学生。

三是结合"树文化"，开展劳动教育。与劳动教育相结合，组建"树立方"学生志愿者队伍，通过开展护绿爱绿、清扫落叶、学习修剪、采摘果实等劳动实践，强化学生的劳动意识，丰富学生的学习经历，引导学生掌握一定的劳动技能，树立正确的劳动观念。

三、经验启示

党建引领与学校发展相融，是党建工作的必由之路。作为一所具有辉煌历史的品牌老校，如何借助"一校一品"创建活动的契机，重树学校品牌、再造学校精神、擦亮学校名片，是摆在党支部面前的必答题。只有将党建与学校中心工作深度融合，充分发挥好党组织的战斗堡垒作用，凝心聚力，才能在破解教育综合改革难题的征程上乘风破浪，一往无前。

党建品牌与特色项目相融，是党建工作的特色之路。作为学校发展的政治核心和组织保障，党建工作必须引领学校全面工作，以党建推动学校发展，以品牌彰显党建特色，夯实文化根基，铸就学校精神，创建具有学校文化特色的党建品牌，只有真正构建党组织对品牌创建工作全程、全方位的领导体系，方能真正实现学校教育为党育人、为国育才的现实要求。

（崇明区教育工作党委）

文化悦心　文明悦行

——新时代精神文明建设城乡融合发展的实践

一、基本情况

多年来，上海市浦东新区龚路中心小学充分挖掘社区、镇等社会优质文化资源，以"校镇联动"的创新形式，搭建线上线下多元化的文明实践平台，通过书香浸润、文化传承、文明创建，持续开展"文化悦心　文明悦行"系列实践活动，以建树城乡新时代精神文明建设融合发展之道，让文明的种子生生不息，一路繁花绽放。

学校书香文化辐射社区，推进全民阅读行动。积极开展"书香进社区""童谣传唱进社区"、曹路镇世界读书日"游书香小镇　品人文之旅"等全民阅读主题活动。师生通过读、诵、讲、演、画等丰富多彩的形式向居民展示阅读的魅力与快乐。书香习习，滋润万物生灵。学校引领书香文明小镇创建，让文明的种子在每个居民心田破土而出、拔节生长。

二、主要做法成效

书香进社区，龚小学生与家长一起绘制书签

一是悦诵经典、悦动剪纸，深耕传统文化沃土。每个暑期，学校坚持整合校园与社区的"五老"文化资源，在华康、永华、丰怡苑等社区开展传统文化传习活动。学生诵读中华经典诗词，感受汉字的魅力；学习折纸、剪纸手法，动手动脑，创意无限。学生在"悦诵悦动"中体验传统文化之美，厚植中华文明根脉。

二是悦习曹路民间故事，激活非遗文化根脉活力。校镇联动，积极投入"曹路民间故事汇"活动，龚小小达人与沪上故事大咖欢聚一堂，听曹路新风故事，讲中华好故事，让上海市非物质文化遗产"曹路民间故事"在口口相授代代相传中激活文明新动力。

推进全民阅读，龚小师生积极参与
"游书香小镇 品人文之旅"世界读书日活动

三、经验启示

一是"红读"联动社区，大力创建新时代文明小镇。学校充分挖掘社会优质资源，组织师生走进各社区、街镇、场馆、园区，持续开展线上线下"红读"主题活动。学校携手镇文化服务中心、金海文化艺术中心及渔书团队，组织开展"翰墨抒怀颂中华 童心逐梦新时代"线上"红读"主题活动；"妙笔抒怀新浦东 丹青壮美新时代"线下师生绘画展，以文化人，文明铸魂。大力推动宜学曹路书香小镇教育破圈，促进社会主义核心价值观教育入眼、入脑、入心，铸就中华文明之魂。

二是"红读"牵手天山，共筑沪疆中华民族文化带。在学校和新疆莎车县第五小学多年的"阅读互动书信交友"活动中，两校学生通过汉字书信、书法、绘画、读书小报等形式展示交流。两地学生热爱党，跟党走，手拉手心连心，"民族团结一家亲"的文明实践卓有

手牵手心连心，龚小学生与新疆莎车学生互写交友卡

成效。

在文化多元交织、融合创新的新时代，学校始终以资源共享、文以化人、互进共生的文化大教育观，更好担负起新的文化使命，激发全民文化创新创造活力，在城乡新时代精神文明建设融合发展生动实践的道路上悦心悦行、越走越远。

（浦东新区教育工作党委）

玩转创意稻草　解锁文化育人密钥

一、基本情况

上海市青浦区沈巷小学位于泖河流域，这里绿野遍布，稻田相连，湖荡相依。在千亩泖岛、千年泖塔的福佑庇护下，沈巷地区形成了水满田畴稻叶齐的田园风光。当地农民至今保持着江南文化的生活节奏和韵味，唱唱田山歌，跳跳农具操，吃吃蛙稻米，做做手工艺，

"创意稻草童心社"参加上海市教育博览会互动展示

其中稻草编结的生活用品随处可见。编结是人类最古老的手工艺之一，是千百年来劳动人民智慧的结晶，堪称中华民族传统文化的瑰宝之一。

学校依托"稻草"这一地域资源，将农耕文化主动融入课程体系、融入校园环境、融入综合实践，通过丰富多元的活动体验，使社会主义核心价值观教育落细落实，培育学生家国情怀，增强学生文化自信，让稻草文化成为引导学生树立远大理想信念的鲜活养料，解锁文化育人之密钥。

二、主要做法成效

习近平总书记在上海考察时强调，要激发文化创新创造活力，大力提升文化

软实力。承继百年底蕴的沈巷小学坚持"文化立校、以文化育"的办学思想，擦亮水乡青浦的江南文化底色，守正创新，主动发展，积极推动中华优秀传统文化创造性转化和创新性发展，通过特色课程、特色社团和特色活动，实现以文化人、以文育人。

1. 立足第一课堂，孕育特色课程

学校在研究水稻种植、稻草编结的基础上，多维发展，整体架构"创意稻草"校本课程，分年级设计教学目标与内容，明确实施途径与主要活动（见下表）。持续挖掘与梳理课程资源，汇编学习手册，录制线上微课，将校本课程内容统整于学校"孕穗"课程体系。2023年，《东方教育时报》以"创意稻草课程，可玩亦可淘宝"为标题，报道了学校的课程特色。

沈巷小学"创意稻草"课程架构

年级	重点项目	教学目标与内容	实施途径	综合活动
一	稻草拼贴	认识水稻结构；用铺熨、剪贴、按压等技法，融合彩泥，制作拼贴作品，体会水稻的人文价值和审美情趣。	自然课／美术课／兴趣课	稻草文化节 稻草人集市
二	稻草书签	了解水稻种植历史和袁隆平的故事，用弯折、组合、冷裱等技法，在各种材质的底板上设计制作书签，感受水稻种植的科学价值及点线面的艺术之美。	道德与法治课／美术课／自然课／兴趣课	
三	稻草用品	了解稻草编结的传统技艺，用编、结、绞、网、串、盘等技法，设计制作杯垫、笔筒等生活用品或工艺品，领会传统技艺的实用价值及美化生活的意义。	劳技课／劳动课／兴趣课	
四	稻草娃娃	了解童话《稻草人》的故事及寓意，用扎、扣、缠、插、编等技法设计制作稻草娃娃及创意服饰，融入相关诗句、歌词，创编并演绎"稻草人的故事"情景剧，感受到童话传递出的真善美。	劳技课／美术课／音乐课／语文课／英语课／兴趣课	
五	稻梦空间	综合运用学到的技艺和知识，发挥学生想象力和表现力，完成一个能呈现毕业梦想的项目成果，并在"稻梦空间"里展现出来，积极倡导和弘扬社会主义核心价值。	道德与法治课／劳技课／美术课／数学课／班队课	

2. 拓展第二课堂，打造特色社团

学校自 2017 年起成立"创意稻草童心社"，分年级招募社团成员，并邀请民间艺人来校为师生授课，传习稻草编结技艺。经过几年磨炼，该社团逐渐成为学校的特色社团，在校内外各类活动中承担展示互动任务，包括家校开放日、稻草人集市、学生劳动教育宣传周、农耕文化节、"春晖"水岸创意

"创意稻草"项目成果参加朱家角中学"春晖"水岸创意集市展示

集市，还被邀请参加过上海国际青少年科技博览会、上海教育博览会、上海市青少年民族文化培训等十多项区级以上活动。社团作品曾荣获上海市"我是非遗传习人"评选铜奖，社团指导团队被评为上海市"巾帼文明岗"，社团项目被评为上海市"育德之星"创新实践奖。社团师生用实际行动传承和弘扬身边优秀的传统文化，在优质的地域文化滋养下，践行"上善、自强、勤勉、奉献"的校园文化价值。学校被评为全国中小学中华优秀传统文化传承校。

3. 连接第三课堂，做亮特色活动

学校以活动育人为重要着力点，在校内建立了"草艺馆""农具陈列室""农耕文化长廊""稻草人乐园"等体验场所，结合十月丰收季和五月劳动节，设计了具有特色的"稻草文化节"和"稻草人集市"综合实践活动。带领学生深入美丽乡村，走上田埂，开展识水稻、拾稻穗、拔青草、育秧苗、晒稻谷等劳动体验活动，使"稻草文化"成为社会主义核心价值观教育的鲜活养料。引导学生在"稻梦空间"里一起快乐学习、充分感受，一起憧憬未来、勾画梦想，一起续写着一根稻草引发的故事。

三、经验启示

沈巷小学作为一所乡村学校，在根植于传统、涵养于文化的办学实践中尝到了甜头、收获了成效。面向未来，期待在玩转"创意稻草"的同时，不仅拥有解

学生到张马村参加稻草文化节劳动实践活动

锁文化育人之密钥，还能掌握激活"五育"出彩的秘方，真正让"创意稻草"实现创造性转化与创新性发展，成为撬动学校课程教学改革的关键点，成为推进学生项目化学习的新通道，成为激活教师跨学科融合实践的牵引线，成为促进学生德智体美劳全面发展的助推器，成为弘扬社会主义核心价值观的一张最靓丽的明信片。

（青浦区教育工作党委）

构建『大思政』工作格局

坚持实践育人导向
发挥"慈善爱心屋"多元功能

一、基本情况

华东师范大学慈善爱心屋成立于 2005 年 11 月，是全国首创的高校慈善爱心屋。在习近平新时代中国特色社会主义思想指引下，华东师范大学"慈善爱心屋"在工作中不断创新慈善助学和帮困育人的模式，以社会主义核心价值观引领实现立德树人根本任务，在实践中发挥"慈善爱心屋"物资帮扶、能力拓展、实践锻炼等多元功能；发挥"慈善爱心屋"联结社会育人资源并有效互动的桥梁作用；发挥展示中国特色学生资助工作成效体系的窗口效应，努力培养具有"大爱大德大情怀"的时代新人。

二、主要做法成效

社会主义核心价值观是我国先进文化的精髓，是高校实现立德树人、以德育人的实践导向。华东师范大学"慈善爱心屋"以社会主义核心价值观为根本依据和基本遵循，发挥好资助育人、实践育人、朋辈育人功能，让学生成为主力、主体、主角，通过实践、实干、实效，在情景交融的时空感中、在理论实践的创造性中，成为立德树人的宣传者、践行者和推动者。

1. 培养模式

参与主体上，让学生成为教育实践活动的主角。实行学生自我使用、自我服务、自我管理的"三自"管理模式，有效发挥学生的主体性。实践形式上，开展学业帮扶、心理健康、创新创业、科普美育等多种形式的实践活动，让学生真正实践、动手实干、体验实效。实践内容上，广泛开展校内外志愿公益活动，带领

179

他们走进伟大建党精神的传承空间、红色教育基地，走进社区、走进基层，为他人送温暖、为社会作贡献。

2. 典型做法

华东师范大学"慈善爱心屋"开展"冬季送温暖"活动

围绕"资助+"，发挥物资帮扶保障功能，展示新时代青年学子新风貌。全年畅通物资申领通道，并结合开学季、毕业季等重要时间节点开展物资派发活动，"慈善爱心屋"成立至今，超过8万人次的学生累计领取价值1600余万元的各类爱心物资；设立多样化劳动岗位，开展"学雷锋月""劳动月"等劳动实践教育活动，将"慈善爱心屋"化为"慈善课堂"；开展"习近平总书记来到我们的'慈善爱心屋'"活动；组织受助学生讲述自立自强的故事，培养学生崇尚劳动的价值理念。

紧扣"发展+"，拓展延伸能力提升功能，融通内外实践教育"大场域"。开展定期常态化活动，每年举办涵盖学业、心理、双创、"五育"等内容的实践活动30余场，有2000余人次参与，构建了学校、基地、社会"劳动教育联合体"。如兴趣技能分享系列课程等品牌活动；开展"助力扬帆——家庭经济困难学生素质提升计划"，为提升受助学生能力素养保驾护航。

突出"公益+"，强化公益实践育人功能，开辟校外实践教育"大课堂"。通过把城市精神文明与未来的理想"公益劳动"相串联，依托慈善义工队、"小白菜"社区服务等校内外志愿服务活动，彰显城市品格，承担社会责任；实现校外资源校内共享、校本课程校外实施，将"爱

华东师范大学慈善义工队开展
志愿者沙龙暨培训交流活动

在师大"的情感塑造延展为"小我融入大我"的价值观培育。累计 20000 余人次参与志愿服务，服务时长超过 50000 小时。

3. 实践成效

"慈善爱心屋"将培育和践行社会主义核心价值观有机融入德育全过程，促进了大学生思想政治教育途径和载体的创新。一方面，实现了从"被动接受资助"到"主动关爱社会"的转变，通过慈善公益深入推进社会主义核心价值观落细落实。另一方面，"慈善爱心屋"

华东师范大学慈善爱心屋举办美育实践活动

取得较为显著的成效，广受社会认可，成为上海慈善事业品牌之一，全国几十所高校先后引入这一慈善助学模式，具有一定的实践价值和社会引领、推广作用。

三、经验启示

"慈善爱心屋"这一案例蕴含着丰富的精神力量和实践内涵，是培育和践行社会主义核心价值观的生动实践。通过发挥"慈善爱心屋"物资帮扶、能力拓展、实践锻炼等多元功能，让学生成为教育实践活动的主角，让学生真正实践、动手实干、体验实效，在劳动中树立自信，在志愿服务中贡献社会。

未来，"慈善爱心屋"将深入系统推进习近平新时代中国特色社会主义思想入脑入心，以社会主义核心价值观为导向，将社会主义核心价值观全面贯彻落实到教育教学实践全过程，坚持立德树人、以德树人、以德育人、以德化人，带领全校学生沉浸式参与"劳动+""素质+""公益+"实践活动，引领青年学子心怀"国之大者"，坚定信念，追求卓越，奉献青春力量。

（华东师范大学）

181

打造"思政V课堂" 完善实践教学体系

一、基本情况

学生在杨浦滨江城市规划馆

为深入贯彻落实习近平总书记关于"大思政课"的重要指示批示和在中国人民大学考察时的重要讲话精神，贯彻落实教育部等十部门印发的《全面推进"大思政课"建设的工作方案》要求，坚持开门办思政课，强化问题意识、突出实践导向，充分调动全社会力量和资源，建设"大课堂"、搭建"大平台"、建好"大师资"，华东理工大学聚焦立德树人根本任务，积极推动"大思政课"综合改革创新，着力构建"大思政课"实践教学体系，单独开设2学分的思想政治理论课实践教学课程，精心设计习近平新时代中国特色社会主义思想实践教学主题和教学大纲，创新实践教学形式，重点打造"思政V课堂"。通过组织开展多样化的实践教学，建好用好实践教学基地，完善思想政治理论课实践教学体系，提升教学的针对性和有效性，实现入脑入心，推动学校"大思政课"高质量发展。

二、主要做法成效

1. 创新理念，设计"思政V课堂"

"思政V课堂"旨在通过组织学生参与"理论—实践—视频制作—平台展示"

等环节，形塑大学生的世界观、人生观和价值观，达到知行合一、实践升华的教学目标，推进习近平新时代中国特色社会主义思想入脑入心入行。

其一，打造"行走的思政课"。学生利用课余时间到实践教育基地、场馆等实地调研、考察，身体力行，沉浸式学习"四史"，感悟中华优秀传统文化、人类文明进步等，深入社会、观察社会、了解社会，感悟中国特色社会主义建设的伟大成就等。

其二，打造"思考的思政课"。学生不是简单地看和听，而是要了解实践场馆等教学内容的时代背景、历史意义，把握其与社会发展、文明进步的逻辑关系，通过深入细致的实践考察，结合课堂所学的知识，运用马克思主义的世界观和方法论研究问题和解决问题，进而感悟人生价值，坚定共产主义理想信念。

其三，打造"我讲的思政课"。学生以 Vlog 视频的形式记录实践过程，结合思政课的知识点和思考体悟，畅谈启发感想。通过选题破题、实践拍摄、脚本制作、视频剪辑等过程，潜移默化实现社会主义核心价值观的浸润与升华。同时，通过视频的分享与交流，实现学生之间朋辈教育的良好效果。

2. 扎实推进，实施"思政 V 课堂"教学

其一，以行促思，打造学生自主学习实践大课堂。学校充分挖掘上海丰富的红色教育基地和全国各爱国主义教育场所等"大思政课"实践资源，搭建思政课实践教学平台、数据平台、媒体平台，利用现有实践教学基地（场馆），与学校所在地区（奉贤、徐汇）紧密合作、深入互动，创新合作机制，加强理

赴家乡陕西瓦罐岭探访穿山引水工程，
拜访当时农林村支部书记

论研究和资源整合，研发现场教学专题，打造品牌项目。学生自由组队，自主选择实践场所、实践时间、实践内容，制作 Vlog 视频，上传到学校实践教学信息平台，由思政课教师评阅，择优展示，推荐到"青梨派"。

其二，数字赋能，搭建大思政实践教学"V 空间"。开发实践教学信息管理平台，打造大思政实践教学的"V 空间"。学生可以通过短视频进行交流与互动，相互观摩学习，将自我教育与朋辈教育有机结合起来，实现"1+1>2"的育人效果。

实践团队赴甘肃宕昌县调研"厕所革命"
行动计划实施情况

3. 润物无声，收获"思政Ⅴ课堂"教学成果

截至目前，2022级4200余名学生组建成22个实践班级，共提交Vlog作品1406个。学生社会实践选题主要集中在"重走信仰之路""感悟发展成就""品味文化魅力""走进社会建设""见证绿色发展"五大类，形成两项"行走的思政课"作品，提交"青梨派"参赛。一项"思政Ⅴ课堂"作品被选送参加教育部和上海高校网络教育优秀作品推选展示活动。《光明日报》《青年报》《中国教育报》"上海教育新闻网"等十余家媒体报道学校"大思政课"实践教学改革的成果。

三、经验启示

习近平总书记提出"'大思政课'要善用之"的重要指示，但善用"大思政课"不是一个简单的概念，而是从理论到实践的时代创新，要将思政课、课程思政和日常思想政治教育有机融合，将思政小课堂和社会大课堂相结合。华东理工大学从历史维度认识理解"大思政课"之善，全面推进"大思政课"建设研究与实践，必须从历史发展的维度认识和领会其内涵逻辑和价值意蕴；从实践维度认识理解"大思政课"之效，突破传统思政课教学和日常思想政治教育的瓶颈；以系统思维擘画"大思政课"蓝图，实现思政课、专业课、日常思想政治教育的学思结合、知行统一，画出"大思政课"协同育人的"同心圆"。同时，在"大思政课"实践进路方面，依托"思政Ⅴ课堂"建设，以问题导向引领"大思政课"实践，从系统设计与特色发展、师资保障与资源整合、数字赋能与评价机制等方面有效推动"大思政课"发展，不断推进"时代新人铸魂工程"。

（华东理工大学）

学"海上英雄" 传"榜样力量"

一、基本情况

2023 年 7 月 22 日凌晨 2 时 5 分，上海海事大学教学实习船"育明"轮航行至成山头附近海域，山东威海交管中心通知附近有一艘快艇倾覆，船上 2 人落水遇险，请求救助。"育明"轮接到通知后迅速开展救援工作，在全体人员的共同努力和相互配合下，经过近 3 小时的紧急救援，遇险人

"育明"轮见义勇为表彰会议

员全部获救，经教学部医生初步诊断，2 名遇险者生命体征平稳。本次救助行动用实际行动为在船参加实践教学的学生树立了良好的榜样，上了一堂生动的思政课。学校深入挖掘和整合海上救援事迹中的思政元素，通过专业课、思政课、主题班会、主题党日活动等平台，讲述海上救援案例中体现的"爱国奉献、不畏艰险、同舟共济"的新时代航海精神，将海上救援事迹中的思政元素融入航海类专业人才培养全过程。

二、主要做法成效

"育明"轮救人事迹充分展示了教育的使命担当和鲜明的时代精神。学校深

为落水人员检查身体

入挖掘和整合海上救援事迹中的思政元素，以船员、师生参与海上应急救援的案例开展思想政治教育，把思想政治教育有机融入专业教育，将其作为专业课教学的闪光点，既创新载体、积极融入，又如盐入味、咸淡相宜。救援事迹的思政内涵与思路举措如下：

1. 人民至上，大爱无疆

习近平总书记强调："人民至上，生命至上，保护人民生命安全和身体健康可以不惜一切代价。"教学实习船"育明"轮面对复杂海况奋战 3 小时解救 2 名落水遇险者，用实际行动诠释了"人民至上、生命至上"理念，谱写了筑牢海上人民生命财产安全防线的新篇章。

以习近平总书记的重要指示精神为指引，举行"海事女性她讲述，逐梦巾帼绽芳华——对话海事巾帼榜样"访谈活动。邀请学校 2004 级校友、交通运输部东海第一救助飞行队女机长、全国三八红旗手标兵宋寅讲述她带领机组人员穿梭海空、迎风战浪、奋力搏击、向死而生，奋力救助命悬一线的危难渔民，忠诚守护南来北往的涉海群众，安全完成一次又一次救助任务的经历。该活动旨在让学生充分认识海上应急救援对保护海上生命财产安全的重要性，激发学生赓续"爱国、务实、坚毅、严谨"的吴淞商船精神，踔厉奋发、勇毅前行。

2. 爱国奉献，同舟共济

海上应急救援工作任务艰巨、责任重大，是一项需要团队高度协作的工作。面对恶劣天气、复杂海况，全船师生团结协作、冲锋在前、及时救援，彰显了他们高度的社会责任感。

由中国首位穿越北冰洋的女航海驾驶员、中国新一代女船长、中国青年五四奖章获得者白响恩教授讲述她探极地、穿海峡、过运河的故事，用身边人身边事，激发学生"勇担使命显身手"的担当精神，引导学生自觉地把个人的人生理想融入海洋强国、航运强国建设的火热实践中。通过组织海上求生演练活动，锤炼学生的精神品格，练就过硬本领。

3. 心怀感恩，砥砺前行

感恩教育作为思想政治教育的重要内容，在培养新时代大学生健康心理，形成良好的道德品质方面发挥着不可替代的作用。落水人员获救后，多次联系学校、船舶及船管公司表达内心感激之情。这个真实案例给航海类专业思想政治教育带来了深刻的启示，也为感恩教育提供了生动的教材。

在日常思想政治教育工作中，将感恩教育作为重要内容，充分融入课堂教育、主题班会、劳动教育、实践教育、主题教育等，通过新媒体积极宣传社会主义核心价值观、中华优秀传统文化，让学生在潜移默化中学会感恩。

救援事迹融入专业实践教育

三、经验启示

立德树人是高等学校坚持社会主义办学方向、培养德才兼备的时代新人的根本任务。学校结合教学实习船师生亲身经历的海上救援事迹，深入挖掘和整合海上救援事迹中的思政元素，与时俱进地加强思想政治工作，将思想政治教育与专业知识进行有机融合，使二者同向同行，形成协同效应。密切结合专业和课程特色，从全方位、多角度出发，强调专业培养目标中的爱国主义精神、大局意识、团队意识、社会责任感，提炼并应用思政元素优化教学内容，改革教学方法，实现思想政治教育与专业课程建设相统一，培养学生成为德智体美劳全面发展的社会主义建设者和接班人，以适应新时代高质量航海人才的培养要求。在海上救援事迹感召下，2024届航海技术专业同寝室4名学生全员签约航运公司，实现了自己的"航海梦"，"学习强国"《文汇报》等主流媒体相继报道他们的故事。

（上海海事大学）

活用"四个课堂"
促进思想政治教育提质升温

一、基本情况

学生在《中国共产党领导下的红色医学教育》主题展上听中国"赤脚医生第一人"王桂珍讲述中国基层医疗卫生脱胎换骨的历程

为深入学习贯彻习近平新时代中国特色社会主义思想，着力培育和践行社会主义核心价值观，上海健康医学院与时俱进、守正创新，结合当前"00后"大学生成长规律，灵活运用学生喜闻乐见的教育形式，创新构建"红色课堂""流动课堂""实践课堂""云上课堂"等"四个课堂"，广覆盖、分层次、有重点地组织开展特色鲜明、形式多样的大学生思想政治教育活动，不断拓展"大思政课"建设工作格局，为思想政治教育提质升温，铸魂育人，培养担当民族复兴大任的时代新人。

二、主要做法成效

1. 构建"红色课堂"

活用红色资源，丰富教育载体。一是创新形式浸润学，通过开展悦读红色经典、彩绘金句手卡、喜裁赤色纸花、观看红色影片等系列活动，用"红色"抹全思想政治教育底色，达到"浇花浇根、育人育心"的目的；二是知行合一实境学，参观"中国共产党领导下的红色医学教育""从赤脚医生到全科医生"主题展，现场聆听中国"赤脚医生第一人"王桂珍讲述中国基层医疗卫生脱胎换骨的历程；三是身临其境体验学，组织学生党员开展"忆苦思甜铭党恩，踔厉奋发启新程"红色体验式教育活动，身临其境感受老一辈革命家在革命岁月里坚守信仰的伟大。学校以扎根上海乡村的"赤脚医生第一人"王桂珍为原型打造的原创舞台大师剧《飞扬的蒲公英》每年由师生公演，将沉浸式体验与文化观照相融合，使学生获得良好的学习体验。

2. 打造"流动课堂"

学院着力延伸学习触角，拓展学习途径。以流动展览进校园的形式，提供"送进来"的教育培训。学校与周恩来纪念馆签署合作协议，将"人民总理周恩来"纪念展引入校园，并在学生中组建"红火苗"志愿服务团队，由学生担任志愿讲解员，为广大在校师生讲述历史故事，以实境党课近距离感受老一辈无产阶级革命家"为民、务实、清廉"的一生。从"青春献礼 建党百年"书法展，到"学习二十大，奋进新征程"主题书展，再到"党的二十大报告双语热词金句展"，学校立足中华民族伟人历史实践和当代实践，创新打造"移动教室流动课堂"，促使思想政治教育鲜活起来、流动起来。

3. 建设"实践课堂"

学校坚持学以致用，升华教育实效，将大学生思想政治教育放在建设健康中国、保障人民健康的大背景下，将"实践课堂"放在为民服务的第一线，学习成果转化为实实在在的具体行动，升华思想政治教育实效。开展红医青年进社区志愿服务活动，开展社会实践活动，上海本地、青海果洛、云南工溪、新疆喀什……上健医学子行走在祖国广袤的大地上，为发挥科技创新，为促进民族团结，为普及健康知识，实现思想和行动的双向互动式发展。学之愈深，行之愈笃，获全国大中专学生"三下乡"

学校以扎根上海乡村的"赤脚医生第一人"王桂珍为原型打造的原创舞台大师剧《飞扬的蒲公英》公演

社会实践活动品牌项目、优秀团队，"知行杯"上海市大学生社会实践项目大赛特等奖、一等奖等荣誉称号，事迹多次被"学习强国"《文汇报》"人民网"《青年报》等主流媒体相继报道。

4. 开设"云上课堂"

《健康每天，"齿"刻出发》项目
荣获 2023 年上海市"知行杯"一等奖

打破时空壁垒，实现在线学习。以习近平新时代中国特色社会主义思想为指导，紧紧围绕党的二十大主题主线，依托"健康讲堂"，开设"二十大"在线学习专栏，组织辅导员等连续四年开设四期"健康（青年）讲师团"65 堂课程，借助互联网平台形成具有连贯性、系统性的教育内容供给。"云上课堂"充分发挥网络新媒体的辅助性作用，采用图、文、影、音相结合的模式，生动直观的内容能够激发学生学习兴趣，形成注意力叠加。同时，充分营造校园里浓厚的学习氛围，提升学生的关注度与参与度，加大网络平台的教育引导力度。

三、经验启示

学院坚持通过思想政治教育铸魂育人，着力在思想政治教育的"打开方式"上下功夫，通过有特色、接地气、更灵动的形式载体，让思想政治教育起到润物无声、熨帖心灵的作用。近年来，学校初次毕业去向落实率均超过 96%，为上海市基层卫生培养乡村医生共计 2027 人，分布在本市 9 个区、117 个卫生服务中心、223 个卫生站点，近两千多名"新乡医"全部坚守在岗位上，没有流失。安心就职基层医疗卫生服务机构的学生比例逐年增高，极大地改善了上海市现有乡村医生、院前急救、护理和检验等医技类基层卫生人才的需求。

（上海健康医学院）

在边陲支教中开启研究生教育第一课

一、基本情况

2023 年 9 月，四名经严格筛选的研究生新生作为"上科大首届支教团成员"，走进了位于云南大山深处的云龙县检槽初级中学。同期，上海科技大学协同上海联和投资有限公司与云龙教育体育局三方签署了共建检槽中学上科大研究生支教基地的协议，为学校思想政治工作增添了一抹亮色。

云龙县位于云南西部横断山南端澜沧江纵谷区，是白族和彝族聚居区，这里发展长期滞后，也是云南最后脱贫摘帽的地区。当地办学条件艰苦、教育质量不高，优质生源大量流失。上海科技大学在建校十周年之际，选择在这里建立研究生支教基地，因多年前在云龙县建立了本科生暑期社会实践基地，也是学校长期合作的联合投资公司的对口帮扶基地。在此基础上建立长期的研究生支教基地，具有"地利"与"人和"的天然优势。

建立上海科技大学研究生支教基地，酝酿于 2023 年 5 月，至 9 月到岗仅 4 个月。根据安排，每一批研究生支教服务为期一年。经过动员、报名、筛选，共有四名 2023 级硕士研究生入选。他们均是考取研究生后报名参加，与其他高校参加研支服务的学生不同，他们不享受保研等相关政策，完全是基于了解国情、服务奉献的理想和激情

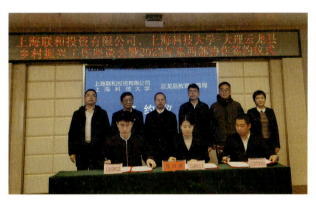

上海科技大学、上海联和投资有限公司、
云龙县教育体育局签署三方协议，共建支教服务基地

而参加。

四名研究生到岗后，迅速融入检槽中学的集体，承担物理、生物、英语、信息技术、音乐等科目教学，担当教学大梁。他们充分发挥自己的学科专业优势、英语优势和跨学科优势，改进教学方法，开阔学生视野，激发山区学生的学习兴趣和科创兴趣，学校长期闲置的教学实验室和英语听力室重新被高频率使用。他们发起组织各类科创、艺术节活动和体育运动会，担任学生太极武术社、播音主持社、羽毛球社、篮球社的指导工作。双休日，他们又结伴进寨入户，深入学生家庭开展"控辍保学"工作，已成功劝返3名辍学学生、5名疑似辍学学生。不少家长提出，孩子复学后一定要进支教研究生教学的班级。四名研究生还利用业余时间担任校内的云龙县红色教育基地讲解员，传播革命文化，培育和践行社会主义核心价值观。

二、主要做法成效

1. 精心挑选和培训支教志愿者

支教服务团成员上课场景

由于支教志愿者不与个人升学等挂钩，因此学校筛选首先关注学生的报名动机，坚持把思想素质放在首位，确保学生具有强烈的社会责任感和艰苦奋斗、积极进取的品格，同时考察他们的教学和组织管理能力。入选的四名研究生，其中三名是党员、一名是入党积极分子，均具有良好的从教综合素质和关键能力。入选后，学校将四名研究生送入上海科技大学附属学校跟班培训，安排名师指导他们开展学科教学和班级管理，让他们很快从学生顺利转型为中学学科教师。

2. 整合资源推动支教基地可持续发展

上海科技大学对支教基地建设进行了整体规划，以期助力改进支教学校的办学质量和条件，促进优秀学生回流。将上海科技大学的教育、科研、文化资源与联和投资的经济资源相结合，采用系统实施检槽中学的办学设施升级改造、教学改革和科创活动、教研和师资培训、学生奖励等举措。上海科技大学校领导和联和投资领导与云龙县领导亲临检槽中学，共商发展规划，落实各方责任。上海科技大学内部也落实了校院两级联

支教服务团成员在检槽中学校内的
红色基地担任讲解员

系支教学生的责任，切实解决学生的后顾之忧，并制定了跟踪关心、重点培养的政策。

目前，四名研究生已经成为当地最受关注、最受欢迎的教师，云龙县、检槽乡领导，以及检槽中学领导都高度评价他们的出色工作，评价他们"很团结、很能干、很吃苦、很守纪"，称赞给当地教育带来了新气象。尽管支教学生还是研究生新生，但已有企事业单位向他们伸出了"橄榄枝"。

三、经验启示

上海科技大学研究生支教点建设虽然只有一年，但呈现出启动快、推进实、成效好、可持续性强的鲜明特点，积累了有益经验。

1. 强有力的组织领导

研究生支教基地建设由时任上海科技大学校长江绵恒倡导建立，江绵恒校长和李儒新书记多次听取汇报，关心支教学生工作和生活情况。党委常委会和校长办公会多次专门审议相关工作。

2. 鲜明的育人导向

上海科技大学致力于培养创新创业拔尖人才，始终强调必须有正确的价值观引领创新，让研究生脚踩中国大地，践行上海科技大学"立志、成才、报国、裕民"的育人理念。学校通过各种途径进行宣传，让"奉献、友爱、互助、进步"志愿精神成为全体学生的精神追求和学校的精神文化。

3. 系统的制度保证

支教基地建设不是简单派遣支教学生，而必须整体规划，做到硬件与软件建设并举、当前与长远发展协调、倡导与激励政策同向、学校与当地部门联动。在学校内部也要做到学校与学院、大学与附属学校、党组织与团组织的同频共振。

4. 党团组织的政治引领

校党委和团委在支教服务团成立了临时党支部和团支部，上海科技大学党委、学院党总支、校团委专人负责定期联系，并制定跟踪培养机制。校党委还听取了支教团党支部工作述职。支教团中的一名团员在支教岗位上再次郑重地向支部递交了入党申请书。可见，学校党团组织在发挥政治引领作用方面取得了良好成效。

（上海科技大学）

挖掘进博会育人资源
打造志愿服务育人平台

一、基本情况

　　志愿服务是现代社会文明进步的重要标志，是加强精神文明建设、培育和践行社会主义核心价值观的重要内容。习近平总书记强调："要在全社会广泛弘扬奉献、友爱、互助、进步的志愿精神，更好发挥志愿服务的积极作用，促进社会文明进步。"一直以来，上海农林职业技术学院高度重视志愿服务工作，开展"自找苦吃　志愿同行"实践育人提质行动，尤其是依托进博会志愿服务深化实践育人工作，以"政治素质过硬、业务能力过硬、精神风貌过硬"为标准，选拔一批经得起考验、担得起重任、能够展现上农青年形象的优秀大学生加入进博会各项筹备工作中，切实强化大学生的社会责任感和奉献意识，把青年凝聚在党的理想信念旗帜之下，团结带领广大上农青年成长为有理想、敢担当、能吃苦、肯奋斗的新时代好青年。

进博会志愿者合影

二、主要做法成效

1. 进博会是展示风采的舞台，也是无比鲜活的课堂

志愿者在轨交站点开展服务

自 2018 年起，中国国际进口博览会这个由习近平总书记亲自谋划、亲自部署、亲自推动的，世界上首个以进口为主题的国家级展会于每年 11 月 5 日至 10 日在上海举办。六年来，学院共组织 665 名"小叶子"志愿者上岗服务。院团委作为负责部门，每年在全院范围招募志愿者，围绕思想政治素质、进博认知、学习成绩、仪表举止、英语水平、组织协调、心理素养等方面通过"通识＋专业""理论＋实践""集中＋分散""线上＋线下"四种模式，实现志愿者上岗前的全员培训。六年来，学院"小叶子"服务足迹遍布虹馆、1.2 号馆，国家会展中心 5 号口、7 号口、P5 停车场、国家会展中心 0 米层接驳车岗等，他们在志愿服务的生动实践中锤炼意志、收获成长。服务期间，"小叶子"们学习习近平总书记在进博会开幕式上的主旨演讲精神，学校分管领导、团委负责人在"志愿者之家"的"信仰大厅"讲授微党课、微团课，寄语"小叶子"心怀国之大者，坚定理想信念，在进博会上展现青年学子的青春风采。

进博会是展示青年风采的大舞台，更是生动鲜活的大课堂。学院通过组织学生参与进博志愿服务，将新一轮对外开放重大战略和新时代青年志愿者行动两大载体相结合，致力于对青年开展最鲜活的理想信念教育，构建最生动的实践育人场景。

2. 进博会是育人的讲台，也是成长的机遇

"进博会是我们青年人积极投入我国推动新一轮高水平对外开放的重大战略决策的重要平台。作为一名'小叶子'，我的心中充满着许多憧憬与期待。"这是

学院青年志愿者协会负责人刘敏同学在校内宣讲时所分享的心得体会。为充分利用进博会独特而宝贵的育人资源，学院团委组建进博会讲师团，讲师团成员积极分享自己的"进博之约"，畅聊"进博机遇"和过往的"进博故事"，同时还从成长感悟、志愿风采、经验分享等角度入手，以视频课程的形式分享自己的经验和感悟，传递志愿精神，共赴"进博之约"。

不同于一次性的大型赛会，进博会年年办，青年学生年年在成长。曾连续四届参与进博会志愿服务的学生分享道："四年的进博会志愿服务经历让我对志愿服务有了更深刻的理解，在为别人服务的同时，自己也得以成长，这将成为我人生中的宝贵经历。志愿服务也为我们提供了接触社会、锻炼自己的机会，这些都是促进我不断成长的力量之源。"学校里越来越多的"小叶子"以坚定的信心、饱满的热情、奋发的姿态勇挑重担、增长才干，与进博会共同成长，为青春留华彩。他们的优秀事迹被新华社、《人民日报》、"学习强国"、《上海日报》、"澎湃新闻"、《青年报》、"青春上海"和"上海青年志愿者"微信公众号等数十家媒体平台多次报道宣传。

上农"小叶子"讲师团交流分享

三、经验启示

进博会蕴含着独特而宝贵的育人资源，是一个"沉浸式"的育人平台，青年人在这里增长见识、锤炼意志，在服务进博会与促进个人成长的过程中增进价值认同，弘扬奋斗精神。学院将充分利用好进博会思政育人、实践育人和文化育人的作用，持续拓展"三全育人"的价值内涵和实践路径，培育上农志愿文化，打造上农志愿名片，为学院发展和城市建设贡献青春力量。

（上海农林职业技术学院）

实施"新苗培育计划"
助力大学生创新创业

一、基本情况

项目路演

"大众创业、万众创新"是国家创新驱动战略下的重大举措。2021年，国务院办公厅印发的《关于进一步支持大学生创新创业的指导意见》从八个方向出发，督促支持大学生创新创业各项政策的落实。高校作为创新创业的重要载体，需加强大学生创新思维和创业能力的培养，这是贯彻落实中共中央办公厅印发的《关于培育和践行社会主义核心价值观的意见》的具体体现和生动实践。上海行健职业学院儿童发展与教育学院在创新创业人才培养过程中，遇到学生创新创业意识不强，认识不深，重视不足；学生参加创新创业实践活动的意愿不强等一些问题。为了培养学生不断开拓、创新进取的精神，更好地推动大学生创新创业教育工作，学院学工团队启动了"新苗培育计划"。

二、主要做法成效

1. 意识培养行动：提高认识，培养兴趣

"新苗培育计划"的第一项行动，即在新生刚入校时向其播下一粒"兴趣"

的种子，这是一个关键步骤。辅导员结合新生入学系列教育，以专题的形式开展创新创业教育，多措并举，提升新生对创新创业的兴趣。具体做法有：充分挖掘校友会资源，成立创新创业校友团，邀请有创业经历的校友定期回校开设讲座；通过主题班会宣传院系创新创业系列实践课程及实践项目；结合学院创新创业社团"鼎新社"的系列创新创业活动，激发学生的创新创业热情，营造学院创新创业氛围。

2. 观摩体验行动：产教协同，实践育人

依托学院牵头组建的长三角托幼一体化产教联盟，从已入会的多家联盟单位中筛选创业型企业，开展"创新创业观摩体验行动"，每学期安排 2 周时间组织学生前往企业实习，让学生融入创业团队中，"沉浸式"感受创业氛围，获得创业实战经验。

3. 能力提升行动：整合第一课堂和第二课堂，联动育人

第一课堂深度开发课程，夯实学生理论储备。由学工团队担任创新创业课程讲师，同时邀请行业导师协同上课，有意识地融入创新思维、创业经验等内容，在课程实施中运用经受实战考验的创新思维与企业运营模式，依托第一课堂开展社会主义核心价值观教育。

第二课堂采用活动育人的方式，孕育创新创业项目。实施第二课堂学分机制，推动学生主动参与创新创业的积极性与主动性。比如，开展"行健杯"大学生创新创业大赛、优秀创业计划路演、学生创业大咖论坛等丰富多彩的第二课堂育人活动，充分发挥活动育人作用，提升育人工作效果。

4. 大赛实践行动：以赛促学，以赛促创

学院通过学工团队积极组织各级各类创新创业人赛，比如，积极参加"互联网＋大学生创新创业大赛"、全国大学生创新创业大赛、"挑战杯"大学生创新创业大赛等国家级赛事。每个项目至少配备 1 名辅导员担任指导教师。比赛结束后，

创业比赛指导

创业型企业见习观摩

学院会将优秀项目案例分享到各个群组进行学习，还会组织院内路演等活动，发挥示范引领作用。

5. 项目孵化行动：落地孵化，逐梦未来

除了积极参加各级各类创新创业大赛，"新苗培育计划"的最后一项行动是依托"孵化园"对潜力项目进行孵化，加强优秀团队建设，进一步打造优秀项目。学校"创兆·大学生创新创业孵化园"是获认定的第二批国家级众创空间，也是获批的国家级科技企业孵化器。每年学院会选送潜力项目进入"孵化园"，由"孵化园"导师团开展"一对一"指导，并配备一名辅导员跟踪情况，准备各类高规格比赛；对在市级大赛中获奖的项目进行落地孵化，甚至注册企业。

三、经验启示

通过开展"五项行动"，学院的创新创业育人工作取得良好实效，体现为以下两个方面：其一，学生参与创新创业的比率逐年提升。学生参与市级"互联网＋大学生创新创业大赛"、"挑战杯"创新创业大赛的人数及项目逐年提升，从2019年有几十组参赛项目，到2023年报名参赛的学生人数达一千多人次。其二，市级竞赛获奖数量及获奖等级逐步提升。2019年和2020年，学院参赛团队均未获得市级奖项。2021年，1组获得"互联网＋大学生创新创业大赛"大赛优胜奖；

2022年，2组获得"挑战杯"大学生创新创业大赛铜奖；2023年，1组获"互联网＋大学生创新创业大赛"铜奖，2组获优胜奖。

由此可以看出，学院通过实施"新苗培育计划"有效激发了学生创新创业的热情，从企业实习和企业导师的课程反馈情况来看，依托第一课堂、第二课堂、第三课堂的联动，在一定程度上提高了学生对创新创业的认识。学生纷纷表示，通过参与"新苗培育计划"，帮助自己打开了创新创业的思路。

培育和践行社会主义核心价值观的途径有很多，其中促使大学生积极主动投入创新创业是有效的途径之一。实施"新苗培育计划"，让学生由"被动做"转变为"主动做"。今后，学院会通过常态化开展创新创业工作，促进大学生积极践行社会主义核心价值观。

（上海行健职业学院）

构建融入航天精神和工匠精神的"大思政课"育人体系

一、基本情况

学院领导重视思政工作，定期召开工作例会

上海闵行职业技术学院是一所坐落在闵行区的新型高等职业技术学校。学院与上海交通大学、华东师范大学、上海航天技术研究院等著名高校、研究机构及众多世界五百强企业毗邻，是闵行工匠学院的秘书长单位。学校党委高度重视用习近平新时代中国特色社会主义思想铸魂育人，用伟大建党精神滋养学生成长。学院秉承"修德敬业、精益求精"校训，立足闵行航天城、依托闵行工匠学院，探索构建融入航天精神和工匠精神的"大思政课"育人体系。

伟大事业孕育伟大精神，中国共产党人精神谱系是一代又一代中国共产党人在革命、建设、改革中披荆斩棘、千锤百炼铸就的精神丰碑。载人航天精神、工匠精神都是中国共产党人精神谱系的重要组成部分，是学校思想政治理论课教学的重要内容和源头活水，二者具有内在一致性，彼此相互促进、共同发展。学院着力开展"大思政课"建设，围绕改革创新主渠道教学、搭建大资源平台、构建大师资体系等方面展开，积累了有益经验。

二、主要做法成效

1. 融入载人航天精神和工匠精神，发挥好思想政治理论课的价值引领作用

将载人航天精神和工匠精神内容有机融入思想政治理论课具有十分重要的意义。载人航天精神，作为航天人不懈奋斗的精神象征，强调极端的耐力、战斗精神、攻关能力和奉献精神，这些品质在对载人航天工作的赞扬中得到高度体现。工匠精神，作为爱国主义和改革创新的体现，包含职业敬业、追求品质、团队协作和创新精神等方面。在学院思想政治理论课中，将这两种精神通过历史和现实、民族和世界的多维视角融入教学，增强理论教学的吸引力和说服力。例如，在"思想道德与法治"课程中，结合工匠的忠诚、奉献和坚韧精神品质，强调理想信念的重要性；在"毛泽东思想和中国特色社会主义理论体系概论"课程中，通过航天事业发展的案例来阐释马克思主义在中国的具体应用，增强学生对中国特色社会主义的理解。

2. 整合优质资源，构建"大思政课"协同育人体系

习近平总书记强调立德树人根本任务，要求思想政治工作贯穿教育教学全过程。学院党委积极响应号召，创新思想政治教育协同育人机制，将多个要素系统整合与优化，形成长效机制。通过整合校内外资源，构建了包括管理运行、评价和保障在内的全面协同育人机制，特别强调产学研协同，通过企业和社会实践，推动工匠精神培育和思想政治教育有机融合，使校内外两个不同的教育阵地能够有效协同，提高育人效能。

3. 依托闵行工匠学院，构建"大思政课"社会实践共建体系

闵行工匠学院致力于提升职工技能和技术创新，弘扬工匠精神。学院借助闵行工匠学院的资源，整合学校、政府和企业的力量，建立产教融合的人才培养模式。学院建立了涵

上海大零号湾工匠学院总部设在闵职院

学院代表队在"申读新思想"上海团员和青年理论学习"阅读马拉松"主题活动中获得高职组优异成绩

盖思政第一课堂、实践第二课堂和网络第三课堂的协同育人平台,与企业深入合作,建立实习基地,推动产业学院的共建,满足新型高职教育的需求。这样的实践育人模式有助于学生全面成长,培养适应新时代产业发展的创新型工匠。

4. 借助区域优势,建立"大思政课"师资培育机制

学院位于上海市闵行区,处于中心位置,经济实力强劲,且紧邻多个高科技企业和高校。利用这些优势,学院与上海交通大学等高校合作,引进优质教育资源和管理理念,建立"大思政课"师资培育机制,增强师资力量。学院的发展规划包括建立数字化的学习、生活、保障平台,组建由政府领导、专业教师和行业专家组成的师资队伍,采用双导师制和学徒制教学模式,与上海航天技术研究院等机构共建培训项目,加强职工技能培训,为学生提升技能提供有力支持,促进学生全面发展。

三、经验启示

目前,学校已初步形成润物细无声的"大思政课"育人模式,但仅仅是个雏形,处于低水平阶段,需要不断丰富内涵,比如尽快成立马克思主义学院,强化党委和马克思主义学院的主导性;各专业系部、各职能部门在体系中都发挥了各自优势,但未能统筹推进,缺乏整体性。为此,每年需制订行动计划,结合实际、总结经验、找出不足、提升质量,使"大思政课"建设有序而持续地向前推进,争取做到年年有进步、三年进大步。在开展"学习贯彻习近平新时代中国特色社会主义思想"主题教育中,学院边做、边思考、边整改、边创新,把理论学习成果运用到立德树人工作,持续提升育人质量。

(上海闵行职业技术学院)

以"菁英工程"为载体
构建"333"培养模式

一、基本情况

上海工商职业技术学院以立德树人根本任务，将社会主义核心价值观融入教育教学全过程，不断创新工作方法和载体，逐步构建了以"333"为特色的学生培养模式，努力打造符合新时代青年学生成长规律的"菁英工程"。学

青年学生向劳模拜师

院从理论知识、时事政治、文学艺术、综合素养等方面着手，推进"菁英工程"规范化、科学化、规模化、制度化建设，激励、引导和促进学生增长知识、提升能力、拓展素质。

二、主要做法成效

1. 以三个"双轮驱动"为手段，提升育人水平

一是贯通入学、毕业关键时期的"双轮驱动"。从入学开始，学院及时掌握学生整体情况，引导学生积极参加社会实践、第二课堂等。同时，抓住毕业关键时期，开展有针对性的就业教育，引领学生规划自己未来的职业发展蓝图。

二是覆盖理论实践的"双轮驱动"。实施理论课堂实践、校园实践、社会实

践三种实践模式，将社会主义核心价值观融入其中，实现理论课和实践课的"双轮驱动"全覆盖。开设能力提升课程，努力培养高素质、具有创造性的复合型人才。同时，依托"身边的榜样""感动工商十大学子"等大学生思想政治教育系列活动，为学生提供广阔的成长舞台。

三是连接课堂内外的"双轮驱动"。重视学生的专业课成绩，加强学生培养各环节的常态化监测，充分发挥各类课程协同育人作用。构建以"八大周节""十大品牌"为切入点的第二课堂特色育人体系，强化学生责任、文明、感恩、诚信意识。

2. 以三个"融入"为抓手，拓宽育人平台

其一，将社会主义核心价值观融入"菜单式"课程。为此，学院开发与实施"演讲和口才""应用文写作""沟通技巧和礼仪"等"菜单式"课程。同时，将社会主义核心价值观细化为学生日常行为准则，以"三个工程"（"铸魂工程""润德工程""立身工程"）主题教育活动为载体，培养学生不仅在职业技能上本领过硬，还在思想素养上有所提升。

"青春榜样，引领前行"优秀学子宣讲会

其二，将中华优秀传统文化融入"三大课堂"。学校十分重视在实践中提升学生对中华优秀传统文化的认同感。依托"国韵坊"，开设"扎染""书法""篆刻"等主课程，为学生搭建培养实践能力的平台；开设"四点半课程""大手牵小手"等第二课堂，传承中华传统优良品德，并辐射至学校周边的社区、养老服务机构、中小学等；将"红色课堂"搬到线上，通过网络平台聚焦价值引领，积极宣传党的二十大精神、社会主义核心价值观等。

其三，将"细胞领袖"活力融入多层多元组织体系。通过多层级的学生训练营，引导学生把握正确的发展方向，发挥学生骨干在校风、学风和班风建设中的示范作用，成为校园文化建设的重要推动力量。

3. 以"三个榜样"为引领，打造学生品牌项目

其一，以学为先，引导学生争当"学习榜样"。重视学生专业课程学习、党

史理论学习，强化对学生进行思想政治教育，采用"互联网＋"模式，开设"党史课堂"等栏目，充分调动学生学习的积极性和主动性，进一步提升青年学生的思想道德修养。

其二，砥砺前行，引导学生争当"实践榜样"。积极引导学生将理论学习与实践相结合，帮助学生

党的二十大精神学生宣讲团开展"沉浸式"党课宣讲

在实践中不断提升综合能力。结合"行走的课堂"、暑期社会实践、"红色基地打卡"等开展志愿服务、家庭困难帮扶等活动，提高学生参与社会实践的质量，充分发挥实践育人作用，让学生在实践中得到锻炼、增长才干。

其三，尽职奉献，引导学生争当"友爱榜样"。以"一帮一"或"多帮一"的形式开展帮扶工作，引导学习困难学生养成良好的学习习惯。例如，实施"少数民族学生结对计划"，针对少数民族学生学业上的"困难"进行"一对一"帮扶。将社会主义核心价值观教育贯穿少数民族人才培养全过程，强调德才兼备，凸显"又红又专"，努力为少数民族地区建设和国家发展培养优秀人才。

三、经验启示

学院通过"菁英工程"提升育人体系科学化、系统化、制度化、规范化，让思想政治教育贯穿全过程。学生通过"菁英工程"更加积极参与深层次的自我管理。校内是学生理论学习的践行场域、外出社会实践的组织管理场地。学院在学生管理工作中拓展视角，工作方法更加科学化和人性化，"菁英工程"成为学生开拓视野的"望远镜"，增长见识的"百宝书"，学生在鲜活的实践中感受信仰的力量、奉献的力量，在增长见识的同时提升综合素质，在潜移默化中成长成才。

（上海工商职业技术学院）

践行全过程人民民主　推进校园法治教育

一、基本情况

2020 年 10 月 25 日，以尚法为特色的上海市特色高中华东政法大学附属中学收到了一封来自全国人大法工委的感谢信，这是继上海市人大、市教委、教育部之后的第四封表扬信，信中对附中学生践行全过程人民民主法治思想给予了充分肯定。

事情源于一次国家的修法活动。2020 年《中华人民共和国未成年人保护法（修订草案）》向社会征求意见，附中学生在华东政法大学学生的指导下，查找资料、深入学习，设计调查问卷，听取了家长、师生、专家、律师、法治辅导员等的意见，撰写调查报告，最终形成 17 条修改建议，交由全国人大上海虹桥基层立法联系点转呈全国人大法工委。令人惊喜的是，其中一条立法建议被新修订的《中华人民共和国未成年人保护法》（以下简称《未保法》）正式采纳了。中学生的立法建议被国家修法意见征询采纳，这在全国尚属首次。《解放日报》、《文汇报》、《中国青年报》、教育部青少年普法网、"学习强国"等媒体、平台报道以及转发 58 次。央广网、央视焦点访

学校组织《中华人民共和国未成年人保护法（修订草案）》意见征询会

谈、上海电视台等进行专题报道。2022年12月，中学生参与《未保法》修订意见征询讨论的照片入选在北京举办的《奋进新征程——国家主题成就展》。

二、主要做法成效

1. 整合资源

为了鼓励中学生从校内走向校外，从学校模拟类法治教育课程走向社会大课堂，学校整合校外优质教育资源，创建了"无边界尚法创新实验室"，集聚市区法院、人大、检察院、律所、街道、派出所等优质教育资源，丰富法治教育内容，为提升中学生法治素养搭设崭新的学

学校组织《中华人民共和国反电信网络诈骗法》和《中华人民共和国体育法》修法意见征询会

习平台。学校与虹桥街道共建签约并成为全国人大上海虹桥基层立法联系点的信息采集点，学校也是区重大行政决策公众参与联系点和全国普法依法治理工作联系点。上海市人民检察院、长宁区人民法院的领导和律师、民警、法官等担任学校法治副校长和法治辅导员。学校充分利用丰富优质的社会教育资源，帮助学生拓宽眼界，提升法治素养。

2. 注重实践

在教育综合改革背景下，培育中学生核心素养、必备品格和关键能力，为中国式现代化培育更多的建设者和接班人是学校的使命和责任。学校积极整合社会资源，为学生提供更多的实践机会和锻炼平台，注重学生的社会实践和体验感悟，变革育人方式。近年来，中学生共有500多人次参与国家、上海市十多部法律修法意见征询，先后向国家和地方有关部门提交了17个修改建议文本和170多条建议，部分建议已被国家和地方有关部门采纳。2022年暑假，学生来到江苏路街道就长宁区政府重大行政决策事项《推进新式里弄卫生设施改造工程三年行动计划》开展社会调研。在实地察看了陡峭狭长的楼梯、堆满杂物的走廊和公共

学校部分学生干部被虹桥街道法工委授予"立法通行证"护照

厨房后，学生提出的"增加适老配套设施"等五条建议被采纳。中学生还主动走进社区向居民普法宣传、答疑解惑，在解决社会真实问题中锻炼能力。

三、经验启示

遵循教育规律，学校从"点—面—体"整体设计法治教育：点，即寻求基础点、出发点和生长点。基础点，即学校文化传统根基；出发点，即面向未来社会需要，学习担当社会责任；生长点，即指向学生成长，促进个性特长发展。面，即从特色项目到系统课程，形成有完整架构的"尚法"主题轴综合课程群。体，即"尚法"特色学校最终形成。学校成为对内自主建构优化，对外有效整合各方优质资源的有机体。

实践出真知，学生通过参与立法修法等法治教育活动，在社会真实场景中发现问题并尝试解决问题，在关心社会、关注民生中学习当家作主，提升社会责任意识。依法治国，梦起少年时。与法同行，责任担肩上。弘扬社会主义核心价值观，更新教育观念，转变育人方式，华政附中将坚定行走在培育"明德尚法精业"的时代新人的路上。明德尚法，法育未来！

（长宁区教育工作党委）

汇聚生命之光　浇铸信仰之魂

一、基本情况

杨浦区人民政府与上海市教委合作推进生命教育十年来，制定了《杨浦区生命教育课程指导纲要（试行稿）》，整体建构大中小学衔接的"呵护的生命教育、珍爱的生命教育、青春的生命教育、活力的生命教育"生命教育体系。依托生命教育联合研训基地，建设"生命教育一体化"系列课程群，形成各学段纵向衔接、各学科横向融通、课内外深度融合、符合学生认知规律和成长规律的生命教育课程体系。为培育和践行社会主义核心价值观，充实生命教育的教育内容、丰富教育内涵、创新教育方法，杨浦区把社会主义核心价值观融入生命教育，作为学生家国意识、社会成长、个人发展的根本引领，落实立德树人根本任务，凸显生命教育课程体系的育人价值取向。

二、主要做法成效

开展生命教育要符合时代要求、社会需要，促进社会发展进步的生命教育必须积极培育和践行社会主义核心价值观，在生命教育中要让青少年明晓个人对国家社会的价值、认清生命的本质和意义、培育社会责任感、促进国家社会

生命教育主题活动

人民城市系列课程

个人的全面发展。杨浦区制定了《生命教育中落实社会主义核心价值观的实施指导意见》，同时把中华优秀传统文化、革命文化与社会主义先进文化教育贯穿生命教育各领域、各方面、各环节。

杨浦区依托生命教育联合研训基地，以《杨浦区大中小学生命教育课程指导纲要》为引导，挖掘课程中的社会主义核心价值观元素。进一步打造"健康安全""性别与爱""情绪智力""生涯发展""自然生态""人文精神""法制教育＋家庭生命指导＋校外实践"的"7+1+4"跨学段、一体化区域特色课程群。在"生涯发展"课程中培养学生的责任意识和工匠精神，培养学生做社会主义事业的敬业者、奋斗者；在"自然生态"课程中使学生领悟"人与自然的和谐共存"的道理；在"性别与爱"课程中培养学生形成友善、平等的两性交往理念，努力探索将社会主义核心价值观有机融入生命教育。区域还创建了人文精神联合研训基地，利用学校、社区等场馆，探索开发"人民城市"理念系列课程，让学生心中有榜样、行动有目标、学习有感悟，将生命价值、生命意义与社会主义核心价值观有机结合起来。

在区域生命教育一体化项目中践行和培育社会主义核心价值观，为生命教育提供了强大的理论指导，丰富了生命教育内涵。近年来，杨浦区培养了近二十名上海市中小学生"道德实践风尚人物奖（美德少年）"获得者、千名"杨浦好少年"，在学生心灵深处铸牢了信仰之魂，从而培养更多的德智体美劳全面发展的社会主义建设者和接班人，"为每一个学生的终身发展奠基"。

杨浦区梳理与提炼的《生命教育区域一体化　为学生奠基终生》获教育部基础教育司全国中小学德育工作优秀案例；《健康安全技能宝典》《情绪智力》《生涯发展》《户外生活》等区域生命教育学生系列读本由上海教育出版社出版；开发了涵盖杨浦高级中学于漪展示厅、上海市市东实验学校吕型伟教育思想研究中心等区域生命教育人文精神"云游场馆"；编制了《杨浦区中小学人文精神场馆导学手册》。

三、经验启示

为落实《杨浦区"生命教育一体化"项目行动方案（2021年—2025年）》，根据《杨浦区生命教育课程指导纲要（修订稿）》，整体设计内容体系，将社会主义核心价值观培育融入指标体系。实现95所中小学全覆盖，开展生命教育一体化研究，推进法治安全、人文精神等19类跨学段、跨学科联合研训、实训基地建设。大力拓展区域于漪、邱少云等"云游场馆"线上学生学习项目，研发"人民城市"理念系列课程，用好《户外生活》《健康安全技能宝典》《情绪智力》等生命教育学生学习资料，汇编《生命教育教案集》。

浦江少年课程

依托生命教育，新时代青少年定能立志向、有梦想，从小自觉培育和践行社会主义核心价值观，在星星火炬的照耀下，在党的阳光的沐浴下，为实现中华民族伟大复兴的中国梦时刻准备着。

（杨浦区教育工作党委）

石榴花开　同向未来

一、基本情况

城市文脉行走活动

上海市七宝中学（以下简称"七宝中学"）全面贯彻习近平总书记关于加强和改进民族工作的重要思想，准确把握铸牢中华民族共同体意识是培养担当民族复兴大任时代新人、加快教育现代化和建设教育强国的内在要求，提高站位，践行社会主义核心价值观，加强落实立德树人根本任务和建设中华民族共同体工作目标深度融合。

二、主要做法成效

1. 整体规划教育教学工作，促进铸牢中华民族共同体意识进课堂、进课程、进头脑

其一，发挥课堂教学固本强基作用，提升中华民族共同体意识。构建以"五个认同"为核心的铸牢中华民族共同体意识的"结构支点"，各学科协同发力，各有侧重。青年教师在学校青教赛中围绕主题进行大单元设计，思政课与铸牢中

华民族共同体意识有机融合，注重以公共议题引领，凸显互嵌式课堂特色，提高学生公共生活质量，提升学生对集体的归属感。

同时，通过技术助力，发挥网络育人的最大增量作用，推出"语文学科人文经典""心理学科家校共育"等系列视频课，七宝中学"视像中国"远程教育发展中心开发 13 堂"民族理解"主题课。以七宝中学为核心的"视像中国"计划运行 20 年来，网络课程覆盖新疆、重庆、青海西宁、云南保山、安徽金寨、江西井冈山等多民族聚居区。

其二，深耕课程建设，优化课程结构，提升学生对中华民族共同体的认同感。学校在研究型高中建设进程中，构建了覆盖领域广泛、发展层次多样、评价体系多元的课程体系，不断总结提炼中华民族共同体意识教育进课程的嵌入逻辑，加强"五史"宣传教育，实施红色基因传承、中华优秀传统文化传承发展工程。

七宝中学作为上海市教育数字化转型高中艺术学科实验项目校，指导学生运用现代信息技术传承和创新传统文化。地理组聚焦基于红色基因传承的地理实践力培育进行研究与实践，《地图中的百年上海》收录了学生为庆祝中国共产党建党百年而绘制的 8 幅红色旅游导览图，沪疆两地学子相约打卡寻宝，传承红色基因。

学校设计与实施"人民城市·青年有为"主题式大思政课程，引入全上海首个设立在高中校园的人民建议征集联系点，形成了一批协同性好、集成性高、开放性强的课程群。每年有 600 多名学生进社区研

艺术节

究真实问题、发出建言"声音"，生成了一种互嵌互融、共建共享的"共同感"。

其三，植根校园文化，拓展实践时空，厚植中华民族共同体情感。持续 20 年之久的感恩教育特色项目"心缘、心圆、心愿"活动为沪疆两地学生搭建起交流渠道，共话未来。狂欢节夜晚的民族联欢晚会将节日氛围推向高潮，星光舞台上，不分民族，师生同乐。沪疆学生共同参与的体育、艺术比赛在市区级比赛斩

获佳绩。近期，学校"楼兰舞蹈社"被评为上海市"活力社团"，足球队斩获上海市耐克冠军联赛暨校园足球联盟联赛男女足双冠军。

各年级在主题班会、学习小组交流等活动跨越时空，与新疆泽普县第五中学、喀什市第六中学、

"心缘心愿心圆"结对活动

乌鲁木齐市第九中学、云南大关县第一中学等校连线，扩大了成长共同体的辐射范围。每年暑假，新疆学生回到家乡，100% 的学生到基层进行宣讲。

此外，学校因地制宜开设"足迹·未来"理想导航课程，引导学生寻访习近平总书记考察闵行的足迹，与当代工匠、科技精英、社区干部、特教教师对话，探寻各领域的"新时代密码"，汲取奋进力量。

2. 加强组织领导，强化统筹协调，构建学校、家庭、社会协同育人格局

学校积极推行"全员成长导师制"，聘请校外"大思政"导师、生涯导师，给学生全方位关心指导，扎实推进各族学生参与"同上一堂课、同读一本书、共度传统节日"等常态化活动。学校联合 20 多家社会实践基地、10 个行业校友会，邀请党政干部、优秀企业家等先进代表走进校园，为学生传授实践经验、传递时代精神。与此同时，学校实施新疆内高班暑期家访制度，促进家校沟通，助力家校合作。

三、经验启示

新疆班开办 23 年以来，培养了 1844 名立志献身西部建设的毕业生。

党的十八大以来，党中央鲜明地提出把铸牢中华民族共同体意识作为新时代党的民族工作的主线、作为民族地区各项工作的主线。在长期的办学实践中，学校把增进共同性作为前提和方向，致力于在实践体认和理论学习相结合上破题，在促进学生理性认同，提升政治素质上破题，在引导学生"怎么做"的问题上破

题，在研究型高中建设目标引领下，促进各民族学生广泛交往交流交融，深化多维互嵌式的成长共同体建设，以学习、实践、研究、创新四个共同体为着力点，形成共居共学、共建共享、共生共乐的教育生态，培养学生深厚的家国情怀、实践创新能力、强烈的使命担当。

展望未来，学校将继续坚定"为党育人、为国育才"的初心使命，弘扬谦虚谨慎、苦干实干的奋斗精神，不断深化铸牢中华民族共同体意识教育，团结引领各族学生奋进新征程、建功新时代。

（闵行区教育党工委）

以劳赋能　开启育人"第三空间"

一、基本情况

在"行知行"劳动教育第三空间中学有所获

育人为本是劳动教育的价值追求。中华民族自古以来就是一个勤劳的民族，热爱劳动、尊重劳动是中华民族的传统美德。新时代背景下，习近平总书记提出号召，"要在全社会弘扬劳动精神"。宝山区积极贯彻新时代习近平总书记对劳动教育的要求，充分挖掘劳动教育在社会主义核心价值观培育中的独特价值，打造"五育"融合的劳动教育新常态，以劳赋能，开启育人"第三空间"。

二、主要做法成效

1."大德育"理念引领，铸就"以劳报国"中国心

宝山区以"行知行"劳动教育撬动"五育"融合，铸造劳动教育氛围，引领学生成长新风尚。一是研制并试行《宝山区中小学劳动课程实施意见》，推出《劳动伴我幸福成长》劳动精神教育绘本区域共享资源，完成区劳动教育 71 个基

地学校的家校劳动教育清单编制。二是构建区级劳动教育基础课程群,开发"山海·3H"食育劳动教育融合课程,建设百门劳动教育区域共享精品课程。三是开展项目研究,强化学校劳动教育顶层设计。在"大德育"理念引领下,宝山学子不仅从劳动中体验生活的乐趣,更致力于观念培育,在"践行劳动"的生活方式中,筑就"以劳报国"的中国心。

2."大课堂"全域推进,镕造"以劳报国"实践场

宝山区以劳动教育为契机、镕造劳动教育实践场、让"以劳报国"付诸行动,坚持"开门办劳动教育",不断拓展和丰富劳动教育的"大课堂",让学生在其中实现手脑并用、学会劳动技能、养成劳动习惯、增长劳动知识、内化劳动精神。其一,鼓励各学校积极开拓校本化的、样态多元的劳动教育空间和场所,规划建设了一批校际共享的劳动体验与创新实验室。其二,建立各委办局协同机制,依靠乡村振兴计划,创建一批智能科创、都市农业、先进制造、现代服务、文化创意、非遗手工艺传习等社会劳动实践基地。比如,宝山区教育局与罗泾镇洋桥村联手打造"行知行"劳动教育"第三空间"实验田基地课程。其三,在全区推行"社区小先生制",把劳动教育融于少先队"15分钟幸福圈"、共青团志愿者服务、学生课后服务等。

3."大机制"科学运作,保障"以劳报国"生态圈

宝山区成立区级劳动教育工作小组,家校社政协同,以机制为保障将劳动教育走深走实。一是"贯通一体",完善"行知行"劳动教育区域协同机制,构建了以学校为主导、家庭为基础、社会全方位支持的开放协同的劳动教育工作系统,初步形成了劳动教育深入推进的区域生态。二是"师资一体",孵化了一批"行知行"劳动教育师资。宝山区教育学院具体负责教师队伍的管理与培训,在学校设置"劳动教育总辅导员",在校外特聘(家长)教师、校外兼职导师等力量,形成由多元主体构成的

在"行知行"劳动教育第三空间中辛勤劳作

实施劳动教育的教师队伍。宝山区借助教育数字化转型的优势，在劳动基地开展"同侪课堂""同侪教研"，吸引各行各业专业人士和能工巧匠担任劳动教育兼职教师，突出建好劳动教育的师资保障。三是"靶向一体"，探索基地与基地学校管理和实施的新途径，分批次孵化有规划、有思考、有举措、有成效的宝山区"行知行"劳动教育特色学校（幼儿园）和星级校外实践基地。

三、经验启示

劳动教育是构建德智体美劳全面发展体系的关键一环，育人为本是开展劳动教育的本质追求。如何进一步挖掘劳动教育在社会主义核心价值观培育中的独特价值，以劳赋能，在开启育人"第三空间"的基础上实现育人"第三空间"的高质量发展是下一阶段需要进一步突破的方向。

宝山区将切实加强对劳动教育工作的组织领导、条件保障、专业支持和督导评估；试行《上海市宝山区劳动教育课程实施方案》，以教育数字化转型为着力点，结合学生数字画像，逐步推进"行知行"劳动教育个性化学程与学分制评价研究，以评价导向促进劳动教育价值认同。结合"三公里社区校外教育活动圈"建设，创建一批智能科创、现代服务、非遗手工传习等校外实践基地。

区域将努力构建具有新时代特征和上海城市特色的劳动教育体系，为新时代育人方式转变提质增效，为培养更多德智体美劳全面发展的社会主义建设者和接班人而砥砺奋斗。

（宝山区教育工作党委）

在"行知行"劳动教育第三空间中探究自然

深化法治教育协同
共绘法治教育"同心圆"

一、基本情况

上海市松江区民乐学校（以下简称"民乐学校"）是全国首批九所青少年法治教育协同创新中心实验校之一，在专家团队指导下，遵循《青少年法治教育大纲》和"八五"普法相关要求，以"育德美心·崇法笃行"为理念，致力形成"明理尚法"的

法治文化节　法治协同育人论坛

校园文化。学校在"全人教育"办学主张下，以横向推进家校社联动，构成法治协同育人圈；纵向落实全学段覆盖，形成法治教育成长链作为法治教育路径，连续三届举办校园法治文化节，编制《明理尚法》校本教材，构建"育德美心"校本课程群。学校法治教育成果在2019年"国家宪法宣传周"主场代表上海经验、松江做法作交流，先后接受《法治日报》、上海教育电视台、松江区融媒体中心、"法治上海"微信公众号等多家媒体报道，成为松江教育"沃治"以社会主义核心价值观铸魂育人的闪亮名片。

二、主要做法成效

1. 紧抓重点举措，开拓育人路径
学校主要通过"五个一"举措探索法治教育新路径。

其一，推出一册法治教育校园读本。为使法治教育校本化、特色化、课程化，学校推出《明理尚法——民乐学校法治教育读本》，作为道德与法治国家课程的有益补充。

其二，打造一系列法治教育课程。学校联合各方专业团队，基于"三乐六美——育德美心"课程群，打造"模拟法庭"项目化课程和"模拟检察 公益诉讼听证"项目化课程，开展创新型"浸润式"普法。

其三，创设一个法治教育实验班。学校依照"选点实验→引领示范→延展推广"策略，分学段开设法治教育实验班，实现小初法治教育一体化试点。

其四，建设一批校园法治文化阵地。一是着力阵地建设，打造区内第一个义务学校法治教室，建设主题鲜明的校园"法治长廊"。二是着眼于活动保障，开展宪法宣传周、法治主题班会、晨诵宪法等丰富多彩的法治教育活动。

其五，成立一个法治调解委员会。在联合律师顾问、法治副校长基础上，综合发挥家委会常委力量，组建学校法治调解委员会，为有效解决学校各类纠纷提供法治支撑，推动依法治校。

2. 紧扣协同机制，落实育人实效

其一，纵向落实法治教育，实现全学段覆盖。学校在"全人教育"办学理念引领下，经过探索，已形成"崇法笃行"法治教育校本活动课程群。在小学阶段，着重普及宪法常识，开展"法律故事我来讲""法治小报我来做""法治书画我来绘"等兴趣导向下的学生活动；在初中阶段，学校设计开展"法治知识竞赛""普法辩论赛""模拟法庭"等思维导向下的系列活动。学校根据学生的身心发展特点和认知规律开发与实施校本课程，形成层次递进、结构合理、螺旋上升的"全人法治教育成长体系"。

体验小交警 法治实践活动

其二，横向推进三方联动，构成协同育人圈。学校紧密家庭学校社会"三圈"，在校级家委会牵头下建立"爸爸妈妈普法团"，促进法律宣传进校园，充分发挥"上海市家庭教育示范校"优势，依托"鹿鸣家长学校"开展《中华人民共和国家庭教育促进法》系列培训，帮助家长学习法律常

识。学校与华东政法大学志愿者协会定点合作，作为实践站点，推动大学生志愿者参与定期法治进校园活动；与松江交警支队、松江区百姓义工公益发展中心三方合作，开展亲子交通法规宣传与实践活动，参与松江文明城区创建；与松江区人民检察院、华东政法大学合作，开展法治研学活动，带领学生走出校园、走向社会，不断开拓法治视野，促进思政小课堂与社会大课堂的紧密联结。

其三，共绘法治"同心圆"，依法治校亮品牌。2023年，学校被全面依法治区委员会办公室授予"基层法治观察点"，借此开展"我为校园/城市法治创建献计献策"活动，为加强依法治校体系建设提供有价值的对策和建议。同时，为营造校园法治文化氛围，学校征集和发布校园法治吉祥物"法法"，贯穿校园法治活动。

围绕法治教育，学校力图实现纵向覆盖、横向协同、点上突破。学校连续三届举办校园法治文化节，引起社会热烈反响，民乐法治教育品牌正逐渐成为松江区"法律进校园"的闪亮名片。

走进人民检察院　法治行走研学

三、经验启示

民乐学校以培养学生成为适应社会发展需要的"身心健康、富有思辨、学力厚实、人格健全"的合格毕业生作为培养目标，法治教育作为载体和支架起到重要作用。

在校园法治节中，学校开展的"模拟法庭"、普法辩论赛、法治知识竞赛等活动，有效培养了学生辩证思维，提升了学生的高阶思维能力，使学校教育教学质量在区域内保持前列。随着法治教育的深入开展，有利于落实立德树人根本任务，学生明理乐学，树立了正确的世界观、人生观和价值观，得到全面而有个性的发展，为未来人生道路行稳致远奠定健康、健全的身心基础。

未来，学校将继续在习近平法治思想科学指引下，发挥社会主义核心价值观铸魂育人效能，更好地引导青少年坚定法治自信、增强法治自觉、树立法治意识，培养尊法、学法、守法、用法，能够担当民族复兴大任的时代新人。

（松江区教育工作党委）

做足专业文章
打造"舞蹈＋思政"特色课程

一、基本情况

"学校史、讲校史"活动

上海戏剧学院附属舞蹈学校（以下简称"舞蹈学校"）在习近平文化思想指引下，以培养"有信仰、有情怀的舞蹈艺术家"为目标，积极创新学生思想政治教育工作机制，将思政工作贯穿人才培养全过程，从深厚的校史积淀和丰富的舞蹈剧目中挖掘教育资源，打造红色思政阵地，构建红色思政课程，同时发挥专业优势，积极开展红色社会实践，在培育和践行社会主义核心价值观过程中不断丰富立德树人内涵。

二、主要做法成效

1. 挖掘：追寻舞校校史，打造红色思政阵地

学校把建设以"追寻红色校史，培育时代新人"为主题的校史陈列馆作为思政工作的重要举措。深化校史文化研究，凝练校史蕴含的红色基因内涵：爱党爱国、无私奉献、追求卓越、中西融汇……通过梳理大量鲜活的一手材料汇编成册，并充分运用现代信息技术，对史料、文物等资源的呈现形式提档升级，打造

校史文化育人的鲜明空间。馆内陈列以学校历史为经、以办学成就为纬，采用文字、图片、实物、多媒体等多种形式，通过"学校简介""殿堂肇始""先驱师者"等12个专题集中展示建校60余年的发展变迁和办学成就。

在开学季、校庆日、五四青年节等重要时间节点，组织学生参与"学校史、讲校史"活动，传承光荣传统，弘扬时代新风，将校史陈列馆打造成为开展校史校情教育、爱国主义教育的思政阵地和催化学生成长的坚实基地，提升学生对舞蹈学校校园文化的价值认同。

2. 浸润：创新思政形式，构建红色思政课程

舞蹈学校依托"课程教学—剧目创作—舞台实践"的"三位一体"舞蹈专业人才培养模式，进一步加强剧目创作、舞台实践与思政工作的融合，设置"舞蹈＋思政"的特色思政课程，切实发挥育人功能。

舞蹈学校曾创作多部优秀的主旋律舞蹈作品，如《白毛女》《长征组舞》《闪闪的红星》《野斑马》等大型剧目，以及近年来创作的《永不消逝的电波》《黄河》等红色经典，为思政建设提供了大量的素材，充分挖掘和发挥思想政治教育价值，将思政元素有机融入课程内容，引导学生走进剧目背后的故事，从中汲取艺术与思想的丰厚养分，进一步提升对社会主义核心价值观的理解，涵养精神力量。

舞蹈学校的"剧目课程"入选教育部首批课程思政示范项目，是全国舞蹈艺术类院校唯一入选的。

3. 践行：发挥专业优势，开展红色社会实践

舞蹈学校积极打造"曼舞长宁"和上海市"民族文化传承教育基地"中国舞传承教育基地两大社会服务品牌，组织学生倾情参加演出，既有传承中国古典气韵之作，也有少数民族和异域舞蹈风采，展现舞蹈艺术多元魅力，引领社会美育，积极支撑"上海文化"品牌。

舞蹈学校承办了"上海学生舞蹈联盟""上海市中职学生星光舞蹈团""上

舞蹈《红旗颂》

云南红河哈尼梯田文化传承学校来校访学交流

海市中职学校艺术专业教师艺术教育培训"，参加"职业体验日""上海教育博览会"，展现上海学生舞蹈风采和上海学校舞蹈教育教学的优秀成果。

同时，舞蹈学校着力深化沪滇教育协作，前往云南红河调研，多次接待红河哈尼梯田文化传承学校师生来校访学交流，既巩固拓展教育脱贫攻坚成果、服务乡村振兴战略，也推动了民族团结、文化繁荣。

三、经验启示

1. 党的领导是保障

舞蹈学校能够取得重要成果，根本原因在于坚持党组织领导下的校长负责制。下一步，在舞蹈学校党总支领导下，以上海中小学校党组织"攀登"计划为依托，将党建示范始终贯穿学校教育教学、剧目创作、舞台实践、社会服务等各项工作，引领校园文化建设。

2. 顶层设计是核心

舞蹈学校结合实际情况，紧扣立德树人这条育人主线，对教育目标、内容、路径进行谋划，组建优秀教师团队，加强资源整合，进行全方位、多领域、多层次构建课程思政，进行校史陈列馆建设和"剧目课程"思政课程开发，提供社会服务，既有理论高度、实践深度，又有社会广度。

3. 人民立场是灵魂

中国特色社会主义文化建设，因人民而兴，也为人民而兴。舞蹈学校紧紧围绕新时代文艺"举旗帜、聚民心、育新人、兴文化、展形象"的使命任务，从民族文化中汲取创作养分，努力不断推出兼具思想性、文化性、艺术性的舞蹈精品佳作，不断满足人民文化需求，增强人民精神力量。

（上海戏剧学院附属舞蹈学校）

一体化推进育人实践

弘扬科学家精神　推进馆校协同育人

一、基本情况

上海交通大学钱学森图书馆（以下简称"钱馆"）深入学习贯彻习近平新时代中国特色社会主义思想，围绕立德树人根本任务，坚持以科学家精神培根铸魂，弘扬科学家精神，做好博物馆文化育人"大文章"，着力建好博物馆这所"大学校"，从开发课程资源、丰富活动载体、推进协同育人三方面有力推动科学家精神有机融入培育和践行社会主义核心价值观的各项工作中，切实做深、做细、做实。

二、主要做法成效

1. 聚焦价值引领：立足精神叙事，开发课程资源

其一，编研读本，做好资源转化。钱馆在深入开展 6.2 万余件 / 套文物研究的基础上，围绕以科学家纪念馆红色文化提升青少年精神素养，编研并推出《钱学森精神读本》《羁绊与归

2023 年钱学森之子、上海交通大学钱学森图书馆馆长钱永刚
在钱馆展厅为"钱学森"班开展大思政课现场教学

来：钱学森回国历程（1950—1955）》《听馆长讲钱学森故事》等面向不同年龄层次读者的读物，并配套推出线上线下教育课程资源。

其二，聚焦教育目标，开发思政课程。结合新时代学校思政课培养目标，采用馆校合作的方式，聚焦人才培养、青少年理想信念教育，为大中小学不同学段设计推出"钱学森与中国科技事业""机器的征途—空天科技""钱学森与中国航天""寻访'科学家精神'博物馆'大思政课'""加速，起飞了"等思政课程，为15所大中小学校850人次提供服务。

2. 突出实践导向：创新方式方法，丰富活动载体

其一，举行主题宣讲，厚植家国情怀。2021年，钱馆成立"钱学森精神宣讲团"，组织专家开展宣讲主题内容研讨。2023年，钱馆启动"弘扬科学家精神"全国巡回宣传展示活动，构建"1+1+X"模式，举行巡讲巡展活动超过80场，覆盖11个省市，线上线下受众超20万人次。

其二，进行艺术演绎，打造"情境课堂"。钱馆推出原创诗剧《钱学森》、"归乡1955"剧本体验活动、"越夜越动听"音乐会等多元艺术形式，邀请专业表演者、大学生、中学生在钱馆建筑空间共同演绎，近距离感受科学家精神。

2020—2023年钱学森精神宣讲团全国宣讲地图

其三，参加沉浸式"行走"活动，深化学习体验。钱馆融合党史校史，推出"重走学森路"校园版与上海版两条路线以及"行走的音乐党课"，将思政"小课堂"成功搬上社会"大舞台"，用好用活红色资源，为培育和践行社会主义核心价值观提供情景式鲜活载体。

其四，参与志愿服务，实现知信行统一。上海交通大学马克思主义学院"声入人心"宣讲团、国际与公共事务学院"红印"宣讲团、"星空少年"讲解团等志愿者都在志愿讲解服务实践中完成科学家精神"聆听者"向"传播者""践行者"的转变。

3. 深化机制建设：围绕馆校合作，推进协同育人

其一，整合资源，建好"大基地"。2023 年 4 月，围绕共建"大思政课"实践教学基地，钱馆与上海交通大学马克思主义学院、徐汇区教育局、上海交通大学出版社签订四方合作协议，积极推动"大思政课"实践教学基地与大中小学校对接，共同建设具有示范性、引领性、创新性的"大思政课"实践教学基地。11 月，钱馆与上海立达学院"大思政课"实践教学基地共建协议，共同提升新时代青年学生的思想政治觉悟和文化修养，合作培育勇担民族复兴大任的时代新人。

其二，共享资源，发挥集成效应。钱馆依托场馆、课程、师资、藏品等资源，推出全国首个以"博物馆＋大思政课"为主题的综合性思政教学体验空间——"学森·思政讲堂"，集合思政教室、思政图书室、思政备课室、思政工作室和思政资源库五大功能，既对教师敞开大门，也为学校提供了一整套"博物馆＋大思政课"解决方案。

其三，凝聚合力，做强"大师资"。钱馆探索形成包括场馆资源开发（基地）、实践教学课程设计（高校马克思主义学院）、馆校合作机制建设（教育主管部门）、案例成果转化推广（出版机构）四大环节的"大思政课"育人链条，全面提升"大师资"队伍教学育人能力，完善高校与中小学校"手拉手"一体化思政育人体系。钱馆以此为基础，通过仪式教育、学科教育、活动教育、实践教育、项目化学习等方式，实现大中小学课程目标、课程设置的有效贯通、无缝衔接。

三、经验启示

2023年钱馆与田林三中联合设计的寻访"科学家精神"博物馆"大思政课"在馆内进行现场教学

钱馆在弘扬科学家精神、培育和践行社会主义核心价值观过程中，始终坚持思想引领与文化涵育相结合、教育引导与实践养成相结合、因地制宜与注重实效相结合的原则，立足自身资源、突出精神特点、关注群体需求，不断创新方式方法、深化机制建设，将社会主义核心价值观教育融入日常生活。

2023年，钱馆先后获得荣获上海市爱国主义教育基地年度考核评估先进单位，入选2022年度上海市优秀志愿服务基地、首批上海市"大思政课"实践教学基地、教育部"2024年度高校思想政治工作质量提升综合改革与精品建设项目"2024年度红色文化弘扬基地等14项市级（含）以上荣誉，2024年5月，钱学森图书馆获评国家一级博物馆。

2024年1月1日起，《中华人民共和国爱国主义教育法》正式施行。爱国主义教育要适应时代需求，作为全国爱国主义教育示范基地，钱馆将紧紧围绕全面建成社会主义现代化强国、实现中华民族伟大复兴这一鲜明主题，全面推进思想政治教育方式与活动载体创新，切实加强课程与活动的内涵建设，不断提升育人实效。

（上海交通大学）

用社会主义核心价值观铸魂育人

"校区联动"打造校园短剧 "沉浸式"育人模式

一、基本情况

松江片区学生弘扬社会主义核心价值观校园短剧展演项目由中共上海市教育卫生工作委员会、上海市教育委员会指导，松江区委宣传部、松江区文明办、上海对外经贸大学联合主办，松江片区 10 所高校和松江区教育局协办，已连续开展五年。上海对外经贸大学作为牵头高校，每年结合年度重点工作拟定主题，参与学校聚焦主题、结合实际原创一部校园短剧参加展演。剧目围绕校史故事、红色历史、青春奋斗、校园生活、身边榜样、乡村振兴、社会变革等题材，传承校史文化、赓续红色血脉、汇聚奋进力量、记录温暖瞬间、宣传身边榜样、讴歌伟大时代、弘扬社会正气，为推进区域内大中小学思政课一体化建设和赋能松江新城文化建设提供了强有力的支撑。五年来，16 所学校积极参与其中，58 部校园短剧成功展演，800 余名大中小学生参加演出，上线《李建模》《汪尧田》《为人民而歌》等优秀作品，近 10 万人次观众参与线上线下观摩，充分发挥以文化人、以剧育人作用。

二、主要做法成效

1. 创新理念：文教结合，以文化人

突出社会主义核心价值观培育导向，将社会主义核心价值观融入文化品牌建设全过程，实现思想政治教育形象化、价值引领人格化、情感浸润艺术化。根据学生充满创造力与表演热情等特点，运用艺术教育方法，以学生视角诠释社会主义核心价值观的内涵，寓教于乐、寓教于演。学生参与剧本创作、修改、表演录

上海立信会计金融学院《为人民而歌》（2022年特等奖）

制等环节，从台前到幕后全过程体验，通过角色体悟和表演，更加深切地感受到社会主义核心价值观的内涵与意义。对于观看的学生来说，鉴于为他们献上视觉盛宴的"卡司"（演职人员）都是同班同学、室友或者朋友，故能拉近他们与"剧中人"的距离，有利于将剧中弘扬的社会主义核心价值观入脑入心，激发爱党爱国情感，汇聚起强大的正能量。

2. 创新模式：沉浸体验，全程育人

学校积极开展校园短剧展演活动，每年邀请上海戏剧学院专业教师团队担任指导和评委，全方位参与剧本评审、排练指导和展演评审。以专业水准打造系列

上海对外经贸大学《汪尧田》（2021年特等奖、最佳编剧奖）

上海视觉艺术学院《第一书记黄文秀》(2022年最佳表演奖)

高品质精品剧目，形成了一套从"选定主题—收集素材—撰写剧本—挑选演员—角色排演—演出传颂"的长线育人模式，构建师生参与、教学相长的思想政治教育链。同时，依托沉浸式、情境式的戏剧课堂将德育、美育相融合，达到"创作即受教、观演皆受教、师生共受教"的目的。例如，2021年是中国加入世界贸易组织20周年之际，短剧《汪尧田》生动演绎了汪尧田教授倾尽毕生之力为中国"复关""入世"奔走呼号、鸣锣开道，作出卓越贡献的故事。学生通过观摩《汪尧田》一剧，走近"大师"，充分感受到汪教授卓越的思想光芒、真挚的爱国情怀、超凡的勇气、超前的判断和超人的执着，受到了精神洗礼。

3. 创新机制：校地合作，协同共进

社会主义核心价值观校园短剧是深化校地合作、加强协同创新、推进三全育人的生动实践，整合区域内优质教育资源，推进大中小学思想政治教育一体化建设。上海对外经贸大学在承办松江片区校园短剧展演之前，已经在校内举办过四届社会主义核心价值观校园剧大赛，进行了卓有成效的探索实践。2018年，学校开拓平台，承办首届松江区弘扬社会主义核心价值观校园短剧大赛（高校赛区）；2020年，学校和松江区教育局合作，将参赛范围延伸到松江区中小学生，创新完善大中小学思想政治教育一体化建设载体。学校开通"核心价值观校园短剧"微信公众号，开拓线上展演新模式，让更多师生可以通过线上观看以及投票评选的形式参与活动。五年来，校园短剧展演从校内推广到校际，从只有高校参与扩展到大中小学一体化，从线下延伸到线上，耕耘不辍、硕果累累。

三、经验启示

1. 搭建区域大中小学思想政治教育一体化平台

弘扬社会主义核心价值观校园短剧展演已经成为松江片区 10 所高校和若干所中小学的标志性文化交流平台，也成为深受师生喜爱的文化大餐。它不断创新大中小学思想政治教育一体化建设载体，使社会主义核心价值观润物细无声地厚植于师生心田，受到了新闻媒体和社会各界的广泛关注和认可。2022 年，央广网、中国教育在线、中新网等十余家主流媒体进行了宣传报道。

2. 整合育人资源助力松江新城文化建设

校园短剧展演活动得到上海市教卫工作党委宣传处的直接指导，以及松江区委宣传部、松江区文明办、松江区教育局的大力支持，校地紧密合作，以点带面，向松江片区大中小学辐射，引导大中小学生共同讲好松江故事、上海故事、中国故事、中国共产党的故事，增强作为"上海之根、人文松江"文化自信的底气。

校园短剧展演要紧紧围绕深入学习宣传贯彻党的二十大精神这个主题主线展开，下一阶段需要从以下四个方面着力：一是多出精品力作、拓展宣传平台，推动校园精神文化精品走向社会；二是深化合作交流、加强资源共享，推进大中小学校园剧联盟建设；三是加强第一课堂、第二课堂联动，完善进阶式文化育人体系，深耕特色品牌；四是创新传播方式，开展二次创作，增强文化育人的辐射面和影响力。

（上海对外经贸大学）

讲好体育强国故事 增强学生文化自信

一、基本情况

习近平总书记在上海考察时强调："坚持不懈用新时代中国特色社会主义思想凝心铸魂，广泛践行社会主义核心价值观。"上海体育大学坚持用习近平新时代中国特色社会主义思想铸魂育人，聚焦立德树人根本任务，立足习近平总书记关于体育的重要论述，依托"体育学"世界一流学科优势，充分发掘体育的思政元素与德育资源，推动特色转化，坚持用体育讲思政，围绕体育强国、全民健身的国家战略，打造体育强国思政课程体系，完善体育强国课程思政体系，建设体育强国实践教学体系，面向大学生构建体育强国叙事体系，讲好中国共产党故事和中国故事，引导青年大学生广泛践行社会主义核心价值观，增强文化自信。

二、主要做法成效

学校善用社会大课堂，打造网络云课堂，深化课程思政全课堂，积极推动社会主义核心价值观融入教育教学全过程。

1. 打造体育强国思政课程体系

国家体育总局委托学校编写的《深入学习习近平关

上海体育大学"大思政课"
重点试验高校建设推进会召开

于体育工作的重要论述》已由人民出版社出版并公开发行，并推动该书向讲义教案转化。面向学生开设"习近平体育重要论述"选修课，开展"习近平总书记体育足迹"（新时代体育强国之路）思政课虚拟仿真实验教学项目研究与实践，建设"习近平总书记的体育足迹"主题展示馆，打造由"体育强国""国乒荣耀""风羽同舟""奥运荣光"等课程构成的"以体育德"体育特色"大思政课"课程体系。作为参与单位申报的1项教学成果荣获2022年上海市优秀教学成果（高等教育类）一等奖。"国乒荣耀"课程先后入选首批国家级一流本科课程（社会实践类）（2020）、教育部课程思政示范课程（2021）和上海市课程思政示范课程（2022），教学团队分别获得教育课程思政教学团队和上海市课程思政教学团队；在2022年第二届上海市高校教师教学创新大赛中获得一等奖（地方高校中级及以下组）。《乒乓外交》教学案例入选"2020年度上海高校思想政治理论课创新行动"上海高校思政课优秀教学案例。"体育强国"课入选上海市重点课程（2023），入选"2021年上海市马克思主义理论学科发展支持计划"，获思政课选修课教材编著专项资助；在2022年"首届上海市课程思政教学设计展示活动"中荣获二等奖。

2. 完善体育强国课程思政体系

学校牢牢把握"价值引领、知识传授、能力培养"要求，以政治认同、家国情怀、文化素养、宪法法治意识、道德修养为重点，把体育强国故事融入专业教学，寓价值观引导于知识传授和能力培养之中，构建起以体育强国为特色内容的课程思政育人体系。运动健康学院入选上海高校课程思政重点改革领航学院。

2022年，学校开设的12门课程入选市级课程思政示范课程，3位教师荣获"课程思政教学名师"称号，7个教学团队获批市级课程思政示范团队。2021年12月，出版了全国体育领域的第一本课程思政教学指南《武术与民族传统体育专业课程思政教学指南》。

国家级一流本科课程、教育部课程思政示范课程《国乒荣耀》在国际乒联博物馆和中国乒乓球博物馆开讲

3. 建设体育强国实践教学体系

学校以"青春奋斗梦"为主题，聚焦"习近平体育足迹"，开发与实施"追寻足迹"特色实践教学课程；聚焦"社区运动健康师"项目、"体育助力乡村振兴"公益服务计划、"体育科普"专项计划、"赛事服务"志愿公益项目等，推出"建功中国"社会实践公益计划，引导青年大学生在伟大实践和日常生活中践行社会主义核心价值观。

体育强国系列课程　乒乓球运动与体育发展

三、经验启示

第一，把牢灵魂主线，加强社会主义核心价值观教育。以习近平新时代中国特色社会主义思想为指导和引领，立足中国特色社会主义建设伟大实践和伟大成就，让学生在准确理解和把握习近平新时代中国特色社会主义思想中深刻理解社会主义核心价值观。

第二，加强统筹规划，推动社会主义核心价值观融入方方面面。学校党委整体设计，以人才培养总目标为牵引，推动社会主义核心价值观建设与时代同向、与现实同频、与实践同行，形成党委牵头抓总、校内各部门相互配合、齐抓共管、相互促进的工作格局。

第三，结合专业特色，推动社会主义核心价值观入脑入心。充分发掘体育的思政元素与德育资源，加强体育强国叙事体系建设，用体育诠释社会主义核心价值观，让广大学子在投身体育强国建设中践行社会主义核心价值观。

（上海体育大学）

用"青言青语"
使党的创新理论入脑入心

一、基本情况

汇聚知行青春唱响党史之音

随着社会的发展和变迁，青年大学生群体日益成为国家发展的重要力量，他们拥有较高的文化素养和广阔的思维视野，是社会创新和强国建设的重要推动者。如何引导青年践行社会主义核心价值观，成为高校思想政治教育的时代任务。上海应用技术大学马克思主义学院积极探索"大思政课"建设新模式，通过双向开展理论宣讲、"巴士党课"和大中小学思想政治教育一体化建设等创新举措，有效调动大学生学习新思想的主动性、积极性和创造性，团结带领大学生将习近平新时代中国特色社会主义思想以"更接地气"的方式、用"冒着热气的青言青语"快速传播给社会民众，以推动新时期宣传思想文化工作奋进新征程、建功新时代。

二、主要做法成效

1. 构建"大课程"，注重培养红色基因的传承人

马克思主义学院在扎实推动思想政治理论课教学的基础上，通过融入专业课

程、塑造校园文化、提升人文素养等方式，在"教、学、思、研、用"的互动转化中拓展、突破传统思政小课堂，构建社会大课程，不断提升青年大学生政治素养、专业技能与社会责任感。近年来，学院指导的"知行学社"加入上海市大学生理论宣讲联盟，累计打造 20 余门线上大学生理论精品宣讲课程，开展百余次理论宣讲活动，荣获国家级特等奖 1 项（全国仅 3 项）、二等奖 1 项、优秀奖 2 项，市级一等奖 1 项、二等奖 1 项、三等奖 5 项、优胜奖 3 项的佳绩，其中"一抹戎装绿，一身中国红"课程入选上海市精品宣讲课程，并在"学习强国"平台发布。学院积极推动习近平新时代中国特色社会主义思想的学习研究与广泛传播，努力为新时期全国和上海宣传思想文化工作勇立潮头树新篇、奋楫扬帆开新局添砖加瓦。

2. 打造"大平台"，着重培养红色精神的播种者

马克思主义学院借助现代化智能教学平台，积极传播党的创新理论，为"大思政课"建设提供系统完善的服务。通过互联网推广该平台的"大思政课"建设经验及其成果，推动构建小学、中学、大学全过程育人"同心圆"，为学生终身发展奠基。主动搭建"大平台"，积极打造"知行讲坛""国旗下的演讲"经典读书会"知行分享会"等精品项目，以独特的青年视角积极传播马克思主义中国化时代化新成果，年均参与学生约 3000 人。同时，带领学生走出校园，每年开设 5 节以上"大中小学一体化思政课"，以大学生为中小学生讲思政课的新颖形式，重温上海红色故事，促进中小学生更加深刻地了解上海的经典红色路线，助推青年大学生懂得担负起传播红色文化的社会责任，感悟中国式现代化的初心和使命。

3. 涵盖"大领域"，着力培养伟大事业的生力军

马克思主义学院坚持社会实践系列化、品牌化建设，带领学生用脚步丈量祖国大地，在探索实践学习新模式的道路上砥砺前行。以思政第一课堂统摄思想政治教育第二课堂、第三课堂，着力构建社会教育、校园教育、家庭教育、网络教育等"大领域"的"四维空间"育人体系，将时事政治、社

巴士党课

推动大中小学思想政治教育一体化建设

会热点等内容融入其中，推动高校思政课程的纵深式高质量发展，以更加适应新时代要求。其中，指导"红色基因—红色血液—红色躯体—红色脉络"大学生社会实践项目中的"探究'四史'学习宣传新模式""追梦之旅——旧上海租界的红色印记""溯源传播风华录，明史致远守初心"分别荣获"知行杯"上海市大学生社会实践项目大赛一等奖、二等奖和三等奖。近年来，该团队通过"学思践悟行"党的十八大以来党和国家事业取得的历史性成就、发生的历史性变革，开展形式多样的社会服务与社会调查，牢牢把握中国式现代化的实践要求，全面推进强国建设和民族复兴。

三、经验启示

青年大学生有效开展理论宣讲、有力推动习近平新时代中国特色社会主义思想入脑入心、入魂入行的成功实践告诉我们：要让党的创新理论"飞入寻常百姓家"。其一，要坚持创新宣讲方式，以青年大学生喜闻乐见的方式（如"青言青语"）进行校内外双向传播。其二，要注重端正宣讲人的思想观念，确保宣讲内容的准确性、先进性和生动性，提高青年大学生的理论素养和实践能力，培养其成为社会主义核心价值观的积极传播者和践行者。其三，要充分利用新媒体平台，提升宣讲的影响力和辐射力。其四，要促进大中小学思想政治教育一体化建设，形成全过程的思想政治教育体系。

面向未来，我们应继续发挥"青言青语"在理论宣讲中的感召力量，不断探索行之有效的宣讲方式，让党的创新理论在广大青年中入脑入心、扎根发芽，入魂入行、开花结果。同时，进一步加强高校与中小学合作与交流，共同推进大中小学思想政治教育一体化建设，为培养德智体美劳全面发展的社会主义建设者和接班人作出更大贡献。

（上海应用技术大学）

打造实景思政课
推进大中小学思政课一体化建设

一、基本情况

少年逐梦筑韶华，奋楫扬帆正当时。党的十八大以来，习近平总书记高度重视爱国主义教育，发表一系列重要讲话，作出一系列重要指示批示。党的二十大报告强调，要"推进大中小学思想政治教育一体化建设"。2024年1月1日，由上海教育电视台联合中共一大纪念馆精心打造的"奋楫少年志 学习正当时"系列思想政治教育课程正式开播，旨在充分学习宣传学习领会习近平文化思想和习近平总书记考察上海重要讲话精神，贯彻落实全国和上海宣传思想文化工作会议精神，培育和践行社会主义核心价值观，引导广大青少年树立和坚持正确的国家观、历史观、民族观、文化观，厚植爱国主义情怀，努力培养担当民族复兴大任的时代新人。

二、主要做法成效

"奋楫少年志 学习正当时"系列思想政治教育课程共6集，每集30分钟，由来自复旦大学、上海大学、华东师范大学第一附属中学、上海音乐学院实验学校、上海市江宁学校、上海市黄浦区卢湾一中心小学六所学校的师生参与

"时代楷模"吴蓉瑾与党的二十大代表杨宇寄语同学们

华东师范大学第一附属中学师生参观中共一大会址

录制，涵盖小学、初中、高中和大学各学段，充分体现助力大中小学思政课一体化建设的目标。上海教育电视台与中共一大纪念馆携手，针对不同学段学生的身心特点与认知规律来设计课程内容，并与小学的道德与法治课、初中的音乐课和体育课、高中与大学的思政课紧密结合。系列课程采用重要文物进演播室、中共一大纪念馆讲解员现场讲述、师生实地走访、情景演绎等多种形式实施，充分展现了爱国主义教育、思想政治教育、红色文化与学科内容的紧密结合，以达到入脑入心讲好"大思政课"的目的。

习近平总书记曾给复旦大学共产党宣言展示馆"星火"党员志愿服务队回信，勉励他们"心有所信，方能行远""继续讲好关于理想信念的故事"。在第一集《从信仰之源到精神之源：弘扬伟大建党精神》中，"星火"党员志愿服务队指导教师、队员与高中生同上一堂课，引导学生从《共产党宣言》中文全译本首译者陈望道的故事中坚定理想信念。

上海大学作为中国共产党创办的第一所"红色学府"，拥有悠久的红色基因和丰富的红色资源。在系列课程第二集《一块钢板的故事》中，上海大学师生从中共一大纪念馆馆藏的国家一级文物——"五卅运动中上海大学学生刻传单用的钢板"谈起，重温上海大学的精神与基因、爱国奋斗的初心使命。

在系列课程第三集《行走初心之地 勇担时代之责》中，华东师范大学第一附属中学的师生们赴中共一大会址、中共一大纪念馆实地探访，围绕中共一大纪念馆馆藏文物——董必武题词"作始也简 将毕也钜"，开设了一堂高中思政课，追忆革命先烈，助力当代青年学子坚定理想信念。

在系列课程第四集《歌革命之火 赴时代之约》中，上海音乐学院实验学校的师生们围绕中共一大纪念馆馆藏一级文物——贺绿汀《游击队歌》手稿，开设了一堂初中音乐课，通过师生共奏红色旋律，共唱《游击队歌》，使手稿背后的故事深入每一个学子的心中。

《体育之研究》一文是毛泽东同志迄今为止发现最早公开发表的文章，该文于1917年4月发表在《新青年》杂志上。在系列课程第五集《承体育之魂　筑强国之梦》中，上海市江宁学校的师生们结合这篇文章，开设了一堂初中体育课。学生们在排球训练、比赛中，亲身感受"文明其精神，野蛮其体魄"的价值和意义。

多年来，上海市黄浦区卢湾一中心小学在"时代楷模"吴蓉瑾校长的带领和推动下，持续开展"红喇叭"小小讲解员社团活动，走进红色场馆开展不同形式的宣讲。在系列课程第六集《"红喇叭"接力　讲好中国故事》中，师生们通过"红喇叭"小小讲解员选拔活动，创设适应小学阶段学生身心特点的关卡挑战，更好地让红色火种在学生心中生根发芽。

三、经验启示

多年来，上海教育电视台始终牢记媒体使命和社会责任，推出了"奋楫少年志　学习正当时""周末开大课""给00后讲讲新时代""百年青春潮""旗帜·中国青年说"等一系列有影响力的思政课程。特别是"奋楫少年

上海音乐学院实验学校师生现场演奏贺绿汀《游击队歌》

志　学习正当时"系列思想政治教育课程，6集共180分钟的节目，既将中共一大纪念馆的优质红色资源和大中小学课程相结合，又使大中小学思政课一体化建设落到了实处，使不同学段的学生收获了成长，坚定了信念。未来，上海教育电视台将进一步打造更多有影响力的"大思政课"，把培育和践行社会主义核心价值观工作做得更细、更实、更深入人心。

（上海开放大学）

245

"四维联动"构建诚信教育一体化模式

一、基本情况

诚信是社会主义核心价值观的重要内容，也是财经人才培养的灵魂所在。上海立信会计金融学院自 1928 年建校之初，创始人"中国现代会计之父"潘序伦即借《论语》"民无信不立"之意，取校名为"立信"。96 年来，学校的办学思想、教学管理、校园文化等，无不深深打上诚信烙印，在社会上赢得"要会计，找立信"的美誉。进入新时代，学校以"大思政"理念为引领，结合财经院校特点，坚持以"课程为本、平台为媒、研究为要、学科为魂"，四维联动，着力推进大中小学诚信教育一体化。

二、主要做法成效

1. 以课程为"本"，抓实诚信教育主渠道

校领导走进《信用中国》课堂，开展诚信文化专题授课

一是构建"思政课+校本特色课+专业伦理课+课程思政"的诚信教育课程体系。开展诚信文化进思政课堂展示，"诚信文化与思政课融合品牌课程建设"项目获上海市教委专项资助；开设必修课"诚信教育"，公选课"信用中国"入选上

海市重点课程，"诚信领导力"慕课资源被 33 所学校使用；开设"财经伦理""会计职业道德与操守"等 41 门专业伦理课；作为上海高校课程思政首批"整体改革试点校"，将诚信融入全校 2200 余门课程的教学目标设计、教学活动组织，出版《"课程思政"教学案例集》。

二是将诚信教育课程资源引入中小学。"信用中国"团队成员轮流走进上海市澄衷高级中学，讲授"诚信先导课"；学校教师赴上海立信会计金融学院附属学校作"法——契约精神和诚信原则"等专题讲座；精选六门课程，为上海市澄衷高级中学教师开展诚信职业道德等财经素养培训。学校马克思主义学院与中小学思政课教师多次开展集体备课。

2. 以平台为"媒"，打造诚信教育共同体

学校通过搭建两个论坛平台，拓展诚信教育"朋友圈"。

一是新时代高校诚信文化育人论坛。2017 年发起，成员单位来自全国 30 余所财经院校，定期交流诚信教育工作。目前，已在安徽财经大学、山东工商学院等校举办 6 次论坛，立项课题 60 项。

2023 年新时代高校诚信文化育人论坛在立信举行

二是长三角中学生诚信教育论坛。2021 年，学院与同有百年历史和商科教育传统的上海市澄衷高级中学联合主办"诚信立校 文化育人——大中小诚信教育一体化现场展示暨长三角中学生诚信教育论坛"，来自江苏、浙江、上海的 12 所中小学参加，签署诚信教育合作协议。

3. 以研究为"要"，积淀诚信教育新成果

一是立足学科专业研究诚信教育。出版《大学生诚信教育经典案例》等 8 本教辅教材，其中《大学生诚信教育概论》获中国大学出版社图书奖优秀教材奖一等奖。学院教师担任上海市信用研究会会长，每年梳理我国教育领域信用热点。围绕商业信用、信用指数等，学校获多项省部级科研成果。同时，学院还承办了社会主义核心价值观协同创新上海峰会。

立信与长三角 12 所中小学开展
大中小诚信教育一体化合作签约

二是带动中小学组队研究诚信教育。学院指导上海市澄衷中学成立上海首家"中学诚信文化研究中心",开展"中小学一体化诚信教育学习目标与关键内容的研究",入选虹口区教育综合改革 2023 年重点实验项目。上海市澄衷中学开发了"中小学校诚信教育活动设计和实施策略"培训课程,面向虹口区中小学教师开放。学院还与中小学教师合作编写《寻迹诚信:诚信知识知多少》等教育读本。

4. 以学科为"魂",提升诚信教育体验度

一是培育品牌诚信文化活动。学院积极参与中国会计博物馆、诚信文化长廊等建设,推出"诚信案例分析大赛""信用记录关爱日"等活动;培育一批诚信体验项目,包括"诚信考试""诚信伞""无人超市"等。参照银行信贷模式,打造学生自助诚信教育组织——学生发展银行,获评教育部高校思想政治工作精品项目。《以诚促廉 以信塑魂 推动廉洁文化启智润心》入选教育部"第八届高校廉洁教育系列活动"百个案例展示优秀作品。

二是增强诚信文化辐射力。学院组织中小学师生参观校园诚信景观,体验诚信文化项目;设计诚信文化展板在中小学巡展;围绕诚信内核,指导立信附校建"金融文化体验馆";学校"大中小德育一体化建设·诚信文化校园行"项目获上海市教卫党委"高校校园文化特色品牌扶持计划"立项资助。学院积极推进大中小一体化诚信育人实践,获人民网、新华网等多家媒体报道。

三、经验启示

1. 汲取传统文化养分,实现创造性转化和创新性发展

学院将继续传承中华优秀传统文化,深挖近百年的校史资源,寻找大中小学更多的文化"共振点",推动诚信育人协同创新,打造诚信教育"中央厨房"。

2. 立足学科黏合发力，实现价值塑造与服务社会相融相促

学院将进一步发挥学科专业优势和智库平台作用，开展"区块链＋诚信文化建设""绿色金融＋社会信用体系建设"研究与实践，为构建新的诚信秩序以及"一带一路"倡议下参与国际信用建设做强信用研究、诚信文化研究，发出"立信声音"。

3. 探索制度机制创新，实现纵横贯通和常态合作

学院要从顶层设计入手，构建相应的教育培训、考核评价、绩效分配等制度，全方位统筹，全要素保障，护航诚信教育一体化建设常态化推进。

（上海立信会计金融学院）

打造"在上海·骑行中国"品牌
践行社会主义核心价值观

一、基本情况

上海出版印刷高等专科学校出版与传播系依托"在上海·骑行中国"品牌活动，坚持做好社会主义核心价值观的青年化阐述，让主流价值听得懂、能领会、可落实。至今，"在上海·骑行中国"活动已成功举办七届，早期的骑行活动充分挖掘上海红色资源，青年大学生通过骑行打卡红色地标，在红色文化、海派文化中重温历史、回望初心，在不断检身正己中坚定理想信念，后续的骑行活动不断创新，总结品牌活动文化内涵，把理论融入典型事例与生活实践，举办了融合艺术、科技、音乐等元素的红色艺术作品展览。

学校师生在上海滨江骑行，打卡红色标志建筑物

第七届"在上海·骑行中国"活动中，七支骑行青年队伍充分利用自身专业所学，队员们运用自己的创意和智慧将校园中无人问津的废旧自行车进行修复、设计和手绘改造，使校园废旧自行车焕发新生，赋予其深厚的红色内涵和伟大的时代精神。

二、主要做法成效

1. 主要做法

举办第七届"在上海·骑行中国"活动时喜逢学校建校70周年华诞，本届骑行活动从"大思政课"的角度发起一场趣味赛事，组建了以"校史""校庆""出版""传媒""技能""上海""时代青年"为主题的七支骑行青年队伍。七支队伍将遗留在校园中那些车座子没了、脚蹬子掉了、车链子断了的老旧自行车进行改造，拿出修理工具，购买车座和脚蹬子，把车辆外观的灰尘清理完毕后，用水冲洗干净，在生锈链条上喷好除锈剂，更换上新的零件，修复了七辆破损的自行车。设计组的学生利用专业所学绘制结构图、细节图、展示图，涂上颜料、绑上藤蔓、插上鲜花、放上装饰品，使自行车成为生动的"红色作品"。在宣讲展示环节，各团队发言人介绍本组自行车的设计理念，以及各元素背后的校史故事、校庆故事等。

2. 主要成效

其一，品牌活动赋能社会主义核心价值观"破圈""圈粉"。"在上海·骑行中国"活动持续挖掘品牌文化潜力、凝练活动特色、创新活动内容与形式，把培育和践行社会主义核心价值观有机融入大学校园

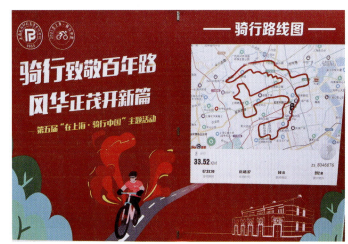

学校师生骑行接力，在地图上绘制完整党徽图案

文化活动和大学生的日常生活中，在有人气、接地气的品牌活动中不断增强社会主义核心价值观的吸引力和凝聚力，提升大学生对社会主义核心价值观的认同感。

其二，以青年学生为主体引领社会主义核心价值观新风潮。"在上海·骑行中国"活动始终以青年学生为主体力量，充分发挥朋辈示范及引领作用，青年宣讲人走上讲台，以身边人教育身边人，以身边事教育身边人，使社会主义核心价

用社会主义核心价值观铸魂育人

值观成为引导大学生心灵的罗盘，营造以朋辈教育带动青年学生群体学习社会主义核心价值观的良好氛围，引导大学生向榜样学习、成为榜样、超越榜样，掀起践行社会主义核心价值观热潮。

其三，推动社会主义核心价值观在校园内落地生根。高校是培育和践行社会主义核心

学校学生参加共享单车摆放、红色电影观影、校园草坪歌舞会等志愿服务活动

价值观的重要阵地和重要平台，加强社会主义核心价值观的培育和引导是高校教育的题中之义。"学为人师，行为世范"，教师对学生人格塑造和健康成长起着重要作用，在"在上海·骑行中国"活动的顶层设计、推进开展、全程指导中，他们对社会主义核心价值观的认知水平和实践能力也获得了一定程度的提升。德才兼备的教师队伍、不断创新的活动品牌、健康的校园文化，都以润物细无声的方式推动了社会主义核心价值观在校园内落地生根。

三、经验启示

七年来，"在上海·骑行中国"品牌活动一体推进"导学、讲学、比学、践学、展学"，围绕社会主义核心价值观铸魂育人，让青年学生站上舞台，以青年视角讲述社会主义核心价值观，借助文化的力量使社会主义核心价值观深入人心，进一步增强贯彻落实习近平总书记考察上海重要讲话精神的政治自觉、思想自觉、行动自觉，积极推进"车轮上"的"大思政课"建设，引导广大学子自觉做好中国故事的发现者、争做讲好中国故事的传播者、立志成为中国故事的主人翁，让青年学生听得进、受触动、有共鸣，在潜移默化、情理交融中理解和认同社会主义核心价值观。

（上海出版印刷高等专科学校）

让雷锋精神在新时代绽放
更加璀璨的光芒

一、基本情况

党的二十大报告指出"用社会主义核心价值观铸魂育人，完善思想政治工作体系，推进大中小学思想政治教育一体化建设"。雷锋是一个时代的楷模，雷锋精神是永恒的，是社会主义核心价值观的生动体现。在纪念毛泽东等老一辈革命家为雷锋同志题词 60 周年之际，习近平总书记对深入开展学雷锋活动作出重要指示，强调"让学雷锋在人民群众特别是青少年中蔚然成风，让学雷锋活动融入日常、化作经常，让雷锋精神在新时代绽放更加璀璨的光芒"，这为推动雷锋精神融入大中小学思想政治教育一体化建设提供了思想指引和根本遵循。长期以来，上海建桥学院用雷锋精神兴校育人，20 年持之以恒学雷锋，践行社会主义核心价值观，始终坚持把弘扬雷锋精神作为铸魂育人的重要举措，将弘扬雷锋精神融入教育教学全过程，融入大中小学思想政治教育一体化建设，着力培养担当民族复兴大任的时代新人。

二、主要做法成效

1. 坚持立德树人，在"育人体系建设"与雷锋精神"有机融合"上下功夫，构筑雷锋精神整体育人新格局

学院秉承"感恩、回报、爱心、责任"的校训，把"培养一大批踏实勤奋、敬业爱岗、乐于奉献、雷锋式的劳动者"作为人才培养目标，以雷锋精神构筑整体育人格局，将雷锋精神融入人才培养全过程。一是用雷锋精神引领校园文化建设。通过树立雷锋铜像、建立上海高校首家雷锋主题纪念馆、成立"新时代雷锋

上海建桥学院为"弘扬雷锋精神"金奖奖章获得者颁奖

精神研究中心"、举办"雷锋精神与高校思政工作研讨会"等活动，设立雷锋文化标识，开发雷锋文创产品，共同营造文化育人氛围。二是把雷锋精神融入主题教育活动。2005年起，学院持续近20年开展学雷锋活动，分阶段设计学生弘扬雷锋精神主题教育活动，已经形成全覆盖、常态化、长效化模式。三是将雷锋精神融入育人评价体系。自2005年起，设立大学生"弘扬雷锋精神奖章"，表彰在志愿服务等方面表现突出的学生，至2023年度，共有11076人次的大学生获金奖、银奖、铜奖；同时，还面向教职工设立相应奖章，共有27人获金奖。二十年来，11000多位获奖者就像红色的种子，把雷锋精神撒播在祖国的大地上。

2. 坚持改革创新，在"思想政治理论课"与雷锋精神"有机融入"上下功夫，构建雷锋精神思政育人新阵地

将雷锋精神融入思想政治教育课程体系，同时充分利用校内红色场馆资源，推动思想政治理论课改革创新，有效提升了思想政治教育的针对性、亲和力和实效性。一是把雷锋精神融入课堂主渠道。推进以教学成果导向为核心的（OBE）课程教学改革，把雷锋精神融入思想政治理论课、综合素养课程、专业课程，构建了"三位一体"的思想政治教育课程平台。二是依托校内红色场馆打造"沉浸式课堂"。学校除设有雷锋馆外，还分别于2019年、2021年建成"国政馆"和"党建育人馆"，使之成为"大中小学思想政治教育一体化"教育基地，成为引导学生

上海建桥学院举行"学习雷锋好榜样"
临港新片区大中小学同上一堂思政课

传承红色基因的"沉浸式"课堂，真正实现红色场馆与思政课教学的深度融合、无缝对接。

3. 坚持协同育人，在"社会大课堂"与雷锋精神"有机结合"上下功夫，搭建雷锋精神实践育人新平台

学院将思想政治理论课堂延伸到"社会大课堂"中，把雷锋精神融入不同学段思政课教学和实践育人环节，把红色场馆作为高校社会主义核心价值观教育的载体和大中小学思想政治教育一体化的平台加以打造，实现资源融通，凝聚育人合力，有力推进大中小学思想政治教育一体化建设。一是大力推进临港新片区大中小学思政课一体化建设。牵头举行多场临港新片区大中小学同上一堂思政课教学活动，激励广大学生在日常生活中学习雷锋好榜样，努力践行社会主义核心价值观。二是推进"大思政课"建设。集聚优质资源，充分发挥校内三大红色场馆作为"大思政课"建设基地的重要作用，开展了卓有成效的"大思政课"建设系列活动，有力有效推动了思政课教学体系的改革创新。

上海建桥学院雷锋志愿讲解队同学为
参访观众讲解雷锋馆

三、经验启示

学校将坚持不懈弘扬雷锋精神，用雷锋精神铸魂育人，深入推进社会主义核心价值观落细落小落实，努力形成大中小学思政协同良好育人氛围和品牌效应，推动区域大中小学思想政治教育一体化建设攀高行远，进一步提升青少年思想政治教育的针对性和有效性，努力培养德智体美劳全面发展的社会主义建设者和接班人，为加快推进教育现代化、建设教育强国、办好人民满意的教育作出新的更大贡献。

（上海建桥学院）

情暖沪滇　爱心助学
积极投身乡村振兴

习近平总书记在2023年"五四"青年节前夕给中国农业大学科技小院的学生回信中，寄语大学生要"志存高远、脚踏实地，把课堂学习和乡村实践紧密结合起来，厚植爱农情怀，练就兴农本领，在乡村振兴的大舞台上建功立业，为加快推进农业农村现代化、全面建设社会主义现代化国家贡献青春力量"。上海济光职业技术学院积极引导大学生通过投身乡村振兴受教育、长才干、做贡献，在这堂社会实践"大思政课"中深入践行社会主义核心价值观，发扬知行合一的实干精神，让社会主义核心价值观在实施乡村振兴战略服务中转化为自身价值追求和远大人生理想。

一、基本情况

为深入学习宣传贯彻党的二十大精神，深刻把握习近平总书记关于乡村振兴的重要论述，引导有情怀、有抱负、有才华的济光青年投身乡村振兴的火热实践，为乡村振兴注入源源不断的动能。上海济光职业技术学院于2021年10月起开展"情暖沪滇·爱心助学"活动，2023年暑假期间，由学院团委组织的暑期社会实践团队深入云南省曲靖市会泽县（原国家级贫困县）开展爱心捐赠、暖心支教、入户慰问及服务乡村社会治理等志愿服务活动，并在当地调研农村发展现状和关爱留守儿童工作情况，为西部地区乡村振兴工作贡献了济光青年的智慧和力量。

二、主要做法成效

1. 传递爱心，践行"助学育人"

为加深上海帮扶云南的浓厚情谊，巩固曲靖市脱贫攻坚成果，2021年10

月，校团委携手共青团曲靖市委开展"情暖沪滇·爱心助学"活动，共同点亮100名云南山区困境儿童的"微心愿"，济光师生根据云南省曲靖市团委提供的"微心愿"清单，进行自行认领，每名认领的师生将总价值不高于120元的"心愿礼物"分批次陆续寄往云南省曲靖市团委。11月25日上午，学院点亮"微心愿"捐赠仪式在云南省曲靖市富源县大河镇圭山小学举行，参加捐赠仪式的领导代表向100名受赠学生分发"微心愿"物品，包括147名爱心师生认领的总价值约为1.6万元的"微心愿"物资和7封不同形式的"祝福信"，曲靖市青少年发展基金会理事长陈建宇代表市青少年发展基金会对学院师生的暖心行动表示感谢。

团队成员与小街小学的师生们合影　　团队成员在雨中为小街村委会进行村容村貌美化

2. 下乡暖童心，贡献青春力量

2023年7月，学院暑期社会实践团队赴云南省曲靖市会泽县迤车镇小街小学举行了"校园爱心集市"捐赠仪式，捐赠了价值1万元的暖心物资，并为小街小学40名学生先后开展了宣讲党的二十大精神、卫生健康知识科普、推广普通话、普法宣传、防溺水宣传教育等一系列精彩纷呈的主题理论宣讲课程。同时，社会实践团队还深入基层一线，秉持"小街所需，团队所能"原则，依托现有资源，选派一位队员担任村委会书记助理，在村里开展宣传科普、特色便民服务、暖心助农、乡村卫生清洁等活动，服务居民群众70余人次，为主动融入"巩固拓展脱贫攻坚成果同乡村振兴有效衔接"工作大局作出应有贡献。团队还以墙绘艺术的形式为乡村振兴赋能，组织队员通过墙绘勾勒美好的幸福生活，进一步美化村容村貌，涵养文明乡风，充分彰显了"沪滇协作，亲如一家"的深厚友谊。

3. 实地看发展，携情温暖人心

2023年暑假期间，社会实践团队在驻村第一书记和学校校长的带领下深入小街村慰问了6户困难家庭，详细了解了他们的家庭状况和孩子的学习生活情

"校园爱心集市"捐赠仪式

况。团队成员走过古朴街巷、新修栈道，参观陈家大院的历史遗迹、村史馆的旧物件，实地感受乡村环境治理、乡村改造升级为乡村和人民生活带来的巨大变化，真正明白了全面推进乡村振兴的重大意义，进一步激发了"请党放心、强国有我"的信心和决心。返校后，团队成员面向广大校内学生、社区群众，结合实地考察和志愿服务举办了 5 场分享活动，累计时长 6 小时，将自己在实践中深刻理解的"基层之治"转化成讲好在会泽县的服务故事，续写沪滇两地浓厚的帮扶情谊。

三、经验启示

学院通过持续开展"情暖沪滇·爱心助学"活动，牵手云南省组织爱心捐赠、暖心支教、入户慰问及服务乡村社会治理等社会实践活动，以服务乡村振兴为工作重点，打造形成思政育人和社会实践育人品牌项目。2023 年 8 月 5 日的《民族画报》刊登《云南会泽：多措并举促进各族青少年交往交流交融》一文，对学院学子赴云南省曲靖市会泽县开展暑期社会实践活动进行报道，发挥了示范辐射作用。

未来，学院将延续上海与云南的深厚情谊，将持续深入开展"情暖沪滇·爱心助学"活动，打造以"乡村振兴有我"为主题的"大思政"课堂，充分发挥大学生专业优势，引导他们利用专业知识和技术技能，积极弘扬社会主义核心价值观，为乡村振兴发展注入源头活水，为西部地区乡村振兴工作贡献上海高校青年的智慧和力量。

（上海济光职业技术学院）

以红色文化数字资源库赋能
"大思政课"建设

一、基本情况

习近平总书记明确提出："'大思政课'我们要善用之。"上海电影艺术职业学院联合相关单位依托"三个文化""四个汲取"，加强对红色资源系统性保护、开发、挖掘、传播和研究，发挥科技赋能作用，为艺术插上科技翅膀，建设大中小学一体化育人公

"大思政课"红色文化数字资源库建设研讨

共平台，输出价值观念、实现联动育人。通过运用数字技术，将红色图文影音、红色档案等与思政课教学有机融合，丰富教学内容、优化呈现手段、提升教学效果；努力结出惠及多方、促进发展的"金果子"，把红色文化数字资源库建设成为推动"大思政课"建设的"金钥匙"。此项活动得到了上海市教委、市民办党工委、行业学会、红色场馆、文化企业和公办院校的大力支持，并初步构建了共建共享合作机制。

二、主要做法成效

成立"'大思政课'红色文化数字资源库建设联盟"是深入贯彻落实"国家

理论与实践结合——大学生讲解员为同学进行讲解

文化数字化战略"、习近平总书记关于"大思政课"的重要指示批示和教育部等十部门印发的《全面推进"大思政课"建设的工作方案》精神的重要举措。

1. 坚持艺术创作和铸魂育人同向同行、深度耦合

成立红色文化研究院，通过挖掘和利用红色文化独特的价值功能，进一步创新红色教育活动方式，助力新时代大学生党性教育，将红色文化融入人才培养方案、融入实践教学，与专业教育进行"点、线、面"的有机融合。师生署名参与《我和我的祖国》《长津湖之水门桥》《流浪地球2》《志愿军》等多部院线大电影制作项目；音乐剧《国之当歌》青春版入选全国大学生艺术展演，党建微电影《红与绿》入选中共中央组织部评比全国十佳作品，绘本研创工作室用"新"讲好中国故事，擦亮了育人底色。

2. 坚持系统性"串并联"和"强连接"，建立优化系统集成数字化资源库

联盟着力加强对红色资源的系统性保护、开发、挖掘、传播和研究，通过对各类红色资源进行统一数字化采集、整合和储存，实现力量、资源的有效流通和精准对接，大力发挥科技赋能作用，为艺术插上科技翅膀，让更多的红色资源"联起来""动起来""智起来""活起来"；切实把数字化红色资源库打造成为连接线上线下、沟通过去现在未来、持续传承红色基因的精神宝库，继而建成开放协同、共建共享、差异存储、运行高效的红色资源数据库。

3. 坚持着眼深化校际合作，拓展科艺融合发展空间

联盟致力于为各院校带来更加精彩的思想政治教育资源，积极推动数字化红色资源库进学校、进教材、进课堂，激发课程持续创新活力，为各院校在"大思政课"领域的建设与发展注入强大动力，使各院校在共建共享中形成美，在沉浸与互动中体验美，在回应时代命题中创造美，在传统与现代的融合中彰显美，努力讲好新时代"大思政课"。

三、经验启示

美美与共，久久为功，要努力发挥学科优势和人才优势，主动作为，把联盟逐步打造成为推动教育和文化艺术事业发展的重要力量。

1. 建好库、育好人，用数字技术赋能思政课教学

联盟以红色场馆为"大课堂"，让课堂"活起来"；以革命历史为"大教材"，让教材"实起来"；以革命英雄人物为大教师，让教育"深起来"；以资源优势为大平台，让教师队伍"强起来"，努力打造思政课教学新模式，切实促进思政课提质增效。

2. 一体化、重联动，靠有效输出增强育人成效

联盟积极建设一支红色文化传播大学生志愿服务队伍，接待前来观摩的中小学生；到周边中小学义务播放红色电影、讲述红色故事、并展传承弘扬红色文化等实践活动，输出价值观念、实现联动育人；把相关制度机制建立好、把大学生组织培训好、把学校及联盟单位的育人资源挖掘利用好，努力推动大中小学一体化育人结出丰硕果实。

以红色场馆为课堂，大学生讲解员为
中小学生讲述红色故事

3. 兴联盟、强共享，以协同合作助力文化建设

联盟着力推进正规化、常态化、长效化建设，建立健全专人组织实施、学科团队支撑、相应的资源保障，充分用好"红色文化研究院"平台，整合学科专业力量，开展有组织科研，用好上海丰富的红色文化资源，推进文艺作品创作研发。

（上海电影艺术职业学院）

着力推进"一引三融"
善用"大思政课"铸魂育人

一、基本情况

上海市西南位育中学是一所创办于 1993 年的民办学校，现由上海市徐汇区教育基金会主办。学校有三个校区，包括国内、国际部，共有 83 个教学班、3500 余名师生。全校师生深刻学习领会习近平总书记重要讲话精神，认真贯彻《关于深化新时代学校思想政治理论课改革创新的若干意见》，着力推动学校思想政治教育改革创新，凸显党组织的核心引领作用，打造系统化的课程体系、一体化的实施机制和专业化的教师队伍，在实践中探索"一引三融"的"大思政课"建设新范式，着力开创学校思想政治教育铸魂育人的新局面。学校坚持以调研为基，坚持问题导向的创建思路，通过精准调研，对存在的问题形成共识，并聚焦问题寻找解决方案，为后续实际践行奠定了科学基础。

二、主要做法成效

1. "一引"：充分发挥党组织的核心引领作用

学校党委领衔各党支部把调查研究贯穿于特色梳理、特色确定、特色实施、特色完善与特色推广全过程。其一，注重顶层设计，已出台 16 项党建工作制度，推动形成全校努力办好思政课、教师认真讲好思政课、学生积极学好思政课的良好氛围。其二，凸显思想引领，以"中和位育"作为学校统揽全局、凝聚人心的文化内核，注重思政工作的核心价值与学校文化的有机融合。其三，落实主体责任。学校书记、校长带头走进课堂，带头推进思政课建设；学校党委书记带头给教师、学生上党课，为丰富思政课教学形式、提升思政课品质提供有力支持。

2."三融"：融师资、融课程、融血脉

一是融师资。对应习近平总书记"四有"好老师的要求，提出上海市西南位育中学思政课教师"六度"指标（思想有高度、学养有厚度、心灵有温度、育德有效度、创新有力度、辐射有广度）。其一，打造"通专并重"的学校思政课教师团队，整合力量系统开展思政课教学改革和思政社会实践类课程的研发。其二，组建"大思政课"联合教研组，政治、历史、地理、艺术等学科教研组长、学科带头人、骨干教师联合参与，丰富"大思政课"内涵。其三，成立家长榜样志愿团，共同帮助学生形成正确的政治意识、良好的道德观念和美好的人生品格。其四，创立高校思政课教师后援团，先后与复旦大学马克思主义学院、华东师范大学马克思主义学院、上海师范大学马克思主义学院对接建立思政课教师研修基地，促进青年思政课教师专业成长。

党团队一体铸魂脉

二是融课程，提升课程内涵。其一，探索"思政课教学改进五步法"，并据此建设"大课堂"。结合思政课教材，融入习近平新时代中国特色社会主义思想主题课程，开展以爱国、爱党、爱家等为主题的红色场馆"行走"活动课程。其二，开展跨学科项目研究与实践。由"大思政课"联合教研组领衔，思政课教师牵头组成跨学科、跨年级的项目组，统整语文、历史、地理、艺术相关学科的知识体系和区域单位的教育资源。其三，打造"大平台"。作为学区主任单位，与副主任单位上海市徐汇区田林第四小学同为上海市"大思政课"建设整体试验区（上海师范大学—徐汇区）试点学校。以学区德育品牌——"德润田林"（2014年成立，已举办九届，2018年荣获"改革开放40周年上海思想政治工作创新成果品牌之卓越品牌"）为标志，联合学区十所学校，促进学区十一所学校大中小学思政课一体化建设。其四，推动"大实践"。由思政课教师担任社团指导教师，探索"模拟人大""模拟政协""模拟法庭"等具有创新性的思政课程实施载体，依托徐汇区人大常委会、徐汇区人民法院、中国人民政治协商会议上海市徐汇区

德润田林培根脉

委员会、核工业研究院、田林街道社区事务受理服务中心等建立思想政治教育实践基地。

三是融血脉，激活红色引擎。学校着力思考红色基因融入学生思想政治教育的有效方式，努力拓展"举红旗、溯红源、播红种、育红苗、显红心、聚红力、走红路"的"中国红"系列思想政治教育的路径（见下表）。

西南位育中学将红色基因融入学生思想政治教育的路径

路 径	内 涵	举 措
举红旗	从理论上阐释红色基因教育的价值、内涵和性质	少先队队校、共青团团校、党章学习小组的一体化课程
溯红源	调查分析学生红色基因的现实情况，追溯红色印记	家谱寻踪，优秀家训、家风故事分享
播红种	探索红色基因教育融入思政教育的基本原则	初中：课外社会实践与探究活动；高中：思想政治理论课
显红心	同心向党话未来，将个人发展与国家发展紧密联系	党委引领下，各类少先队、共青团组织自主设计、自我管理的系列活动
育红苗聚红力走红路	多元融合"分类实施""实践导向"的红色基因教育路径	"访劳模·学榜样"走访劳模；"探院士·力争光"走访院士；"追足迹·激心志"走访新四军

三、经验启示

实践表明，要始终确定党组织成为领导思想政治教育改革和学校各项事业发展的坚强核心。发挥党支部的领导作用，群策群力，共同聚焦学校思想政治教育改革，需进一步思考以下三个问题：一是如何做到守土有责，持续探索思想政治教育途径，打造学校品牌；二是如何做到落实有举措，开展不简化、不简单的教育，凸显学校办学理念；三是如何做到创新有路径，依托特色高中建设，促进学校思政课教学改革创新，打响学校品牌。

与此同时，还需进一步盘活各方资源，邀请专家学者指导团进行系列化、具有针对性的专题指导，加强与高校联动，使教师、学生的思政素养不断提升。此外，还需进一步加强区域辐射，结合定期举办的"大思政课"展示活动，面向家长、学生、社区居民进行宣传，丰富宣传手段，扩大宣传力度，提升宣传效果。

党团队一体铸魂脉

（徐汇区教育工作党委）

开启"大思政课"建设的"普陀模式"

一、基本情况

2005年，首届上海推进"两纲"教育现场会在普陀区召开，历时18年的传承与实践，为普陀区推进"大思政课"建设提供了宝贵经验。2021年全国两会期间，习近平总书记提出"'大思政课'我们要善用之"。普陀区教育局积极回应，学习贯彻落实习近平总书记关于"大思政课"的重要指示批示精神，进一步聚焦"大思政课"建设关键要素，积极探索在"适合教育"理念下用社会主义核心价值观铸魂育人，高质量推进"大思政课"建设的工作机制、实施路径和推进策略，努力形成一条"大思政课"建设改革实践的"普陀之路"，用党的创新理论接续滋养一代人的成长。

二、主要做法成效

区教育工作党委领导在教育强国战略咨询会交流发言

1. 建立开放融合的工作制度

一是加强党对思政课建设的全面领导。建立与实施普陀区教育工作领导小组联席会议制度，打破各部门"各自为政、条块分割"状态。通过普陀区委、区政府联合印发《普

266

陀区深化新时代中小学思想政治理论课改革创新行动的实施方案》，区教育局制定《关于推进中小学思政课一体化建设的实施方案》等，为统筹推进"大思政课"建设、构建协同育人工作格局提供"战略图"和"路线图"。

二是全面融入市级平台，高位推动。2022年，普陀区委与华东师范大学联合申报成为上海"大思政课"建设整体试验区，通过建立"华普"党建联建机制，以及"高校＋普教"紧密型学科发展联盟，在思政课课程建设、集体教研、教师专业成长、红色文化资源挖掘运用等方面优化资源配置，实现共享共建。

2. 办好学校思政课，把牢"大思政课"灵魂主线

一是用好思政课教学主阵地。上好家常课，确保思政课教师人人有思想政治教育示范课；推广研究课，突破重点难点；打造精品课，着力在各学段每年推出30节（小学10节、中学20节）区级精品课，在全区范围共享优质思想政治教育课

思政课精品课全区展示

程资源。2023年，普陀区教育局发布《普陀区"党的二十大精神进中小学思政课"工作方案》，通过与华东师范大学马克思主义学院共同开展"大学习大备课""大宣讲大实践""大比武大展示"三个阶段活动，推动党的二十大精神入脑入心。

二是研发"红色基因"课程群。区域形成《习近平新时代中国特色社会主义思想学生读本》教学优质微课，在全区范围内共享。共建区级"红色基因"课程群，即小学阶段研发"走进院士""少先队组织教育"等课程，初中阶段开展"赤色沪西""红色工运地"主题研学，高中阶段推讲"青少年马协""模拟政协"等理论社团建设，彰显课程体系的连贯性和序列化。

三是加强"大师资"队伍建设。联合华东师范大学马克思主义学院实施全链条、模块化培训，高校选派思政课骨干教师到高中开展"柔性挂职"，依托普陀区"763人才攀升计划"，选送优秀教师到高校进行学历提升和担任导师等。

3. 开门办思政课，联通"思政小课堂"与"社会大课堂"

其一，在空间上，以"普陀大学堂"优选实践体验的教育资源。用好普陀区

21处红色工运地、普陀"一江一河"改造成效及城区社会治理等鲜活素材，将"思政小课堂"与"普陀大学堂"相结合，形成八大系列130个思政课实景课堂，统筹设计各学段社会实践教育目标和内容，促进不同学段有机衔接、有效贯通，丰富育人资源，拓展育人空间，把思政课讲深讲透讲活。

其二，在内容上，每年围绕一个主题开展德育综合实践活动，引导学生在真实的社会环境中真学、真做、真懂、真信。近两年，普陀区教育局相继开展"从一大走向二十大""信仰的力量"主题活动，通过"学、讲、行、做"四个环节，组织全区中小学生通过理论学习、讲座论坛、文艺演出、书画摄影、研学体验等方式积极参与学习贯彻党的二十大精神各类活动。

其三，在形式上，创新开展"田园＋思政"劳动教育。探索"田园＋思政"劳动教育新模式，开展幼小初高四个学段"同上一堂田园思政课"实景教学，发布《田园思政学堂活动课程手册》，真正助力学生培养劳动品质、提升劳动素养。

三、经验启示

1. 实施一体化组织管理决策

普陀区建立由区委主导、区教育工作党委牵头、高校和普教相互协作的大中小学思想政治教育联盟，坚持机制创新与方法创新、课程共建与师资共培相结合，形成各部门、各领域、各单位在推动思政课一体化建设工作上的高度协同。

田园思政学堂

2. 优势互补，放大区校合作"华普"效益

普陀区教育局进一步发挥主体作用，高品质构建"高校＋普教"发展共同体。进一步发挥党建引领作用，组建"大团队"、凝聚"大智慧"、搭建"大平台"、形成"大合力"，在潜移默化、润物无声中形成启智润心的育人整体氛围。

下一步，普陀区将在初步形成的"大思政课"建设"普陀模式"的基础上，不断深化上海"大思政课"建设整体试验区探索，为实现各学段思政课教学目标设计、课程设置、教材编写、教师培养等各环节的一体化形成"一揽子"方案。同时，加大力度统整各类优质资源服务思政课教学实践，建设实践课程资源平台，推动"大思政课"建设高品质协同发展。

（普陀区教育工作党委）

构建"一体两翼三联动"思想政治
工作体系

一、基本情况

2024 年 3 月 22 日，凝聚奋进力量　坚定文化自信——虹口区大中小学思政课一体化展示交流活动，思政课教师对话交流专业成长心路历程

2019 年 3 月，习近平总书记在学校思想政治理论课教师座谈会上强调："要把统筹推进大中小学思政课一体化建设作为一项重要工程，推动思政课建设内涵式发展。"上海市虹口区通过多年实践探索，形成独有的"一体两翼三联动"工作模式，推进区域思想政治教育一体化建设，引导青少年扣好人生第一粒扣子。

"一体"，即在虹口区教育工作党委领导下，通过区域顶层设计，构建"大思政"工作格局，创新机制，提升思政课的政治高度、强化思政课的组织力。"两翼"，其中"一翼"是指发挥课堂主渠道育人功能，另"一翼"是建强教师主力军。"三联动"，指通过管理联动、学段联动和内外联动实现"两翼"目标。

二、主要做法成效

1. 主要做法

一是采取"链条式"管理策略。以《虹口区"大思政课"建设重点试验区实施方案》为引领，研究、规划与落实思政课一体化建设总目标，形成区域层面环环相扣的思政课建设主体责任有效机制。

二是明确"集团化"实施路径。虹口区组建了涵盖全区近三分之一中小学的三大一体化建设基地校集团，对接华东师范大学、同济大学等高校马克思主义学院，开展循序渐进、螺旋上升的主题式研究，形成"高校＋基地校集团"的工作路径，举办以"弘扬爱国主义硬核力量""新征程是充满光荣和梦想的远征"等为主题的十余次市级展示活动。

2023年3月30日，在"新征程是充满光荣和梦想的远征"——虹口区大中小学思政课一体化展示交流活动暨虹口区教育局与同济大学马克思主义学院签约仪式、上海市首批"大思政课"建设重点试验区（虹口区）启动仪式上的现场教学展示

三是构建"共同体"研训模式。区域立足课堂主阵地，聚焦学生核心素养培育，梳理与提炼了一批"虹课优学"学科育人优秀案例，形成130余门思政类校本课程。同时，依托"文化三地"资源构建"十线十景"，开发覆盖幼儿园、小学、初中、高中各学段的"行走"的"虹课程"，引导学生在城市"行走"中理解虹口历史文化，关注时代发展，涵养家国情怀。

四是建设"大思政"育人格局。发挥虹口"文化三地"优势，依托120个学生社会实践基地开展"浸润式"馆校合作；与中华艺术宫（上海美术馆）、上海科技馆、上海话剧艺术中心、中国福利会儿童艺术剧院签约共建，搭建校内外一体化育人"大平台"；推进"红色戏剧进校园"品牌建设，排演学生戏剧《恰同学少年》等开学第一课，打造具有"虹口特色"的思政实践舞台。

2. 工作成效

一是区域推进模式和实践产生辐射效应。虹口区是上海市首批"大思政课"建设重点试验区之一，是教育部"大中小学思政课一体化共同体建设"（上海市）成员单位之一。区域构建的"'一体两翼三联动'模式"被中央教育工作领导小组秘书组收录于《教育工作情况》专报。

二是区域实践研究获得多项荣誉。"红色戏剧进校园的区域一体化路径实践研究""基于区域大思政课格局的行走'虹课程'开发与实践研究"获上海市教育

2023秋季虹口区"开学第一课"
原创音乐剧《恰同学少年》

科学研究规划课题立项；虹口区青少年活动中心形成的《中华优秀传统文化的课程化实践探索——国家"指南针计划"区域实施》荣获国家级教学成果二等奖。上海南湖职业技术学院获批上海课程思政教学研究示范中心。

三是名师涌现并发挥"头雁"引领作用。陈明青入选教育部大中小学思政课一体化建设指导委员会专家组成员，入选首届教育部基础教育思想政治（道德与法治）教学指导专委会专家组成员，获评"全国最美教师""全国劳动模范""全国模范教师"等。王莉韵获评"上海学校思想政治理论课'教学名师'"、上海大中小学思政课一体化建设指导委员会专家指导组副组长。

四是"集团化"长效工作机制逐步形成。三大基地校集团通过定期组织教学展示、实行集团内教师柔性流动等举措，逐步形成"一校一策""一集团一方案""一集团一展示""一集团一智囊"的常态化工作机制，被多家媒体多次关注报道，发挥了强大的示范辐射作用。

三、经验启示

下一阶段，虹口区教育局将持续推进"一体两翼三联动"工作模式，打造更加有可见度、有影响力的"大思政课"实践样本。

一是优化教师成长平台。实施"全员提升计划"，构建大中小学思政课教师一体化成长发展体系。依托特级思政名师工作室、合作高校马克思主义学院等平台，开展"一体化"培训和研修。二是深化育人共同体建设。用足用好场馆资源，持续推进三个大中小学思政课一体化基地校集团（涵盖14所学校）建设。进一步打造"六个一百"系列活动。三是提升品牌辐射力。深化"大思政课"支持体系构建，加强项目引领，全力孵化若干区域特色文化引领下的思政工作品牌，拓展成果辐射力度、深度和广度。

（虹口区教育工作党委）

用社会主义核心价值观铸魂育人

构筑校园精神文明高地

厚植文明根基　构筑育人高地

一、基本情况

上海海洋大学以习近平新时代中国特色社会主义思想为指导，学习贯彻习近平文化思想，牢牢把握社会主义办学方向，坚守为党育人、为国育才的初心使命，以班子优化、道德教化、师风感化、精神内化、景观靓化、阵地固化为着力点，对标"六好"标准，不断完善体制机制，坚持以社会主义核心价值观为引领，统筹推动文明培育、文明实践、文明创建，推进学校精神文明建设向纵深发展。厚植文明根基，打造育人高地，持续推动创建工作与立德树人、"双　流"建设任务深度融合，为学校高质量发展提供坚强思想保证、强大精神力量和丰润道德滋养。

二、主要做法成效

1. 强化思想引领，培育时代新人

扎实开展主题教育，以专题研讨、辅导报告等形式常态化推进中心组学习。举办四季上海市教卫工作党委系统"伟大工程"系列示范党课，3门课程入选上海高校党史学习教育与课程相融合示范课程，在

第四季"伟大工程"系列示范党课

市属高校率先开设"习近平新时代中国特色社会主义思想概论"课程。扎稳师德师风"第一标准",加强精神引领、榜样引路。组建师生宣讲团开展百余场宣讲活动,形成精品微课10个。

2. 坚持党的领导,落实主体责任

班子建设,扎实有力。建立书记碰头会制度,抓实班子务虚会,增强党务例会、行政例会专题研讨功能,领导班子年度考核民主测评满意度达90%以上。压实意识形态责任制,加强论坛、讲坛、讲座、报告会、研讨会审批管理和新媒体账号台账管理。构建舆情处置三级队伍,推动监测常态化。

3. 强化教育教学,提升办学质量

思想政治理论课教学实验课"超级大课堂"

推进思政课程与课程思政同向同行,将爱国主义教育、新时代公民道德教育融入日常教育教学。规范内部治理,优化教学科研,获得国家级教学成果奖二等奖、上海市级教学成果奖特等奖。植物与动物学、农业科学、环境/生态学、工程学、生物学与生物化学5个学科进入ESI全球前1%行列。

4. 丰富校园文化,打造特色品牌

深挖百十年办学精神内涵,出版《江南海洋文化》《金鱼之美》等十余部校本育人教材,开展学生版大师剧《朱元鼎》巡演。发挥文博育人优势,推出"双一流"建设成果展、水域生态治理成果展,新建远洋渔业科技馆,更新建设校史馆。用好传媒载体,充分发挥校园网、官方微博、微信等平台的育人功能,用师生喜闻乐见的方式积极培育弘扬社会主义核心价值观。

5. 优化校园环境,强化环境育人

围绕校训照壁、校史景观大道等景观资源打造特色"品读海大"活动,近三年累计覆盖33000余名学生,近2000名教职员工、学生参与讲解,增强学生对校史文化的认同感和归属感,激发爱校荣校价值情怀。依托"一站式"社区建设,在学生宿舍区域打造党建活动室、创新创业工作间、心理咨询室等10余个

大师剧《朱元鼎》学生版展演

文化活动空间，聚力寝室阵地管理，持续提升育人活力。

6. 强化责任担当，校社共建共享

建强上海海洋大学新时代文明实践与志愿服务研究中心，服务全国新时代文明实践。成立"美丽滴水湖"生态文明志愿实践社团，为上海生态之城建设贡献力量。2021年以来，学校参与起草中宣部文件《新时代健全志愿服务体系的意见》，发起成立高校志愿服务研究联盟，中国青年志愿者协会青年志愿服务研究基地落户学校。

三、经验启示

未来，学校继续坚持将培育和践行社会主义核心价值观贯穿于文明校园创建全过程、融入日常，抓根本、固载体、创特色、强品牌，坚持贯穿结合融入、落细落小落实，注重潜移默化，讲求日积月累，推动社会主义核心价值观教育常态化，更好发挥社会主义核心价值观对高等教育、精神文明建设、文明校园创建的引领作用。

（上海海洋大学）

传承志愿精神 点亮生命之光

一、基本情况

上海第二工业大学造血干细胞志愿服务队自2003年成立以来，以"点燃生命的希望"为主题，每年通过邀请专业人士举办知识讲座、发放宣传册、深入寝室宣讲、成功捐献造血干细胞的学生现身说法等形式，帮助青年大学生了解中华造血干细胞捐献者资料库和通过捐献造血干细胞拯救白血病患者生命的相关案例。二十年来，学校已有6000余名师生在中国造血干细胞捐献者资料库登记，有16位采样者成功配型并捐献，创沪上高校造血干细胞捐献之最。

二、主要做法成效

1. 志愿服务精细化，完善服务体系

2003年12月27日，学校成立"接力生命，与有荣焉"造血干细胞志愿服务队。服务队内组织架构清晰、任务分配明确，服务队内设宣传组、活动策划组、采样志愿服务组三个小组，重点抓好每年志愿者的招募、培训、造血干细胞知识宣传、造血干细胞采样服务以及优秀志愿者表彰等环节，建立了志愿服务长效运行机制。每年5月和9月，面向全校青年学生

造血干细胞采样现场

开展造血干细胞知识宣讲活动，每年9月组织校内造血干细胞采样活动，每年12月对优秀志愿者进行表彰。

志愿者向同学们介绍造血干细胞知识

2. 志愿服务持久化，拓展服务范围

服务队自成立以来，已经连续服务20年。20年来，对造血干细胞捐献知识的普及宣传范围越来越广，宣传形式不断创新。一是每年定期面向校内青年学子普及造血干细胞捐献的科学知识；二是常态化进社区、学校、企业、机关单位等开展宣传招募服务，动员更多爱心人士成为捐献造血干细胞志愿者；三是常态化开展捐献者采集陪伴、捐献后随访关怀等服务，帮助捐献者消除思想顾虑，坚定捐髓救人信念。

3. 志愿服务品牌化，彰显服务效果

通过广泛深入开展捐献造血干细胞志愿服务，越来越多的师生成为造血干细胞捐赠的宣传员和实践者。在壮大志愿者队伍的同时，学校不断创新造血干细胞捐赠的宣传方式，积极培养青年大学生的奉献精神和责任意识，通过丰富的宣传活动、鲜活的捐献事迹营造大爱互助、救人无价的校园文化氛围，捐献救人的精神得到不断传承与发扬。截至目前，学校共有16位采样者成功配型并捐献，多次配对成功并实现最终捐献并不是偶然事件，学生克服各方面阻力成功捐出自己的造血干细胞去拯救一条生命、挽救一个家庭。如杨晨筠同学通过"家庭会议"进行投票表决

志愿者演绎《点燃生命的希望》情景剧

获得父母的同意后进行捐献；吴承根同学"串通"父亲一起瞒着母亲进行捐献；沈寅、陈海华两名同学在毕业前夕坚持先完成造血干细胞的捐献再考虑求职；曾泉峰同学通过医学证据努力说服了心存疑虑的父母，争取到了在最佳时机进行捐献，成为上海向台湾地区捐赠造血干细胞的第一人；戴振伟同学九次无偿献血的事迹是他捐献造血干细胞前夕由上海市红十字会通过系统查询才被大家知道。

三、经验启示

上海第二工业大学造血干细胞志愿服务队坚持以"传承志愿精神，点亮生命之光"为宗旨，师生团队将继续用行动实践诠释好奉献与担当精神，用大爱精神为校园文化注入新的内涵，持续推动志愿服务队伍建设，开展有热度、有深度、有温度的宣传教育。近年来，服务队得到了各界的肯定，先后获得"上海市科教党委系统社会主义精神文明十佳好人好事""上海市青年造血干细胞捐献志愿者活动先进集体""上海市青年五四奖章""上海市造血干细胞捐献特别支持奖""上海市造血干细胞捐献先进集体""上海市高校红十字志愿服务优秀项目""造血干细胞捐献志愿者征募工作先进集体奖"等多项荣誉称号。未来，服务队将创新宣传教育形式，在已创编的广受关注与喜爱的"红细胞"舞蹈基础上，探索多样化的宣传教育手段，同时将继续深入挖掘志愿服务的内涵，将劳模精神与志愿精神相互融合，使入库数量再创新高。

（上海第二工业大学）

打造特色品牌　建设绿色生态校园

一、基本情况

上海海关学院一直将建设绿色生态校园作为贯彻生态文明理念的重要实践举措，努力构建管理长效机制。学校绿色生态校园的建设不局限于基础设施、后勤配套等硬件措施的完善，还将绿色课程建设、主题宣传、绿色文化培育、志愿服务等纳入建设体系，努力打造特色品牌，让师生参与其中，通过各项措施的落实，将绿色生态理念渗透到工作的各个层面，在各项工作中融入绿色元素，推进学校的可持续发展。学校先后获得"上海市绿色学校"、上海市"节水型学校"、上海市垃圾分类"百佳学校"等荣誉称号。建设绿色生态校园，探索出一条既符合校园保障工作实际，又能将绿化生态理念贯穿各方面的长效机制，将绿色可持续发展理念嵌入学校人才培养中，对学校的发展影响深远、意义重大。

二、主要做法成效

在生态文明视角下，将绿色学校创建与碳达峰碳中和规划有机融汇，与学校常规工作紧密结合，细化创建方案，丰富创建内容，统筹开展绿色校园创建行动。

1. 建设绿色环保校园

依托于中央高校改善基本办学条件专项，学校每年设置"教学教辅设施改造""智慧校园建设"等修缮类专项计划，一体化推进建筑和设施设备绿色化，年均投入 500 万元。在校园内推广并使用节能照明灯具，LED 或太阳能路灯装置，实现节能用电的目的；对用水型器具进行改造，节水器具普及率为 100%，完成

生态校园

智慧水务监管平台建设，完备用水实时监控、重点设备管理、水耗报警等功能，及时发现管网中的跑漏情况；引入两网融合设备等"互联网＋垃圾分类"合作形式，提高资源回收效率。

学校绿化面积约171734.34平方米，对此学校除定期维护外，还合理设置绿化用地，在墙面等建筑空间开展各类立体绿化项目。

2. 融入劳动教育课程

设置实践教育课程，制定《上海海关学院新时代劳动教育的实施方案》，明确人才培养方案中劳动教育内容，形成不少于32学时的理论与实践相结合的劳动教育必修课程。以大学生就业指导、职业生涯规划和创新创业课程为依托，开展不少于8学时的理论课教学，培养学生树立正确的劳动观、就业观和择业观。把思想理论教育和价值引领贯穿于海关人才培养体系，让海关学院学子和培训学员通过实践和教育认识到生态校园环境的重要价值和目标，践行生态文明理念，分类开展劳动实践活动。

3. 定期开展主题宣传教育

结合节能宣传周、垃圾分类、光盘行动等主题，每年积极开展节约能源、节约用水、可回收物再利用等相关主题活动，让师生积极参与到活动中，让师生由生态校园的参与者逐步转变为建设者，推进绿色理念践行的校园示范。组织师生参与节

主题宣传

约能源、环境保护等绿色实践活动，开展包括节约用水知识竞赛及征文活动、能耗"金点子"及宣传画征集、节约粮食践行者等形式多样的主题活动。系列活动深受师生好评，宣传活动材料也获得海关总署录用。下一步将主题活动成果转换为生态校园建设指标，对建设过程中的短板，落实补缺，扩大活动成效。

4. 师生积极参与社团志愿活动

成立上海海关学院绿钥匙环保协会，全面践行"奉献、友爱、互助、进步"的志愿服务精神，进一步加强校园环境及生态文明建设，定期开展如"弘扬雷锋精神，传递志愿温暖""垃圾分类，你我先行"等有影响力的主题实践活动，此外，学校各支部积极开展主题党日活动，提高政治站位，引领师生参与绿色生态校园建设。

绿色践行

5. 开展课题专题研究

学校为致力于课题研究的老师创造良好的学术环境，每年组织课题申报。虽然数量不多，但是形成了一定的研究氛围，开展了"生态文明理念下高校绿色生态校园长效机制研究"等高质量课题，部分研究成果公开发表。随着机制建设的推进，学校将通过课题研究和专题讨论等形式，加快对于具有实践意义的理论研究，落实政策执行，推动生态校园建设。

三、经验启示

多年来，在校园节能环保管理的要求下，学校结合生态文明创建要求，深入践行绿色发展理念，构建了绿色生态校园体系，逐步形成了生态文明教育工作长效机制。下一步，学校将健全绿色生态校园规划、绿色评价体系、绿色理念课程教育等，进一步打造特色品牌，同时与学校常规工作紧密结合，细化创建方案，丰富创建内容，统筹开展绿色校园创建行动，在理念、政策、教育、行为等多方面共同发力，真正以绿色发展引领教育风尚。

（上海海关学院）

弘扬劳模精神工匠精神　建设文明校园

一、基本情况

2020 年 11 月，习近平总书记在全国劳动模范和先进工作者表彰大会上指出："劳模精神、劳动精神、工匠精神是以爱国主义为核心的民族精神和以改革创新为核心的时代精神的生动体现，是鼓舞全党全国各族人民风雨无阻、勇敢前进的强大精神动力。"无论是执着专注、精益求精、一丝不苟、追求卓越的工匠精神，还是爱岗敬业、争创一流、艰苦奋斗、勇于创新、淡泊名利、甘于奉献的劳模精神，都是社会主义精神文明建设的重要内容，是社会主义核心价值观在个体层面的充分体现，更是职业院校人才培养的价值目标。上海城建职业学院始终坚持职业教育类型定位，结合服务城市建设办学特色，强化统筹谋划，围绕"建设人民城市、培育一流工匠"办学主题和弘扬传承劳模精神和工匠精神的文化主线，将文明创建和人才培养有机融合，营造技能成才、技能报国的浓厚氛围。

二、主要做法成效

1. 锚定类型定位，以新时代劳模精神与工匠精神引领校园新风尚

近年来，学校围绕"红色基因、工匠精神、创新理念、全球视野"四个维度构建新时代劳模工匠文化育人体系，并将其写入学校章程、编入发展规划、融入人才培养过程；凝练凸显劳模工匠文化符号的校训、校徽、校歌等标识系统；成立新时代劳模精神工匠精神教育中心和研究所，推进行业文化和优秀企业文化进校园、劳模工匠和技术能手进课堂等举措制度化常态化；建设"一栏一廊一馆"校园劳模文化工匠文化景观；广泛学习宣传党和国家关于职业教育、技能人

才培养的方针政策，组织系列劳模精神和工匠精神研讨活动；开设劳模精神工匠精神教育卓越人才实验班，成立劳模精神工匠精神宣讲团，每年选树"工匠之星"，讲好劳模故事，弘扬劳模精神，宣传技能成才榜样，强化师生以培养新时代大国工匠为己任的自信自觉。

央视《焦点访谈》栏目报道学校
打造现代职教队伍的先进做法

2. 强化育人使命，以新时代劳模精神和工匠精神引领教师树匠心

学校找准劳模工匠精神与师德要求的契合点，把学习践行劳模工匠精神作为教师思想政治工作重要切入点。将学习弘扬劳模工匠精神纳入常态化学习教育；利

2021年11月，"抓斗大王"包起帆
来校作劳模精神专题讲座

用劳模育人实践基地、大师工作室等推进劳模与教师联手开展教育教学；建立"十育人"先进典型、师德标兵等教师荣誉体系，营造争做育人楷模的浓郁氛围；优化教师下企业践习、双师教师培养等制度，推动企业兼职教师进教师创新团队，建立符合劳模工匠文化育人教学工作特点的师德评价标准，把劳模工匠精神师德要求和育人要求制度化，激励教师不断提升育德意识和育人能力。经验做法入选上海高校教师思想政治和师德师风建设典型工作案例。

3. 坚持德技并修，以新时代劳模精神和工匠精神引领学生成大才

学校以培育大国工匠为目标，准确把握培育和践行社会主义核心价值观的要求，切实将劳模工匠文化有机融入三个课堂、融入三全育人工作体系。聘请100多位劳模特聘教授、劳模德育导师，建有24个劳模育人实践基地、16个技能大师工作室，推进各领域劳模工匠广泛参与专业建设、课程建设、思想政治教育、

我校学生获 2023 年全国职业院校技能大赛
"装配式建筑智能建造"赛项一等奖

实习实践、就业创业指导等人才培养环节；把精神融入要求作为课程思政建设、第二课堂实践等评价重点内容；承办和组织参加各级各类技能竞赛，建立以竞赛促交流、以竞赛拓视野、以竞赛提水平、以竞赛磨意志的良好机制，不仅注重学生技能技术训练，更突出价值追求和职业精神培养，促进学生德技并修、全面成长成才。育人举措经验荣获市教学成果奖一等奖。

三、经验启示

学校在文明校园创建过程中始终立足职业院校类型定位和办学特色，强化顶层设计、一体推进，强化统筹协同、共建共治，把创建活动融入学校教育教学各领域、管理服务各环节，凝聚创建合力、提升创建成效。

学校始终坚持文化是立校之魂、兴校之本，不断强化新时代劳模精神和工匠精神在文明校园创建中的引领作用，使其熏陶影响师生的思想观念、价值取向和思维方式，浸润渗透在教师教学科研、管理服务与学生的学习生活、社会实践等的态度和情感之中，成为师生积极进取、成长发展的不竭动力，让社会主义核心价值观真正落细落小落实，让文明校园创建真正惠及师生、助推发展。

（上海城建职业学院）

用社会主义核心价值观滋养师生心田

一、基本情况

上海交通职业技术学院以习近平新时代中国特色社会主义思想为指引，聚焦立德树人之本、紧扣改革发展之要、强化产教融合之道、厚植交通强国之情，将培育和践行社会主义核心价值观与教师成长、学生培养有机结合，使之化作全体师生的精神动力，引导他们争做有理想、敢担当、能吃苦、肯奋斗的时代新人。

二、主要做法成效

1. 重师德、强师风，校园"正气"沁人心

学校坚持师德师风第一标准，加强新形势下学校师德师风长效机制建设，形成了宣传、教育、考核、激励、监督、惩处"六位一体"的师德建设机制。常态化开展师德集中学习教育和教职工每月政治理论学习，有效提高了教师深入学理论、学思想的积极性和主动性。利用"交院教师"平台广泛开展先进典型选树宣传工作，弘扬高尚师德，发挥优秀教师队伍的示范引领作用。不断深化仪式教育，发挥入职宣誓、签署师德承诺书等仪式教育功能，筑牢教师"为党育人、为国育才"的使命担当。

师德集中学习教育

2. 正作风、倡清廉，校园"清风"润人心

为推动全面从严治党向纵深发展，学校积极营造廉洁育人环境，扎实推进校园廉洁文化建设。编制《廉政风险防控手册》，明确工作流程和防范举措，切实增强自觉防范风险、主动遏制风险、着力降低风险、有效化解风险的能力，为

校内廉政风险防控提供标准化工作指南。坚持每月定期发布"党风廉政宣传提示"，并与全体教职工签订《廉政承诺书》，引导广大教职员工遵规守纪、崇廉尚洁。持续开展"七个一"廉洁文化系列活动，形成了"干部廉洁从政、教师廉洁育人、学生廉洁养成"的全覆盖式廉洁文化教育体系。

校园廉洁文化建设系列活动

3. 乐奉献、创品牌，"志愿"服务暖人心

学校大力弘扬志愿服务精神，结合行业特色和专业特长，与多家企业签订共建协议，定期开展与专业契合的志愿服务，着力形成"校企共建"志愿服务特色。推动志愿服务融入属地，开展理论宣讲、低碳环保、垃圾分类、乡村振兴等志愿服务，不断开拓"校地共建"志愿服务路径。组织师生参与北外滩论坛、进博会、CBA 联赛、斯诺克大师赛、网球大师杯赛等国际赛会的志愿服务工作，精心打造"校社共建"志愿服务品牌。学校志愿服务工作受到"青春上海"《新民晚报》"上海交通"等十余家媒体报道，取得了良好的社会效应。

4. 勇担当、善作为，"爱国"情怀入人心

学校将征兵、军训、课堂、实践、"双拥"、育人等工作统筹起来，形成"六位一体"的综合联动工作模式，通过理论课堂、参观实践、榜样带动等方式全方位开展国防教育，激发学生爱国之情、报国之志。总结形成"一二三四五"征兵工作法，征兵工作成效显著，入伍学生人数连年增长，连续十年被评为上海市"征兵工作先进单位"。组建退役军人国旗护卫队、退役军人校卫队、退役军人应急服务队等校级实践平台，充分发挥退役士兵"退役不褪色"的榜样带动作用。坚持开展"故乡指导员"关怀随访工作，引导新兵顺利渡过军旅生涯"磨合期"，

进博会志愿服务

帮助他们迈好军旅生涯的第一步。

三、经验启示

1. 加强人才队伍建设是基础

学校有针对性地对干部队伍和师资队伍开展专业能力培训，提升人才队伍的专业水平和综合素养，让人才队伍在承担教育改革任务的过程中尽展其才。学校积极落实立德树人根本任务，坚守"为党育人、为国育才"初心使命，充分发挥思想政治教育专业人才队伍的作用，进一步探索思想政治育人的手段和方法，培育和践行社会主义核心价值观。

2. 发挥铸魂育人实效是关键

学校坚持用社会主义核心价值观铸魂育人，将育人工作与党的建设、思想政治教育、意识形态教育、教育科研工作、校园文化建设、社会服务等方面联系起来，融入日常、抓在经常，持续推进、不断深化。善于学习借鉴、探索创新，通过教育引导、志愿服务、实践养成、文化熏陶等师生喜闻乐见的形式组织开展各项育人工作，形成工作新亮点、新特色，凝练形成具有学校特点的立德树人新成果。

（上海交通职业技术学院）

弘扬优良校风　打造高职标杆院校

一、基本情况

上海科学技术职业学院不断强化校风是立校之本、治学之本、成才之本的核心定位，将校风建设作为精神文明建设的重要组成部分。学校不断创新校风建设工作机制和方式方法，将2023—2024学年确定为"校风建设年"，开展建设优良校风、学风、工作作风等一系列富有特色的活动，着力构建并完善弘扬优良学风的长效机制，逐步凝聚形成富有特色的精神传统和文化氛围。

学校聚焦围绕"培养什么人、怎样培养人、为谁培养人"这一核心问题，以

上海科学技术职业学院"中国共产党人精神谱系大学生宣讲朗诵团成立"暨宣讲朗诵活动

狠抓教风、学风和工作作风为主线，发扬"立德博雅、尚实知行"校训精神，提升教师教学水平和学生学习质量，提高党政人员管理水平、后勤服务人员的服务质量和工作效率，持续培育校园优良学风教风和工作作风，使学校风气得到明显改善。

二、主要做法成效

1. 精准把握开展校风建设的精神要义

校风是一所学校的灵魂，是精神文明建设的重要组成部分，是教育教学质

量提升和学校发展的核心因素。学校制定了《2023—2024学年"校风建设年"活动方案》，明确了目标、任务、措施和时间，为校风建设提供了清晰的指导纲领，着力把"校风建设年"建设谋划好、组织好、落实好。

2023年10月16日，上海科学技术职业学院举行"校风建设年"活动动员大会

2. 提升校风建设效能，注重师生思想引领

学校开展"躬耕教坛，强国有我"师德师风教育活动，召开教师思想政治教育与师德师风建设工作推进会，压实二级学院师德师风建设主体责任，系统深入推进教师思想政治教育工作。学校继续开展教职工培训、签订师德承诺书、组织师德师风专题宣讲、开设"师说"栏目等环节，不断提升教师教书育人的能力，培育教师严谨务实的学术规范意识。

成立上海科学技术职业学院中国共产党人精神谱系与立德树人研究中心，旨在研究传承中国共产党人在长期奋斗中铸就的伟大精神，深入探讨中国共产党人精神谱系的理论内涵及其时代价值，深化学校立德树人工作，推进思政课程与课程思政同向同行。

3. 注重制度创新，将制度优势转化为建设保障

为进一步完善校风建设长效机制，落实立德树人根本任务，创建和谐、文明的校园环境，学校在"校风建设年"活动方案的指导下开展多样活动，确保"校风建设年"系列活动责任到人、措施到位、真抓实干、取得实效，着力构建有利于推动党委决策部署落实落地的工作机制，打通"最后一公里"，形成与"上海市高水平高职学校和高职专业群"建设高校相适应的优良校风。

4. 走群众路线，将校风建设落到实处

落实"领导干部推门听课"活动，对工作中存在的问题，坚持走好群众路线、体察实情、解剖麻雀，凝聚群众力量，破解发展难题。开展"访师生问需求"活动，围绕学校年度目标任务、师生群众关心、关注的热点难点问题开展谈心谈话活动。谈心谈话搭建了学校与师生沟通的桥梁，提高了学校师生队伍的整体向心力。

上海科学技术职业学院学生自发成立巡查队，开展"三无"文明课堂建设自查自纠活动

坚持群众路线的根本方法，要紧紧依靠人民办实事。学校牢牢把握为群众办实事这个根本落脚点，开展后勤服务专项提升整改活动，开通校园110、校园报修电话、校园12345线上平台，并挂牌"校园110接警中心""校园报修中心"，开展物业维修限时办结制，制订出台《后勤服务质量考核办法》，提升师生的获得感、幸福感和满意度。

三、经验启示

1. 组织领导保障有力

学校成立校风建设工作领导小组，并形成《2023—2024学年"校风建设年"活动10月—11月计划安排》等，校风建设工作领导小组奔着问题去、盯着问题改，在全校营造担当作为、真抓实干的良好风尚，推动学校实现更高质量发展。

2. 落实作风建设有力有序

开展首问责任制专项治理、劳动纪律专项检查等，以"严"的主基调贯穿始终，以更高标准更高要求做好"校风建设年"系列活动，把活动开展过程中积累的作风建设经验传承好、延续好，营造新时代科院风格的优秀作风。

3. 以学促干见行见效

"校风建设年"活动开展以来，学校充分挖掘育人元素，有效整合育人力量，深入细致、稳步扎实地开展"文明校园 见面有礼"活动、"无烟学校"建设活动等，逐步营造了全员育人、全程育人、全方位育人的良好氛围。师生积极参与比赛，在2023年全国职业院校技能大赛中获得一等奖2项、二等奖2项、三等奖2项，位居上海职教国赛金牌数和金银奖牌总数双双排名第一。

（上海科学技术职业学院）

用社会主义**核心**价值观**铸魂育人**

学生沉浸式体验 深悟社会主义核心价值观"法治"内涵

一、基本情况

上海电子信息职业技术学院马克思主义学院以学生"沉浸式体验"教学法，开展社会主义核心价值观"法治"内容教育，取得了良好的教育效果。"沉浸式体验"教学法，促使学生全情投入法治场景中，亲身参与到法治氛围中，体验法治相关活动，沉浸法治环境，感悟法治精神。

二、主要做法成效

1. 国家宪法日以学生设计宣传海报作为沉浸式教学内容

"思想道德与法治"授课教师以国家"宪法日"宣传海报为主题，布置学生社会实践作业。学生在学习宪法相关知识的前提下，制作宪法日宣传海报。教师遴选优秀作品，在宪法日展览。

2. 开展"宪法我来讲"校园行学生活动

"宪法我来讲"校园行学生活动由马克思主义学院思想道德与法治教研部、"文思木铎社"、"日新思辨社"联合承办。学生在国家宪法日，

学生参加消费者权益保护法宣传

293

宣讲宪法知识和宪法条文，并讲解经典法律案例。学生深刻体会到法律就在我们身边，应该及时学习法律知识，并在必要的时候拿起法律武器保障自身合法权益。活动现场举行宪法知识答题活动，答题满分的学生可以获得学生现场绘制的创意帆布袋。沉浸式活动加深了学生对习近平法治思想的理解，弘扬了宪法精神，增强了大学生的法治观念，为文明校园的创建营造了学法、懂法、守法的良好氛围。

三、经验启示

1. 走入法庭，直观体验法律威严

学院教师带领学生赴奉贤区人民法院奉城法庭开展法治实践教学，开展沉浸式法治氛围体验。

进入庭审现场旁听，体验法庭氛围。法院选择"交通肇事纠纷"作为教学案例。庭审体验，一方面帮助学生了解相关的诉讼程序，深刻体会以人民为中心的审判理念在司法实践中的运用；另一方面也强调了遵守交通法规的重要性，增强学生尊法守法的法治意识。

参观奉城法庭现场，感受法院文化。法官带领学生参观奉城法庭的文化长廊，并向学生详细介绍人民法庭的来源、奉贤区法院人民法庭的发展历程、奉贤区派出法庭的管辖权和主要审判功能。通过回顾历史，促使学生了解奉城法庭以交通审判和家事审判为特色的审判，理解法院审判体现的"司法温度""司法长度"为核心的特色审判理念。

民警进课堂做法律宣传

法官与学生互动，提升法治观念。法官带领学生在"明法致和"雕塑前，讲解司法为民、公正司法的审判价值，并与学生开展热烈的互动，解答学生对旁听案件中的疑问，如独任审判和合议审判的区别、诉讼代理人

的功能和职责，并详细解答了学生对当下热门现象的法律问题，如 ChatGPT 所涉及的关于知识产权、隐私权益保护等法律问题。

学生通过沉浸式体验，了解法院文化和中国特色社会主义法治道路的具体实践举措，对社会主义核心价值观中"法治"一词的内容有了生动直观的感受。

学生宣讲现场

2. 以模拟法庭为舞台，践行法治思维

学生组织模拟法庭，以大学生身边案例为内容，邀请奉贤区法院法官点评，其他学生做观众，以案说法，以案例育人，以学生沉浸式体验感悟法治精神，锻造了法治思维。

模拟法庭基于真实案例改编，案件主要内容是原告在试用 3 天后，即被告知因不胜任工作岗位被辞退，原告不服，诉至法院。劳动者权利如何得到保障？法院的裁判依据又是什么？庭审中，围绕争议焦点，法官通过精准的法言法语、完整的诉讼程序，再现了庭审举证质证、法庭调查、法庭辩论等各个环节，使学生对诉讼程序和相关的裁判规则有了初步了解。最后，法官的点评使学生进一步清晰了庭审过程中两个关键问题的解析，为即将迈入职场的学生做了专业的指导。

以学生沉浸式体验，培养学生认同社会主义核心价值观"法治"思想，帮助大学生树立正向的、积极的法治意识和法治思维，学生受益良多，取得了良好的教学效果。

（上海电子信息职业技术学院）

以校庆活动聚人心、提士气
推动校园文化品牌创建

上海海事职业技术学院积极发挥社会主义核心价值观在教育、科研、服务社会等方面的引领作用，为了更好地弘扬社会主义核心价值观，学校充分利用 65 周年校庆这一重要契机，大力推动校园文化品牌建设，努力将校庆活动与社会主义核心价值观深度融合，使校庆活动成为弘扬社会主义核心价值观的有力载体。

一、基本情况

学校高度重视社会主义核心价值观建设工作，将其作为学校发展的核心任务之一。65 周年校庆是学校发展历程中的一个重要节点，我们深入挖掘校庆的内涵，将学校的历史、文化、成果等方面的优势充分展现出来。通过举办丰富多彩的活动，让广大师生和校友充分感受学校文化，激发他们对学校的热爱和自豪之情，同时传承优秀的校园文化，使之成为推动学校发展的不竭动力。

党建共建签约仪式

学校成立了校庆筹备领导专班，统筹校庆活动的策划、组织和实施。在筹备过程中，充分考虑培育和践行社会主义核心价值观的要求，确保各项活动都能体现社会主义核心价值观的精神实质。举办65周年校庆集中展示了集团教育资源改革进入"再出发、再深化、再完善"的新发展阶段，以及学校坚守初心使命、凝练学校精神、凝聚师生合力、砥砺发展奋进的深厚底蕴和良好面貌。全校上下不懈努力，举办了一次各界反响较好、师生校友获得感较强的成功校庆。新形势新任务新发展，赋能助力集团人才队伍建设、履行社会职责，我们重任在肩、使命光荣。

二、主要做法成效

1. 强化宣传引导，提升校园文化品牌影响力

学校高度重视校庆期间的宣传工作，充分利用公众号、官网、橱窗等多种载体，全面展示校庆活动的成果和亮点。同时，学校还积极与社会媒体合作，扩大校庆活动的影响力。在校庆庆典大会上各界嘉宾齐聚一堂，共同观看庆祝建校65周年宣传片《航程》，回顾学校65年发展历程和丰硕成果。

2. 强化品牌意识，拓宽校庆文化宣传影响力

校庆是展示学校特色和文化魅力的最佳时机，我们充分发挥自身优势，突出特色，举办校庆庆典。学校邀请了中远海运集团、上海市教卫工作党委、上海海事局等单位领导出席大会，中国船东协会、陆家嘴街道、学院共建单位及集团相关职能部门、各公司共30余家单位有关负责同志共同参会，中远海运人才发展院总部及学院领导、学院退休领导、历届校友代表及师生代表等共260余人参加了大会。展示学校风采的同时，加强校友联络，邀请校友返校参与校庆活动，促进校友与学校的互动，共同见证学校的发展成果，充分利用校内外资源，提升学校在社会上的知名度和认可度。

老教师代表宣讲航海精神

校企合作"海英轮"培训

3. 深化校企合作，实现互利共赢

校庆不仅是学校的盛事，也是加强与社会各界交流合作的平台。我们充分利用校庆契机，深化校企合作，推动产学研一体化发展。通过与企业联合举办活动、开展产学研项目合作等，展示学校在科研、教学等方面的实力，为企业输送高素质人才，实现校企双方的互利共赢。庆祝大会上，学校与15家单位分别签订党建共建、立德树人、产教融合合作协议。

4. 深化内涵建设，推动社会主义核心价值观内化为师生行为准则

以校庆为契机，学校着力深化社会主义核心价值观的内涵建设，通过开展教育培训、实践活动等方式，引导师生将社会主义核心价值观内化为自身的行为准则。如组织师生参观红色教育基地，重温党的历史，厚植师生爱国情怀，进一步坚定信仰和信念。

65周年校庆是全体师生校友共同的节日，也是对学校治校能力和管理水平的一次全方位检验。在校庆活动中，师生充分展示了自身的才艺和风采，精神面貌得到显著提升。学校通过举办一系列校庆活动，成功打造了有特色的校园文化品牌，有力培育与践行了社会主义核心价值观，为弘扬社会主义核心价值观提供了有力载体。

三、经验启示

在校庆筹备过程中，我们不断总结经验，为学校未来发展提供有益借鉴。以校庆为新起点，进一步发挥校园文化品牌的引领作用，推动学校在"双一流"建设中取得更加辉煌的成果。对于下一阶段工作，要明确以下内容：

一是强化组织领导。要深入推进社会主义核心价值观建设，必须有强有力的组织领导，确保各项工作落到实处。二是注重活动策划。举办各类活动时，要注重活动策划，将社会主义核心价值观与活动内容紧密结合，提升活动效果。三是做好活动复盘。扎扎实实做好基础工作，分门别类做好各类资料整理、存档，阶段性提炼重点和亮点，总结经验和不足，为今后工作的顺利开展打好基础。四是融入教育教学。将社会主义核心价值观融入教育教学过程，培养新时代人才，为社会发展贡献力量。五是发挥示范作用。作为教育机构，学校应发挥示范带头作用，积极推动社会主义核心价值观在各领域的落实。

在今后的工作中，学校将继续深化改革，提高教育教学质量，强化科研创新，发挥示范作用，用社会主义核心价值观培育时代新人。同时，学校还将充分利用各类活动载体，深入推进社会主义核心价值观落细落小落实，为构建和谐社会、实现中华民族伟大复兴的中国梦贡献力量。

（上海海事职业技术学院）

劳动润心　实践育人

一、基本情况

值此青绿，共树未来

为帮助学生树立正确的劳动观念，培育学生的劳动精神，让学生具有必备的劳动能力且养成良好的劳动习惯和品质，上海民航职业技术学院充分利用各项资源丰富和拓展劳动教育实施途径，于 2023 年 9 月至 12 月初在浦东校区教学区、生活区开展系列劳动教育活动，广大师生积极参与其中。该活动旨在帮助学生掌握基本劳动技能，以劳树德、以劳增智、以劳健体、以劳益美，使学生形成良好的劳动习惯、劳动品质，促进学生全面发展。

二、主要做法成效

学院劳动教育工作以课堂教学改革为突破口，以实践育人为基本途径，通过劳动教育课程、校园文化活动、劳动教育基地建设三类形式开展教育活动。

1. 劳动教育课程建设

以课堂教学改革为突破口，弘扬民航"三个敬畏"思想。强化马克思主义劳动观教育，围绕学生就业创业，在劳动教育课程设计方面，帮助学生设计和开发符合民航业需要的劳动教育课程。结合学科专业开展生产劳动和服务性劳动，培育学生创造性劳动能力和诚实守信的合法劳动意识，使学生学会敬畏生命、敬畏职责、敬畏规章。综合运用不同的劳动教育教学模式，进一步提升学生劳动综合素养。

2. 校园文化活动

开展校园文化活动，帮助学生掌握基本劳动技能，传播社会主义核心价值观，发扬传统文化。

一是节能减排系列活动。师生共同倡导大家在校园生活中节约用水、用电，减少塑料袋的使用，推广垃圾分类和循环利用。促进资源共享和循环利用，培养学生的环保意识和社会责任感。

二是传统文化劳动活动。开展"冬至阳生春又来"包水饺、勤俭节约之"光盘行动"、制作手工书签等活动，将劳动育人与传统文化相结合，传承传统手工艺技能，弘扬传统文化，体现了和谐、友善的社会主义核心价值观。

3. 劳动实践基地活动

创立劳动实践基地并举办系列劳动活动弘扬"当代民航精神"，提升学生综合素养。

一是通讯员基地活动。安全是民航业的生命线。开展安全方面的通讯员基地活动，使学生进一步认识安全教育的重要性。组织学生学习安全知识，例如急救知识、防火知识等，使学生树立安全意识，为今后的民航工作保驾护航。

二是小园丁基地活动。民航飞行的起飞和降落地点的地形、气候和机场设施等地面条件，对航班的安全和效率有着重要影响。学院组织学生对各二级学院花坛内杂草进行人工清理，捡拾绿化带内的垃圾、修剪教学区绿篱、拔除杂草等，使学生学习与掌握劳动知识、提高劳动实践能力。

三是环境卫生基地活动。随着人们环保意识的增强，民航业也在逐渐采取措施减少对环境

垃圾分类、共建绿色家园

冬至包水饺，其乐融融

的影响，如落实节能减排、噪音控制等方面的环保要求。开展垃圾分类活动、植物养护活动，使学生认识到保护环境的重要性并身体力行。

四是志愿者基地活动。未来民航人才需要有甘于奉献的精神。鼓励学生自愿参与校园服务和公益活动，组织公益募捐，开展教学设备维护、绿色校园服务等，使学生学会承担社会责任，为未来的个人发展和社会进步作出贡献。

五是宿舍管理基地活动。与学院准军事化管理的内务卫生、晚点名制度等要求相结合，以培养合格的准民航人为目标，组织楼长（学生骨干）每晚点名查寝2—3次，进一步加强学生宿舍的安全和卫生工作，引导学生增强自律意识。

三、经验启示

习近平总书记曾指出："劳动是人类的本质活动，劳动光荣、创造伟大是对人类文明进步规律的重要诠释。"开展新时代校园劳动教育活动，有助于弘扬当代民航精神，使学生养成良好的生活习惯，树立自立自强意识，营造文明有序的学校环境。

下一阶段，学校将继续通过不同形式实施劳动教育，切实将培养劳动观念和劳动精神贯穿立德树人全过程，使学生体悟劳动带来的幸福感，树立劳动创造幸福的价值观，展示当代青年新风采，书写新时代劳动者的新荣光。

（上海民航职业技术学院）

唤醒文化基因　书写时代精神
——"翰墨书香"主题系列活动

一、基本情况

上海市徐汇区汇师小学始建于 1870 年，至今已有 154 年的悠久历史。一个半世纪的风雨春秋，一个半世纪的奋斗不息，汇师小学一直传承着"严谨治学，各科并重，中西交融"的办学传统，蓬勃发展，现有文定、徐虹、中城三个校区，教学班 65 个，学生 2800 余名，在编在岗教师 182 名，专业教室 40 余间。温馨和谐的校园氛围、特色鲜明的校园景观、底蕴丰厚的文化内涵，为学生身心健康发展、自主学习提供了理想的条件。

学校一直坚持以社会主义核心价值观引领学校精神文明建设，致力于打造特色品牌，连续多次被评为上海市文明单位、上海市文明校园，在市、区级层面产生了积极影响和示范作用。创建中，学校不断加强思想道德建设、领导班子建设、教师队伍建设、校园文化建设，主动拓宽育人空间、活动阵地，营造了丰富多彩的校园生活，成为弘扬时代先锋的一面旗帜。

二、主要做法成效

文化建设是文明校园的基石。作为"绿色校园""平安校园""风尚校园"，学校不断加强价值引领，深化协同育人，积极推进习近平新时代中国特色社会主义思想进校园、进课堂、进头脑。采取党史书目自主学、党课书记带头上、特色课程进校园、社会实践共参与等方式，相继推出"巾帼黎明寻访社""航天梦想北斗社""汇师小学楷模馆""新民周刊导读课""地方志班进校园""烛光微笑到今天"等一系列校社联动的特色主题项目，与学校历史文化、社会力量深度融合，全力打造汇师"大思政课"体系，不断推动与社会"大课堂"资源的合作共建。同时，聚力打造"资源阵地"，让升旗仪式、中小队活动、校园电视台、社会志愿服务等成为育人阵地，将社会主义核心价值观落细、落小、落实，为培养堪当民族复兴重任的时代新人孜孜践行。

为深入学习贯彻党的二十大精神，加强师生政治思想引领，弘扬中华优秀传统文化，学校还将书画艺术与师生素质实践相结合，策划并开展了"翰墨书香"主题系列活动，让师生在学思践悟中传承中华优秀传统文化，坚定理想信念，增进文化自信。

1. 楷模进校园，书法掀热潮

"小小书法家"翰墨送温暖

为将党的二十大精神和习近平总书记的金句熔铸笔端，倾心诠释对党、对国家的热爱与感恩，学校邀请了上海市书法家协会青少年委员会委员、徐汇区道德模范徐宏斌老师来到校园，以"书法里的家国情怀"为主题，结合党的二十大报告，给师生们讲述了书法与中华文化的渊源，让大家感受到汉字世界的魅力，激发爱国情怀。

结合元旦、春节的节庆教育，学校组织全体师生共同开展了"翰墨书香喜庆二十大，汇师师生金句书春联"主题实践活动，评选出了诸多优秀书法作品，并将这些作品布置在教室里、走廊上、陈列馆中，使校园充满了书香、墨香、文化之香。

2. 工艺传经典，"扇"心颂师恩

学校通过"书金句"，发掘了一批书法爱好者，成立了师生书法志愿者小分队，聘请徐宏斌老师为校园志愿团队的导师。在庆祝第 39 个教师节

一片"扇"心颂师恩

的活动中，书法志愿者在扇面上写下"师恩如山""润物细无声""春风化雨""默默奉献""桃李芬芳"等话语。一片"扇"心颂师恩的活动，既是对教师节的庆祝，又培养了学生对传统文化的热爱和自信，弘扬了中华优秀传统文化。

3. 志愿为社区，传递正能量

在"翰墨书香"主题系列活动的深入推进中，学校的书法志愿者们走出校园，加入徐汇区秋海堂书法小志愿服务队，积极参与"15分钟幸福生活圈"创建。他们到土山湾社区食堂，书写餐牌、文明用语；亮相"5·20"徐汇区集体颁证现

志愿行动送祝福

场，为活动营造浓厚的文化氛围；为环卫工人书写春联、送"福"字……将爱心、善心传递到更多人心中。

三、经验启示

浇花浇根，育人育心。在坚持德育与智育并重、文化与文明并举的文明校园构建中，学校凭借着优良的校风、优美的环境、优质的教学和优秀的成绩赢得了大众的口碑。"翰墨书香"主题系列活动荣获徐汇区未成年人寒假工作优秀案例，在上海志愿者公众号平台报道，成为学校育德、育人的一张新名片。

心有所信，方能行远。在今后的发展中，学校将继续汲取本次主题系列活动的成功经验，聘导师、联师生、重协同、展内涵，以社会主义核心价值观为引导，以文化人，营造更加积极的校园氛围，进一步弘扬时代精神。

（徐汇区教育工作党委）

生活连"宪" 知行遵"法"

一、基本情况

　　法治是文明进步的体现，是对现代国家的基本要求，日常教学中贯彻法治教育是德育工作的一个重要任务。2023年12月4日是我国第十个国家宪法日，为深入学习宣传贯彻党的二十大精神和习近平法治思想，大力弘扬宪法精神，加强社会主义法治文化建设，进一步增强全体师生的法治观念，上海市回民中学组织开展了"宪法宣传周"系列活动。活动以培养身心健、学养厚、品行和的现代公民为目标，聚焦宪法与公民日常生活的密切联系，通过仪式教育、导师共谈、伙伴共绘等师生共参与的方式，全面普及宪法内容和意义，提振公正、法治意识，以社会主义核心价值观引领精神文明建设。

二、做法成效

1. 仪式教育，师生齐诵宪法内容

师生齐诵宪法内容

　　学校历来重视仪式教育，特别挑"宪法宣传周"的第一天，在升旗仪式中以师生欢谈的方式，深入浅出地阐释宪法意义。在解读宪法知识、齐诵宪法晨读材料等活动中，全体师生进一步统一思想，充分理解了宪法的重大意义。"我宣

导师共谈，宪法保障生活

誓，忠于中华人民共和国宪法，维护宪法权威，履行法定职责，忠于祖国，忠于人民……"这一庄严的师生共宣誓仪式，更让学生充分体会到宪法不可侵犯的神圣地位。

学生书写感悟

2. 导师共谈，宪法保障日常生活

以全员导师制德育模式守护学生健康成长，是学校德育活动的创新探索。在"宪法宣传周"活动中，导师们以"宪法离我们很近"为主题，开展师生共谈活动。通过活动，学生清晰了解到从出生到老去、从入学到工作、从创业到退休，在人生的每一个重要时刻，宪法都在默默保护和陪伴着我们。活动后，学生纷纷写下自己的感悟和郑重承诺。

3. 伙伴共绘，宪法在心中的颜色

学生尝试用画笔画出心中宪法的颜色，是德育办联合艺术组开展的特色美育活动。通过教师引导、学生创意想象，说出"宪法是红色的，是国旗、国歌、国

徽的颜色，更是万家灯火的映色"，"宪法是绿色的，是青山、绿水、田野的颜色，更是美丽中国的原色"，"宪法是金色的，那是大地、麦穗、太阳的颜色，更是中华儿女的肤色"等构思。当学生拿起画笔，绘出心中宪法的颜色时，宪法在日常生活中的巨大作用被感性地表达出来。

三、经验启示

学校开展"宪法宣传周"活动，充分遵行"知—情—意—行"的道德教育规律，敦厚化育，润物无声，培育回中学子成长为尊法学法守法用法的现代公民。未来，学校将继续以社会主义核心价值观引领精神文明建设，以"铸牢中华民族共同体意识"教育为主线，围绕"六个相互"（相互了解、相互尊重、相互包容、相互欣赏、相互学习、相互帮助）开展丰富多彩的活动，培养学生成为"友善合作、乐学敦行"的新时代青年，呈现时代新风新貌。

（静安区教育党工委）

"小镇议事厅"：让"民主"
在学生心中发芽

一、基本情况

　　"民主"是我国社会主义核心价值观中国家层面的价值目标之一，为正确且有效地引导少年儿童践行民主价值观，上海市黄浦区蓬莱路第二小学通过创意搭建学生民主平台——"小镇议事厅"，让民主教育无痕渗透于学生的生活实际，收获了显著成效。"蓬莱小镇"是

2023 年 11 月 10 日，老西门街道
"蓬莱小镇"人大代表联络站揭牌

学校的品牌课程，它把学校看作是"小社会"，在校园内我们努力为学生打造"当家作主"的情境，实现学生民主协商、自理自治。每年少代会中一项重要议程就是"蓬莱小镇"工作委员会换届选举，学生在全过程参与中通过海选报名、公开竞选、民主投票等环节真切地感受民主。

二、主要做法成效

　　2023 年 11 月，随着少代会暨第十届"蓬莱小镇"工作委员会换届选举顺利落幕，在新一届委员会倡议下，"小镇议事厅"——一个由小镇民集体民主讨论协商决策的平台成立了。11 月 10 日，"蓬莱小镇"人大代表联络站揭牌仪式暨

"小镇议事厅"项目活动在学校举行。议事厅围绕"什么是民主"展开讨论，通过现场表演和即兴采访等环节让师生理解了"民主在校园"和"民主在社区"，接着聚焦"民主在家庭"，以"如果我们的双休日都被爸爸妈妈排满了，我们该怎么办"为议题展开讨论。小镇民代表首先提出了相关的"现象与问题"，继而针对"如何解决问题"进行头脑风暴，集体民主商议解决问题的对策，最后现场的人大代表、教师代表、家长代表针对小镇民代表提出的问题发表了意见，提出各方可以给予支持的策略和路径。

"小镇议事厅"项目让学生实现通过实践体验，以及对话身边人大代表，以儿童视角理解校园里的"全过程人民民主"，让民主在学生心中生根发芽。具体成效有以下三方面：

1. 推动民主协商进程，践行"全过程"人民民主

"小镇议事厅"作为一个由小镇民集体民主讨论协商决策小镇大事小事的平台，每次活动，学生可以就一个议题展开交流讨论，提出与议题相关的现象问题，集体建言献策。民主提出议题、民主交流现象、民主讨论决策……学生"全过程"体验、感知、践行"人民民主"。

2. 健全民主管理机制，促进"小镇民"自我教育

2024年4月2日，上海市友好城市建设发展研究中心现场观摩"小镇议事厅"活动

"小镇议事厅"项目进一步拓展了学生参与学校民主管理的渠道，有效发挥了少先队的自我管理、自我教育、自我建设、自我服务作用。无论是学校生活，还是家庭生活甚至是社区生活，只要有想法与建议，学生都可以通过"小镇议事厅"平台民主讨论、集体商议决策，通过学生群体自己的力量维护自己的权益，充分体会民主的意义与价值。

3. 促进家社协同育人，实现"小社会"民主自治

家庭和社会也是"小镇议事厅"平台不可或缺的力量。比如，在议事活动中，学生代表提出的借助学校家委会力量进行"周末时间合理安排"的教育宣传

得到现场家长代表的鼎力支持。与此同时，通过在校园建立人大代表联络站，学生可以将大家讨论的话题、建议反馈给人大代表叔叔阿姨们，进一步争取社会力量的支持，深入促进"家校社协同育人"和谐教育生态局面的形成，呈现出"小社会"在家社支持下的民主自治新面貌。

2024 年 4 月 7 日，区人大代表在
"小镇议事厅"倾听孩子们的声音

三、经验启示

　　"小镇议事厅"活动以儿童视角理解校园里的"全过程人民民主"，让学生通过实践体验，在围绕议题畅所欲言的过程中发现问题、阐述观点、民主决策，理解社会主义核心价值观国家层面的"民主"这一价值目标在校园落地实施的全过程。通过议事厅活动走近并与身边人大代表对话，将大家关心的话题、建议反馈给人大代表，进一步争取社会力量的支持，以此形成"家校社协同育人"和谐教育生态，让民主在学生心中生根发芽生长，助力广大学生群体健康成长。

　　下一阶段，学校将继续深入开展"小镇议事厅"活动，丰富议题内容，扩大议题范畴，关注议题商议后的落实结果，充分发挥"小镇议事厅"的作用。

（黄浦区教育党工委）

传承非遗文化　建设和美乡村

一、基本情况

上海市奉贤区柘林镇有着得天独厚的地域文化资源，如良渚文化、滚灯文化、手狮文化、海塘文化等，其中国家级、市级、区级"非遗"文化项目达八项，柘林镇因此连续多次获评"中国民间文化艺术之乡"。上海市奉贤区柘林镇成人中等文化技术学校从"乡村美育"和"乡村文化振兴"的视角出发，打造"柘林非遗"社区美育体验基地，进一步发掘柘林地域非遗文化资源，开发社区美育特色课程，为社区群众提供以"非遗文化"为根、"精神品质"为魂的美育体验平台，传承追求美好生活的进取精神，使中华优秀传统文化"活"在当下。

多年来，学校坚持以"柘林特点、文化特色"为突破口，通过地域优秀传统文化的传承和发扬，推进社区文化建设，营造浓厚的市民终身学习氛围，以文化振兴带动乡村振兴，彰显新时代价值。

"非遗在社区"文化展示活动

二、主要做法成效

1. 厚植传统文化，开发美育课程

一是开发"柘林非遗"系列美育课程。整合利用非遗项目和社会组织的资源，成立"柘林非遗文化工作室"，校地

联动，研育共融，合作开发滚灯系列课程（大滚灯、中滚灯、小滚灯、滚灯操、滚灯故事、滚灯制作等）、手狮系列课程（大手狮、小手狮、手狮作品制作等）视频和读本。

二是开发建设云视微网课程系列。依托"柘林非遗"美育课程设计、制作美育微课，如"双滚灯舞""单滚灯操""单人手狮舞""双人手狮舞"等，设立线上教学平台，推送十多门 200 多节微课，并制成 U 盘，配送到全镇 87 个宅基课堂，方便市民随时学习体验。

2. 多元活动载体，实践带动传承

一是以培训带动社区美育项目实施。先后承办区级、镇级"第三套滚灯操"千人展示活动；组织柘林镇 27 个村居的骨干志愿者集中开展第四套滚灯操（女子双灯操）培训，以及"柘林镇非遗文化在社区"线上线下成果展示活动；开展"柘林非遗"各类美育文创活动，如"滚灯制作""手狮烙铁画"等。

二是建立多个市民体验点。与多方主体签订资源共建共享协议，联合胡桥居委、柘林居委、海韵居委、目华居委、胡桥学校等设立"非遗滚灯"市民体验点，联合胡桥居委、新寺村、如意居委、新寺学校设立"非遗手狮"市民体验点，联合胡桥居委设立"蚌壳舞"市民体验点、联合兴园村设立"田山歌"市民体验点，联合南胜村、柘林学校设立"海塘文化"市民体验点等，扩大优质社会教育资源供给，丰富社区教育公益服务。

市民参观非遗馆

3. 坚定非遗文化自信助振兴

学校的"柘林滚灯""柘林手狮"课程入选区特色课程，"社区滚灯操"获评上海市社区教育品牌课程。"致力于滚灯文化传承和创新"项目获 2020 年上海市优秀实验项目成果奖，"地域优秀传统文化传承发展"项目获评 2021 年上海市社区教育品牌项目，学校获评 2017—2022 上海市"社区教育实验"优秀组织单位称号并受邀参加"上海市社区教育助力乡村治理"线下论坛，2023 年柘林镇再获"中国民间文化艺术之乡"称号。

非遗滚灯手作

对"柘林非遗"的传承和保护过程中，形成了热烈欢快、轻松活泼、强身健体、易学好演的大众舞蹈。这些舞蹈具有很高的认可度和参与度，能满足当地群众的精神、文化、个性发展等需求，成为镇域等节庆文化活动的保留节目。"柘林非遗"已成为构建和谐社会、建设社会主义新农村的重要载体之一，成为区域内颇有影响的文化品牌。

"柘林非遗"给予人们的不光是娱乐、健身体验，最重要的是传达了人们自强不息的精神。项目课程增强了村民的健康意识，体现了人们对文化生活的追求，营造了小区文明和谐氛围，引导更多市民"发现美、享受美、参与美"，为奉贤"美育工程"助力，为美丽乡村，和谐社会建设助力。

三、经验启示

美育传承非遗文化。从新时代美育的目标来架构乡村美育基地建设，发掘地域非遗文化所承载的民族精神、思想、智慧，探索富有成效的美育建设工作机制，打造特色化、系列化学习活动，让非遗技艺得以保留，让文化得以传承。

美育承载美好生活。完善常态化的线上线下相结合的美育课程培训和体验活动，从学的意义上发展和提升居民的审美素养，多元的活动实践感知和体味生活情趣，增强了居民的参与感和荣誉感，同时改善社区环境，推动社区治理。

美育弘扬核心价值。通过实施传统文化课程，将优秀的文化元素融入主题，培根铸魂，以美育人，以美化人，追求美育的核心价值：使人性完善、使社会和谐、使世界幸福。传承中华优秀传统文化，以行动激发生命价值，弘扬社会主义核心价值观。

（奉贤区教育工作党委）

314

以课程思政建设为抓手
深入推进"三全育人"

一、基本情况

为落实立德树人根本任务，加强课程思政建设，上海兴伟学院认真执行教育部关于全面加强课程思政建设的政策要求，贯彻党的教育方针，坚持以习近平新时代中国特色社会主义思想为指导，紧密结合学校博雅教育实际，积极推进社会主义核心价值观融入教育教学和人才培养，以及各项管理活动，注重体制机制、平台载体、方式手段创新，以课程思政建设为抓手，进一步推进"三全育人"工作，提升人才培养质量，努力培养德智体美劳全面发展的社会主义建设者和接班人。

二、主要做法成效

1. 加强体制机制建设，提高全员对课程思政的思想认识

学校坚持把课程思政建设作为全面落实立德树人根本任务、提升立德树人成效的根本性举措，加强课程思政建设的顶层设计，形成学校党总支统一全面领导、教务处牵头总抓、思政教研室积极协助、院系

参观南湖革命纪念馆

具体推进落实、各部门密切协同、教师主体作用充分发挥的工作体制。通过学校教职工大会、导师交流分享会等形式，加强教职工对习近平总书记关于教育的重要论述的学习和领悟。进一步明确广大教职工在教学管理、人才培养等方面对学生思想政治教育的责任，确立学校思想政治教育"全员育人"格局。

2. 全方位行动，切实落实课程思政建设各项举措

党支部积极培养发展学生党员，不断增强思想引领力；宣传部积极组织课程思政相关政策和文件学习，加强对优秀教学案例、教学成果的展示、宣传和引领，营造校园课程思政建设氛围。

教务处制定"三进"实施方案，将课程思政要求纳入人才培养方案和教学大纲，将习近平新时代中国特色社会主义思想系统融入专业核心课程，确立校内三门课程思政示范课程。

2023 第四届"诵读中国"展示活动

人事处将课程思政纳入教师个人考核内容和职称晋升条件；派送教师参加课程思政建设教师研讨班，为课程思政建设注入持续动力。

各教学单位积极开展课程思政教学创新。思政教研室积极发挥课堂主渠道作用推动思政课改革创新，在多样化实践教学中探索推进课程思政建设。各系（部）推进落实学校所有专业课程思政建设，积极挖掘各门课程蕴含的思想政治教育元素和承载的思想政治教育功能，把培育和落实社会主义核心价值观的要求融入课程教学中，实现思想政治教育与知识体系教育的有机统一。

全体教师利用"学习强国"平台，学习习近平总书记重要论述和专业课程内容；以"讲好中国故事"为主题，开展专业课程论文写作汇报与展示。成立课程思政课题研究小组，支持鼓励教师开展科学研究，小组已在核心期刊发表论文 4篇，研究项目成功获批教育部 2023 年度人文社会科学研究规划基金项目。

3. 搭建用好大思政课实践教学基地和平台

每年组织学生到太湖大学堂开展为期三天的中华优秀传统文化学习活动；成

立自治委员会，增强学生社会责任感和团队合作精神；将"五育"有机融入学生社会实践考察活动，让学生在实践中培根铸魂；开展公益活动，组建志愿者团队，开展心理健康辅导；举办学生"中华经典诵读——用外语

举办教练教育家精神学习分享活动

讲好中国故事，用行动传承中国文化"展示活动，组织学生国内外游学和海上游学文化交流、鼓励学生参加跨文化能力大赛、翻译大赛等，强化学生社会主义核心价值观教育，坚定文化自信。2023年11月，3名学生组队参加第六届全国高校学生跨文化能力大赛（上海赛区），并荣获三等奖。2021—2023年，学生有16人次荣获国家级翻译大赛二、三等奖，学生翻译文章登上《英语世界》杂志。

三、经验启示

学校通过深入推进课程思政建设，营造学校立德树人的浓厚氛围，促进专业建设和学校"三全育人"格局的加速形成。同时学校深刻认识到，推进课程思政建设的关键在教师，党支部是推进课程思政建设的重要组织者，要坚持顶层设计与基层创新相结合。

下一步，学校将从以下三个方面进一步深化课程思政建设：一是进一步提升对课程思政的认识；二是进一步加强与兄弟高校的交流探讨，强化课程思政基本功，扩大覆盖面；三是着力构建"三全育人"新格局，努力把思想政治工作贯穿教育教学全过程，形成更高水平的人才培养体系，持续提升立德树人成效。

（上海兴伟学院）

劳模工匠进校园　培育新一代技术人才

一、基本情况

新时代背景下，为弘扬社会主义核心价值观，培育爱岗、敬业、诚信、友善的新时代新青年，上海科创职业技术学院将劳模精神、劳动精神、工匠精神，融入学校思想政治教育、劳动教育，增强学生的劳动意识和专业技能，展示优秀的职业技能和工匠精神，激发学生对技术职业的兴趣和热爱。在松江区总工会大力支持下，学校聘请劳模工匠包起帆、王辉林等人组建校园宣讲团，开展"劳模工匠进校园"系列活动，旨在通过邀请劳模、工匠进校园，创新劳动育人模式，将劳动精神、劳模精神、工匠精神融入校园文化建设中，打造劳模工匠精神传承育人基地，引导学生走技能成才、技能报国之路。

二、主要做法成效

1. 点亮学子匠心梦

"劳模工匠进校园"系列首场活动从邀请全国劳模——包起帆进校园，开展主题为"明天你也会是劳模"讲座开始。从码头工人到技术骨干、企业高管、物流专家、国际标准的领衔制定者……他用40多年的创新探索，将一个个"不可能"变为现实。包起帆院长接地气的讲话和可学习的经历，让同学们相信，平凡的岗位也能做出不凡的事迹。不因起点低而放弃，拥有锲而不舍、不畏艰险的精神，秉承"干一行、爱一行、钻一行"的执着和匠心，人人皆可成才。他的亲身经历，为学生解读了劳模精神、劳动精神和工匠精神的真正含义。包起帆身上，不仅有艰苦奋斗、锲而不舍的精神，更饱含着深厚的家国情怀，他引导学生树立报效祖国、服务人民的理念，积极融入社会大环境，成为有理想、敢担当、能吃苦、肯奋斗的新时代好青年。

2. 榜样力量助成长

为让学生近距离感受榜样力量、体悟劳模匠心，理解劳动价值和劳动者的伟大精神。学院带领学生前往由上海市总工会举办的大国工匠王曙群同志专场报告会现场，聆听专题报告。从技校生到"大国工匠"、从扭螺丝的小钳工到航天器对接机构中国制造"代言人"，王曙群则把30年的汗水洒在了中国实现航天梦的进程中，为神

大国工匠、全国劳模王曙群来校作专题报告

参观赵祥劳模创新工作室

舟八号和天宫一号的"天空之吻"立下赫赫功劳。他说："航天事业发展的每一步设想、每一次成功、每一个跨越，都是在党的领导下，不忘初心、自力更生、勇于攀登的奋斗史。"通过此次讲座，学生对工匠精神有了更深刻的理解与认知，对传承工匠精神有了更加明确的方向。与会学生纷纷表示，王曙群同志的报告催人奋进，他的精神值得我们学习，我们将以王曙群为榜样，以"老黄牛"精神为新时代奋进者的底色，以"拓荒牛"精神为新时代奋进者的重要品质，主动作为，用"新思维"解决新时代问题，做新时代的奋进者。

3. 锤炼技能绽光芒

唯实干才能成就梦想，唯奋进才能赢得未来。为帮助学生锤炼技能，近距离接触本专业的劳模工匠，学院组织师生与松江区劳模协会黄晶晶老师一行共同赴泗泾走进赵祥劳模创新工作室。上海市劳模、鑫浩汽车与检测有限公司负责人赵祥带领学院师生参观上海市第153机动车检测站、汽车检测服务大厅，沉浸式观摩学习车辆称重、制动、灯光、底盘、侧滑、平板制动等检测流程，新能源汽车

包起帆"明天你也会是劳模"主题报告

专业的学生代表还亲自体验了新能源汽车的整车检测。参观中，赵祥为师生们详细介绍劳模工作室的建设情况，讲述自己如何从一名普通的汽车维修机修工开始，刻苦钻研汽维技术，逐步成长为一名出色的技术管理人才。本次活动不仅锤炼了学生专业技能，还帮助学生切身感受劳模爱岗敬业、争创一流、艰苦奋斗、勇于创新、淡泊名利、甘于奉献精神的具体含义。师生们纷纷表示要以劳模为榜样，立足专业，积极传承和践行劳动精神、劳模精神、工匠精神，为推动学院发展、实现技能强国而奋力拼搏。

三、经验启示

邀请劳模工匠进校园，创新劳动育人模式，将劳动精神、劳模精神、工匠精神融入校园文化建设中，是上海科创职业技术学院社会主义核心价值观育人体系的重要举措。劳模工匠精神引领时代发展、支撑立德树人、赋能人才培养。上海科创职业技术学院是一所年轻而不失底蕴的新型高职学院，立德树人是底色，工匠精神是本色，对接产业岗位是特色，培养出更多的劳模工匠是学院的成色。劳模工匠在平凡的岗位上创造不平凡的业绩，劳模工匠精神是推动时代发展的强大动力，支撑立德树人，是学生"三观"塑造的筋骨基底。

今后，上海科创职业技术学院劳模工匠进校园系列活动将通过"就业第一课""劳模工匠大课堂""劳模工匠情景剧"等多种形式展开，积极探索劳动教育的新模式，打造劳模工匠精神传承育人基地，引导学生走技能成才、技能报国之路。相信在我们持续努力下，一定能够将学校打造成培养劳模工匠的摇篮，让每一个学生都能够在这里找到自己的价值和目标，为培养新一代劳动者贡献自己的力量。

（上海科创职业技术学院）

用社会主义 核心 价值观 铸魂育人

320

弘扬教育家精神

"文艺铸魂" 弘扬师道文化

一、基本情况

党的二十大报告指出，"加强师德师风建设，培养高素质教师队伍，弘扬尊师重教社会风尚"。加强新时代师德师风建设，需要坚持价值引领，充分发挥文化涵养师德师风功能，大力弘扬师道文化，引导教师践行社会主义核心价值观。上海理工大学积极探索社会主义核心价值观引领师德教育的新路径，近几年来实施"文艺铸魂"师道文化工程，组织文化系列活动，开展文艺创作实践，加强榜样文化宣传，大力弘扬师道文化，引导广大师生做社会主义核心价值观的坚定信仰者、积极传播者、模范践行者。

二、主要做法成效

1. 加强师道文化教育，以文化人筑根基，以社会主义核心价值观丰富新时代师道文化内涵

将社会主义核心价值观融入师道文化教育，开展分层分段全覆盖的教师培训，深入学习贯彻习近平新时代中国特色社会主义思想，将中华优秀传统文化、革命文化、社会主义先进文化等纳入培训内容，提升教师的政

党史学习教育青年教师演讲比赛

治素质和文化素养。组织文化自信系列活动，举办"四史"学习教育青年讲师选拔赛、党史学习教育教师演讲比赛、教职工学习习近平用典大赛、"沪江杯"诗词大会、中华文化交流、师德师风文化建设月、首届国家教学名师华泽钊教育思想研讨等文化活动，上万人次积极参与，坚定教师的文化自信，凝聚教师的思想共识，铸魂育人，使社会主义核心价值观成为教师的共同价值追求。

2. 开展文艺创作实践，以艺育德促内化，弘扬社会主义核心价值观主旋律

学校鼓励师生以文艺创作为手段，促进师道文化内化于心、外化于行。连续两年开展师德文创作品设计活动，以创作实践为途径，以文艺作品为载体，增强对社会主义核心价值观的诠释、转化和传播。在创作主题上，以"新时代好老师"为题，体现师道文化的核心要素和丰富外延；在作品形式上，涵盖海报、漫画等平面类，动画、短视频、微电影等影视类，纪念徽章、办公文具等文创产品类三大类别，将艺术性和实用性相结合，让专业和非专业类师生都能参与其中。

大师剧《刘湛恩》剧照

共计700余份作品出炉，其中1部视频入围2023年教育部主办的全国教师风采短视频100部作品；2部微电影分获上海市教育系统"身边好教师"微电影银奖和铜奖。这些作品弘扬正气、传播美德、讴歌模范，融思想性、艺术性和教育性为一体，特色鲜明、主题性强，体现了师道文化与文艺创作的高度结合。

同时，学校精益打造原创大师剧《刘湛恩》，以艺术的形式展现刘湛恩老校长的爱国情怀和其"教育救国、公民教育"的办学理念。大师剧从2016年至今已经连续公演8年，累计公演18场，曾获评"上海市大师剧精品文化项目"，在全国大学生艺术展演、"汇创青春"上海大学生文化创意作品展示活动等赛事中获得诸多荣誉。

3. 加大典型榜样宣传，助推师道传承，积极践行社会主义核心价值观

加强选树典型，开展优秀教师师德师风故事评选，深入挖掘师生之间的感人瞬间和温馨故事，组织"同学心目中的好老师""教书育人楷模"等评选，开展

师德文创作品线下展览

"劳模面对面"专题活动，大力宣传两个"全国高校黄大年式教师团队"事迹，各学院成立青年教师发展促进会，充分发挥榜样引领作用，广泛深入开展师道传承活动，教育引导广大教师不断提高师德素养，强化师道文化自觉和使命担当，在教书育人过程中使社会主义核心价值观落地生根。

三、经验启示

一是坚持社会主义核心价值观引领。社会主义核心价值观是新时代师道文化的灵魂和价值源泉，为高校师德建设明确了政治方向和价值导向。通过加强学习、教育、宣传等措施加强师德建设，提升教师理想信念和职业素养，是践行社会主义核心价值观的应有之义。

二是加强师德师风的文化建设。探索"艺术＋思政"方式增强师德教育的吸引力，通过丰富多彩的文化活动发挥文化教育作用，以文化艺术熏陶、感染、带动教师陶冶情操、修身养性，提升教师的综合素质。

三是注重宣传，打造精品。以"阵地＋作品""线上＋线下"的形式，丰富师道文化传播形式和载体，营造尊师重教氛围。建设网站、微信公众号、视频号等融媒体矩阵，举办师德文创作品线下展览4次，搭建线上展览小程序1个，产业化一批师德文创产品，将师德师风等抽象词语转化成为有血有肉、有情感依托的艺术形象和作品，实现师道文化启智润心。

（上海理工大学）

落实立德树人 践行"爱生如子"

——深化本科生"全程导师制"改革的实践探索

一、基本情况

上海大学以深化本科生全程导师制改革为着力点，以社会主义核心价值观引领教师思想政治工作，全面加强新时代师德师风建设，全员全程全方位推进社会主义核心价值观融入教育教学和人才培养，促进学生全面发展，营造"人人做导师、人人有导师"的校园新风尚。从2019年起，学校在原先实施的导师制基础上，全面启动本科生"全程导师制"改革，从本科新生入学起即配备一位导师，导师全员参与、全程陪伴、全方位指导，陪伴学生大学生涯全过程。2020年7月31日，《光明日报》以"全程陪伴，他们是导师也是挚友"为题，报道了上海大学本科生"全程导师制"的"三全育人"新模式，产生了良好的社会反响。2021年9月，学校党委在上海高校党建工作会上的交流发言中介绍了本科生导师全程育人经验。

二、主要做法成效

本科生"全程导师制"实施五年来，全校共选聘本科生全程导师3270人，平均师生比达到1∶7。在校本科生均已实现"人人有导师"，教师"人人做导师"意识有明显提升。

1. 坚持党建引领，强化顶层设计

学校党委在广泛践行社会主义核心价值观上下功夫，进一步凝聚思想共识，将深化本科生"全程导师制"改革作为推进"三全育人"的关键之举，纳入学校事业发展规划、综合改革方案、党委常委会议题中。校党委书记全程指导制定本

导师制工作推进会

科生"全程导师制"的改革方案和制度，出席教师思想政治工作领导小组会议、本科生"全程导师制"工作部署推进会议、专题研讨会议等，着力推动凝聚思想共识。

2. 优化运行机制，推动组织实施

学校成立本科生导师制工作小组，统筹负责具体工作的推进、指导、督查。由分管教师思想政治工作的党委副书记和分管教学工作的副校长担任组长，成员单位包括党委教师工作部、教务部、学工办、组织人事部、招毕办等。同时，党委教师工作部发挥协调落实作用，定期召开工作小组会议，研究年度工作安排，分析重点难点问题；定期走访学院调研，专题研究落实情况，促进形成思想共识；定期印发工作提示、举办专题推进会、在学校党群例会上部署工作，推动学院落实各项任务。

3. 完善制度体系，保障细化落实

学校党委印发《关于深化本科生"全程导师制"改革的指导意见》，明确指导思想、工作目标、基本思路、主要任务和组织保障，明确导师育人职责，明确导师选聘的基本条件，落实师德师风第一标准。学校将本科生全程导师工作纳入专业技术职务聘任的任职条件，纳入岗位绩效管理方案。将落实本科生导师制情况纳入基层党建工作责任制，纳入校内巡察责任清单。各学院根据学校党委指导意见，成立由院系党委书记、院长担任第一责任人的学院本科生导师制工作小

327

组，结合实际制订本学院本科生"全程导师制"工作实施细则。全校形成一级抓一级、层层抓落实的全程育人工作格局。

4. 构建"一院一策"，突出育人特色

发挥学院主体作用，每学年由各个学院组织开展导师选聘和配备工作、组织开展师生见面会、组织开展年度导师工作评价和激励表彰等，并通过"一院一策""三个纳入""五个走进"推动导师制落地见效。各学院结合学科特点和实际情况，针对不同年级学生的成长需求和特点，帮助导师明确工作重点和工作要求，在实践中探索增强师生黏性的有效载体和机制。

5. 选树宣传典型，激发内生动力

搭建交流平台，选树宣传典型

学校搭建"导师工作论坛""导师下午茶"等面对面交流平台，组织不同学科的导师开展研讨交流，不断提升育人方式方法。在"泮溪师苑"微信公众号上开设"本科生全程导师"专题，推出"书记院长谈""导师说"等栏目，打造各院系工作展示和交流的线上平台。大力选树宣传先进典型，组织"本科生

举办"导师下午茶"

'全程导师制'工作示范学院""优秀本科生全程导师""十佳典型工作案例"等评选表彰工作，形成《爱生如子》典型育人案例，营造"院院有典型、处处有榜样、人人有行动"的良好氛围。

三、经验启示

上海大学把实施本科生"全程导师制"作为同时撬动教师端和学生端的重要抓手，对于落实立德树人根本任务和提升人才培养质量至关重要，同时也是以社会主义核心价值观引领教师思想政治工作、全面加强师德师风建设、引导广大教师争做"四有"好老师、"四个引路人"的重要一环。

以本科生全程导师制为牵引，在育人理念中进一步突出"全员育人"，在制度设计中进一步强调"全程育人"，在导师职责上进一步强调"全方位育人"，切实发挥教师在"三全育人"中的主力军作用，引导教师自觉加强师德师风建设，更加注重言传身教，不断提升育德意识和育德能力，主动将社会主义核心价值观贯穿教书育人全过程，融入自身教学科研工作。

围绕立德树人根本任务，上海大学将继续坚持以社会主义核心价值观铸魂育人，在教书育人"最后一公里"的路上继续探索。

（上海大学）

"学思湖畔工作坊"："学行育"三位一体推动青年教师师德师风建设

一、基本情况

上海师范大学以党的二十大精神和习近平新时代中国特色社会主义思想为指导，全面贯彻落实习近平总书记关于教育的重要论述，学习宣传贯彻习近平文化思想和习近平总书记考察上海重要讲话精神，坚持立德树人根本任务，落实师德师风第一标准，强化教师思想政治工作，多年来持续打造青年教师思政工作的响亮品牌"学思湖畔工作坊"，从"学、行、育"三个方面着手，以深学笃行社会主义核心价值观引领青年教师师德师风建设，凝聚起广大青年教师思想共识和共同价值追求，不断提升青年教师的育德意识和育德能力，全力建设师德高尚的高素质青年教师队伍。

二、主要做法成效

组织青年骨干教师开展党的二十大精神主题讲座

一是突出"学"，坚持培根铸魂，夯实青年教师师德师风建设的思想基础。充分发挥"学思湖畔工作坊"平台的学习功能，健全青年教师理论学习制度，深入学习贯彻习近平新时代中国特色社会主义思想和社会主义核心价值观。重视分类学习培养，抓牢高层次人才、海外归国教师、青年骨干教师等群体，加强教育引导和关怀凝聚。紧扣重要时间节点，重点围绕习近平总书记关于教育和师德师风建设的重要论述等，邀请校内外专家学者、专业教师共同开展多形式的导学、讲学、研学，推动党的创新理论在青年教师队伍中入脑入心。拓展"学思湖畔工作坊"教育系列内容，加强校院联动，在青年教师入职、晋升等发展成长的关键节点开展专题学习教育，如打造"守师者初心，担育人使命"青年教师入职第一课，开展"科学人生""师德云讲堂"等系列讲座，举办"学党史、树典型、共成长"青年教师专题培训等，注重高位引领与底线要求相结合、严管和厚爱并重，不断激发青年教师涵养师德的内生动力。

二是注重"行"，突出价值导向，拓宽青年教师师德师风建设的实践路径。充分发挥"学思湖畔工作坊"平台的实践导向，不断创新实践考察手段，将红色寻访、浸润式党课、经典诵读、集体宣誓等方式融入社会主义核心价值观实践研学活动，以丰富载体引领青年教

弘扬教育家精神主题学习活动

师赓续红色血脉，感受时代脉搏，坚守育人初心。开展"红色行"，组织青年教师赴中共一大纪念馆、四行仓库等红色教育基地、革命遗迹开展红色研学。开展"文化行"，组织青年教师赴杨浦滨江、苏河湾等地开展融合革命文化、海派文化、江南文化于一体的"一江一河"主题行走活动。开展"校园行"，组织青年教师走访百年名校开展联组学习，拜访基础教育名校名师，亲身感受高尚师德的涵育环境和基层一线教师的师德素养。

三是聚焦"育"，强化赋能育德，深化青年教师师德师风建设的育人目标。充分发挥"学思湖畔工作坊"平台的育人作用，积极引领青年教师拓宽育人路径，将思想价值引领、促进专业发展、提升育德能力紧密结合。立足课堂主渠道，加强课程思政建设，举办"教师课程思政能力提升专题工作坊"，融合专题讲座、课程展示等多种形式，涵盖课程思政建设、竞赛指导、师生关系构建等丰富主题，推动知识传授、价值引领和业务能力提升有机结合。积极开展职能部门

新入职教工"师德第一课"

与青年教师面对面交流活动，举行"青年教师科研能力提升工作坊"等，引领青年教师更好成长发展，增强教书育人、科研育人、服务育人本领，激活育人"新引擎"。

学校依托"学思湖畔工作坊"特色品牌，通过实施"学、行、育"三位一体的举措，不断促进师德师风高尚的高素质青年教师队伍建设。一大批青年教师如雨后春笋般"拔节出穗"，他们政治素质过硬、业务能力精湛、育人水平高超，成为学校教学科研、传播文化、社会服务的中坚力量。

三、经验启示

本案例以习近平新时代中国特色社会主义思想为根本遵循，以社会主义核心价值观为基本价值导向，以"学思湖畔工作坊"特色工作品牌建设为切入点，以"学、行、育"为线，串联起青年教师队伍师德师风建设的思想基础、实践路径和育人目标，构建"三位一体"系统培育工程。案例引导青年教师从思想上牢记"培养什么人、怎样培养人、为谁培养人"这一根本问题，增强政治素养和师德涵养；在实践中坚持立德树人根本任务，从本职工作做起、从自己的教学科研点滴做起，将价值观涵育、育德能力提升与职业实践紧密结合，真正将社会主义核心价值观内化为精神追求，外化为教书育人的自觉行动，坚持和弘扬教育家精神，争做传道授业的好老师和立德树人的大先生。

（上海师范大学）

跨越山海　接力守护　助力全民健康

一、基本情况

博士生医疗服务团（以下简称"博医团"）是一支由复旦大学上海医学院及其附属医院的专家和博士生组成的医疗卫生志愿服务团队，自1994年成立以来，始终秉承爱国奉献、服务人群的理念，坚持前往"老少边穷"地区开展社会实践，为集中连片特困地区、少数民族地区提供多维度的医疗志愿帮扶，被称为"行走在大山深处的白衣天使"。在实践过程中，教师将讲台从学校和医院搬到山区和田间；学生将第一课堂所学运用于第二课堂实践，在"行走的大思政课"中成长成才。博医团的工作先后获评教育部精准帮扶典型案例乡村振兴育人项目、国务院扶贫办"志愿者扶贫50佳案例"、全国大中专学生志愿者暑期"三下乡"社会实践活动优秀团队、上海市教卫工作党委系统十佳好人好事、上海高校学雷锋志愿服务先进典型"最佳志愿服务项目"、上海市青年五四奖章、第七届中国国际"互联网＋"大学生创新创业大赛全国总决赛金奖等荣誉。

二、主要做法成效

1. 融入大格局，凸显大作为

博医团坚持发挥医学专业优势，30年来，先后有1000余人次投身博医团工作。在当地累计服务超过1万个日夜，开展大型义诊服务群众10万余人次，足迹遍布16个省26个县38所医院，行程30万余公里，是一代代上医人的无私奉献，成就了长达30年的奉献接力。特别是党的十八大以来，博医团围绕脱贫攻坚任务要求，助力健康乡村建设，针对医疗欠发达地区的群众存在就医难等问

题，将复旦上医的优质医疗资源整合下沉，为地方医疗事业输血、造血、活血，把最普惠的技术和规范带到基层医院，致力于为脱贫攻坚筑起"健康防线"，为乡村振兴探索"健康路线"，为健康中国改善当地"健康曲线"。

2. 拓宽大视野，构建大课堂

近三年，博医团先后组建了 7 支队伍分赴云南省大理白族自治州永平县、重庆市石柱土家族自治县中益乡、贵州省黔东南苗族侗族自治州剑河县、宁夏回族自治区固原市和西吉县、青海省玉树藏族自治州玉树市、陕西省宝鸡市和凤县、湖北省公安县等中西部地区，为当地民众开展大型义诊、送医下乡、科普宣传、示教查房、疑难病例诊断等多维度的医疗志愿服务。同时，围绕上海"五个新城"建设，先后为浦东临港新片区泥城镇龙港村、崇明区横沙乡民永村、青浦区朱家角等地居民提供健康义诊、科普咨询等医疗服务。来自复旦大学各附属医院的 22 个科室 160 余名专家和博士生志愿者投身博医团工作，累计服务群众 1 万余人次。博医团还积极开展科普宣传，建设近 30 门医学健康科普课程，面向公众开放预约，围绕"疾病日"开展医学科普，制作微信推送累计达 100 余条，总阅读量近 10 万，单篇最高阅读量 1 万以上。

3. 投身大实践，服务大时代

2023 年，在第九届中国国际"互联网+"大学生创新创业大赛"青年红色筑梦之旅"活动启动仪式上，博医团作为新医科的青年代表进行汇报展示。30 年接力奋斗，博医团的第一批队员现在已经 50 多岁了，他们已经成为上海大医院

2023 年博医团在青海玉树送医入户，受到当地群众的欢迎

的院长和各自领域的学科带头人。但是每年暑假，这些专家依然会回到博医团，带着年轻的博士生上山下乡，送医送药。在博医团的示范引领和辐射带动下，复旦大学上海医学院近20家学生培养单位先后成立科普实践团队，让更多的医学生投身志愿服务，不断拓展社会实践的覆盖面和辐射面，他们在做中

2023年博医团在宁夏西吉县人民医院义诊

学、做中教、做中求进步，不断弘扬"敬佑生命、救死扶伤、甘于奉献、大爱无疆"的职业精神，在火热的实践中树爱国心、立报国志。

三、经验启示

1. 必须坚持习近平新时代中国特色社会主义思想指导

志愿实践服务是落实党的教育方针的主要内容，是落实立德树人根本任务的重要抓手。新时代，博医团始终沿着总书记的脚步，坚持"学思用贯通、知信行统一"，服务脱贫攻坚主战场，将习近平新时代中国特色社会主义思想转化为坚定理想，锤炼党性，指导实践和推动工作的强大力量。

2. 必须坚持社会主义核心价值观引领

博医团队员需要克服路途遥远艰险、高原不良反应、医疗条件欠佳、语言沟通不畅等挑战，在实践中增长才干、练就本领，开展志愿实践服务的过程，也是队员们践行社会主义核心价值观，以真才实学服务人民，在创新创造中让自己的人生闪闪发光。

3. 必须树牢"强国一代"的责任意识

新时代，助力从脱贫攻坚到全民健康再到全面小康的进程中，需要提升对国情社情民情的理解，提升报国成才的意识和能力，持续弘扬"为人群服务、为强国奋斗"的复旦上医精神，树立强国有我、青春有为的信念，坚定为实现民族复兴砥砺奋进的信心。

（复旦大学上海医学院）

加强师德师风建设
增强教师教书育人责任担当

一、基本情况

为加强学校师德师风建设，增强教师教书育人的责任担当，深入贯彻落实习近平总书记关于教育的重要论述和中共中央、国务院《关于全面深化新时代教师队伍建设改革的意见》等文件精神，上海震旦职业学院从健全师德师风领导机制、完善师德师风制度体系、加强师德师风学习教育、强化师德师风实践等方面入手，推进师德师风常态化长效机制建设。学校师德师风总体保持优良，教师爱岗敬业，涌现出一批批热爱教育事业的好老师。

二、主要做法成效

1. 健全师德师风领导机制

为加强对师德师风建设工作的领导，学校成立师德师风建设委员会，全面

上海震旦教育集团"师德标兵"表彰

主持学校师德师风建设工作，党委教师工作部、人事处、教务处、学生处谨遵各自职责，二级学院成立师德师风建设小组，把师德师风建设落实到每一位教师身上。同时，建立师德师风二级报告制度，定期（每个月一次）向学校党委教师工作部报告二级学院（单位）教师师德师风建设情况，党委教师工作部在党委会上向党委汇报学校师德师风情况，做到师德师风建设情况明朗，警钟长鸣。

2. 完善师德师风制度体系

师德师风常态化长效机制建设中，制度体系建设是基本保障。根据中共中央、国务院《关于全面深化新时代教师队伍建设改革的意见》，教育部等七部门印发的《关于加强和改进新时代师德师风建设的意见》精神，以及《新时代高校教师职业行为十项准则》和《教育部关于高校教师师德失范行为处理的指导意见》等文件要求，学校制定了《关于建立健全师德师风建设长效机制的实施细则》《上海震旦职业学院教师师德失范处理规定》《上海震旦职业学院师德师风考核管理办法》《上海震旦职业学院关于加强教师师德与思想政治工作的若干意见》等一系列规章制度，围绕教师选聘、教学过程、考核评价、思想教育等方面开展全过程师德师风建设。

3. 开展师德师风学习教育

加强思想政治教育，提高教师的政治觉悟，是落实师德师风常态化长效机制的根本。学校以社会主义核心价值观为引领，每年制订落实《党委中心组、基层党组织和教职工思想政治学习计划》，各基层党组织根据学校的"学习计划"制订思想政治学习计划，学校层面保证每月开展一次全员思想政治学习，教师工作部和人事处负责每学期一次的全体教师师德师风专项学习。

组织教师深入学习贯彻习近平新时代中国特色社会主义思想，使每个教师树立中国特色社会主义信念，坚定马克思主义立场，自觉守好意识形态阵地，自觉接受党和人民的监督，做一名合格的人民教师。加强法治和纪律教育，组织全体教师认真学习《中华人民共和国教师法》、教育部《新时代高校教师职业行为十项准则》，提高全体教师的法治素养、规则意识，提升依法执教、规范执教能力。抓好师德师风负面典型警示教育，使教师从失德违纪案例中汲取教训，时刻自重、自省、自警、自励，始终恪守师德"底线"。

开展学习师德师风先进典型活动。结合年度考评工作，开展"树典型、学先进"学习教育活动，各二级学院宣传本学院的先进典型，宣传工作的先进经验和

上海震旦职业学院召开"加强师德师风建设全面提升教育质量"教职工大会

有效措施。通过校园网站、宣传栏、先进事迹报告会等形式积极宣传弘扬新时代教师队伍涌现出来的先进典型和时代楷模。加大表彰奖励力度，倡导尊师重教，强化教师职业引领，提高教师职业吸引力，使教师更好弘扬爱国奋斗精神。

4. 强化师德师风实践

一是加强课程思政建设，在教学实践中提高教师教书育人的思想认识和教学水平。根据《上海震旦职业学院课程思政建设实施方案》，在全校实施课程思政领航计划，二级学院要重视各专业的课程思政建设，要把课程思政建设提高到立德树人根本任务的高度来认识和贯彻，教师对自己所教授的课程要进行课程思政的规划和建设。

二是通过"文明单位""文明窗口"等文明校园创建活动，把"做文明人"活动作为教师思想政治教育和师德师风建设的重要抓手，使每位教师在文明创建活动过程中不断提高自己的思想政治素质和职业道德水平，牢记自己作为人民教师的光荣职责，忠诚于党的教育事业。

校长蒋心亚为新入职教师作《高职教师专业发展和师德建设》专题报告

三、经验启示

1. 制度落实是关键

制度体系建设固然重要，但落实制度更是关键。一是要责任到人，二是要检查督促。学校建立师德师风二级报告制度，由教师工作部检查督促报告，能及时发现、处置不良的师德师风行为，促进学校师德师风建设良性发展。

2. 实践是提高教师师德师风自觉的有效途径

学校自实施《上海震旦职业学院思想政治工作 3D 方案》以来，课程思政成为学校课程建设最重要的方面，而课程思政并非简单的"课程 + 思政"，它需要教师结合所讲授的课程提炼思想政治教育的关键点，把思想政治教育融入课程教学中。教师在课程思政实践中提高自身思想政治理论素养的同时，也提升了职业道德修养。

（上海震旦职业学院）

有爱无"碍" 携手未来

一、基本情况

成立"普陀区'星星'守护联盟"

"星星伙伴计划"志愿服务项目是新时代普陀教育"未来之星""三个一"系列争创活动之一，这是一个贯穿"十四五"时期的教育青年人才培养打造计划，旨在发掘培养一批理想信念坚定、师德师风高尚、专业水平高超、具备核心竞争力的"青年领军人才"。普陀区教育工作党委、教育局在 2023 年"3·5"学雷锋纪念日到来之际，集结了一支由 100 名"90 后"的"未来之星"培养对象组成的"青椒"志愿者服务队，与区内罹患自闭症的儿童结对，建立长期帮扶关系，策划开展"有爱无'碍'·星星伙伴计划"志愿服务项目，鼓励青年教师勇于担当社会责任、践行师者大爱，以实际行动和奉献精神积极弘扬社会主义核心价值观。项目开展一年多以来，"青椒"志愿者服务队累计服务时长 1959 小时。

二、主要做法成效

1. 认真组织策划，编织"爱心纽带"

一是广泛调研。面向区内特殊学校管理者、教师、家长开展问卷调查和走访调研，立足需求导向，探寻可行路径，最终决定以"多对一"组团式爱心帮扶为模式，以"陪伴式疗愈""干预式训练"为主要服务内容，帮助自闭症患儿尽可能走近人群、融入社会。

二是认真谋划。结合"向雷锋同志学习"题词发表60周年纪念日这一特殊时间节点举行大型主题活动，邀请"星星的孩子"登台展示舞蹈、管乐、民乐等才艺，旨在为自闭症儿童所面临的困境发声，引起社会关注。活动现场，为"青椒"志愿者服务队授旗并宣布项目启动，著名钢琴家孔祥东先生为"星星的孩子"作曲。

三是多方联动。有效整合利用系统内各中小幼学校、区教育系统关工委以及社会公益组织、爱心企事业单位等多方资源，成立"普陀区'星星'守护联盟"，共同发挥作用，为患儿家庭缓解压力、送去温暖，搭建好家校社之间、"星星伙伴"之间的"爱心纽带"。

2. 开展"三心"志愿服务，架起"同心桥梁"

一是精心送课程。"青椒"志愿者积极参与每月"精心送课程"活动，结合帮扶对象的特点和需求，量身定制"绘本阅读""快乐折纸""户外运动""模拟乐队""美术彩绘""科学探究"等丰富多彩的课程，做到耐心陪伴、细心关怀，走进特殊儿童的内心世界。

组建靠谱"青椒"志愿者服务队

二是暖心送活动。结合世界孤独症关注日、国际志愿者日等特定时间节点，充分利用寒暑假，组织"青椒"志愿者与帮扶对象一同参与"爱心义卖"活动、观看皮影戏展演、走进电影院看电影、参观游览海洋世界等，训练自闭症儿童适应环境的能力，帮助其掌握乘车、购物等社交技能。

三是贴心送服务。"青椒"志愿者通过不定期电话访问、家访等形式，真正走进自闭症患儿家庭，了解自闭症儿童及其家庭所面临的困境和挑战，为其提供力所能及的帮扶服务，搭建与患儿家庭之间的"同心桥梁"，一同为"星星的孩子"健康成长保驾护航。

3. 宣传辐射引领，共筑"信心城墙"

一是加强宣传。自项目开展以来，区教育工作党委通过"上海普陀教育"政

志愿者带领孩子参观游览长风海洋世界

务新媒体平台积极进行宣传报道,《解放日报》《文汇报》《新民晚报》等十余家市级主流媒体围绕"星星伙伴计划"多次进行报道,形成专题新闻近30篇,引起社会普遍关注。在宣传好人好事的同时,鼓励、动员全社会共同携手,为自闭症儿童提供有着更多关怀和帮助的生活环境,促进患儿家庭增强信心。

二是榜样引领。"青椒"志愿者在参与"组团式"志愿服务的过程中,不仅收获了感动,也增强了团结、进取、责任和奉献意识,彰显了师者大爱、善者仁心。2名志愿者被评为"普陀区优秀志愿者",1名志愿者被评为"普陀好人"。

三是扩大辐射。有效联合区文明办、区残联、街道镇和社会公益组织的力量和资源,鼓励"青椒"志愿者走出学校、走进社会,积极投身各类社会公益活动,号召全系统教育青年充分发挥青春力量,用志愿服务践行社会主义核心价值观,书写新时代雷锋故事。

三、经验启示

一是完善管理机制。建章立制是推进工作的第一步,"星星伙伴计划"志愿服务项目有明确的工作要求和考核标准,通过细化任务清单、明确具体职责、完善管理机制等方式,形成人人尽职、层层落实、齐抓共管的工作格局。

二是把握时间契机。志愿服务活动除了确保日常有序开展,还充分利用学雷锋日、世界孤独症关注日、国际志愿者日等关键特殊的时间节点,精心筹划与实施,号召全社会共同参与,取得良好的宣传效果。

三是注重常态长效。授人以鱼不如授人以渔,助人一时不如助人一世。要充分立足自闭症儿童及其家庭的需求导向,坚决抵制形式主义和"面子工程"现象,真正弘扬"奉献、友爱、互助、进步"的志愿服务精神,加强校社联动,推进"三心"志愿服务常态化、长效化,为自闭症儿童搭建成长阶梯,助力其融入社会。

(普陀区教育工作党委)

学习人民教育家于漪　弘扬教育家精神

一、基本情况

习近平总书记在党的二十大报告中指出，"社会主义核心价值观是凝聚人心、汇聚民力的强大力量"，并将"广泛践行社会主义核心价值观"作为新征程文化建设的一项重点工作进行重点阐述与部署。推进社会主义核心价值观从"培育和践行"向"广泛践行"转化，杨浦教育始终坚持以学习人民教育家于漪老师、弘扬教育家精神为主线，强化榜样引领，引导杨浦教师坚守三尺讲台潜心教书育人，以高质量师德师风建设推动高质量教育体系建设，努力办好人民满意的教育。

二、主要做法成效

1. 优化区域顶层设计，加强思想引领

广泛践行社会主义核心价值观的前提是普遍认同。人民教育家于漪老师从杨浦成长、从杨浦走向全国，她引领、陪伴、帮助了几代杨浦教育人的成长。因此，杨浦教育将于漪教育教学思想的学习、转化、应用作为杨浦教师培育和践行社会主义核心价值观的重

"登峰计划"——名校长研习基地授牌

要抓手。依托教育部重点课题"人民教育家于漪教育教学思想区域转化与应用的实践研究",充分发挥部、市、区合作共建"于漪教育教学思想研究中心"的功能与作用,系统设计课程框架,组织开发培训课程。

开展人民教育家于漪教育教学思想"大学习、大讨论、大实践"行动。通过"大学习",引导广大教师阅读于漪经典著作,探寻于漪教育教学思想精髓;通过"大讨论",激励广大教师探索于漪教育教学思想的时代价值,守牢教育初心;通过"大实践",引导广大教师践行于漪教育教学思想,成为"四有"好老师。

2. 打造榜样学习品牌,深化活动体验

开展榜样学习和活动体验有助于培养教师对社会主义核心价值观的正确认知。近十年来,杨浦教育始终高举人民教育家于漪这面旗帜,从"让于漪成为我们共同的形象"到"两代楷模激励我成长",再到"学于漪,站好新时代的讲台",既一脉相承,又与时俱进,逐步形成了区、校两级特色鲜明的师德主题活动品牌。

于漪老师在新教师宣誓仪式上领誓

聚焦国家和市级教书育人楷模和区级"四有"好老师、师德标兵、"学于漪先进"等品牌评选,开展多层次的先进典型宣传选树,同时通过"身边的故事"师德微课等,让各级各类教师都能展现自身风采,这些活动对教师产生了明显的激励作用,引领教师以先进为榜样,全心奉献,用心育人。

3. 项目实践养习成德,转化自觉行动

社会主义核心价值观的实践养成最终要沉淀和固化为行为习惯和道德品质。杨浦区教育工作党委启动"党建引领下区域创智教育高端人才涌动发展项目"(即"登峰计划"),成立了把于漪教育教学思想融入"四有"好老师队伍建设的33个实践基地,围绕于漪教育教学思想,个性化培养"于漪式"好教师、好校长,通过理论学习内化、课堂教学实践、梳理教育理念、撰写教育管理案例、开发干部教师培训微课等方式养习成德,将"立德树人"转化为区域教师的自觉行动。

上海市杨浦区打虎山路第一小学教师演出情景剧《于老师的大年初二》

三、经验启示

经过长期努力，杨浦教育师德师风建设成效明显，实现了师德先进典型与各级各类教育人才的涌动式发展。应彩云、张璇等近20名优秀教师获评全国教书育人楷模、全国五一劳动奖章、教育功臣、"四有"好老师等殊荣，国家、市区等各级各类教育人才数已达全区教师总数的15%，提前完成"十四五"规划人才目标任务，为区域教育强基固本、守正前行、持续发展打下了坚实的基础。

杨浦教育始终以于漪老师为榜样，弘扬教育家精神，提倡"做于漪式的好老师"，通过持续的榜样学习构建"思想引领—活动体验—项目实践"为一体的社会主义核心价值观培育的长效机制，引领教师养习成德，最终将社会主义核心价值观逐步转化为自觉行动。

（杨浦区教育工作党委）

敬业爱生　传承师道

一、基本情况

党的二十大报告指出："加强师德师风建设，培养高素质教师队伍，弘扬尊师重教社会风尚。"新时代新征程上，党和政府对教师的职业行为提出更严格的规范，把师德师风建设提到新的高度。上海市崇明中学一贯注重师德师风建设，早在 2003 年就由校团委、学生会自发组织评选"金爱心教师"，如今已经开展了二十届，每年由学生评选出一批敬业爱生的先进典型，得到了全校师生的广泛认可，对学校师德师风建设起到了良好的助推作用，对学校精神文明建设产生了重要影响。

二、主要做法成效

1. 给"金爱心"造势，师德建设打造"播种机"

"金爱心"教师工作剪影

一名先进就是一个标杆，一个典型就是一面旗帜。崇明中学营造浓厚氛围，大力选树先进典型，激励教师担当作为、砥砺前行。每一年"金爱心教师"评选之前，学校围绕主题组织开展形式丰富、种类多样的宣传活动，如宣传海报、微电影等，展现教师风采，讲述师德故事，营造热烈氛围。

评选过程中，学生参照为人、为学、为师标准，开展班级、校级、年级三轮评选活动，广大学生积极参与；在全校票选的基础上，另设网络投票，选出"最具网络人气"教师，引起强烈社会反响。因此，每一位教师都以能荣获"金爱心教师"为荣，自觉以最高标准来要求自己。

2. 为"金爱心"操办，全体学生成为"当家人"

从每年的"金爱心教师"评选方案制定到三轮评选，均由学校团委学生会进行组织，学生是进行"金爱心教师"评选的主体。首先召开各班班长和团支部书记会议，部署工作、公布方案；接下来班长组织学生对符合评选条件的本班所有任课教师进行推荐，以书面无记名投票的方式，逐次

"师"情"花"意——学生献花致敬"金爱心"教师

推选；校团委、学生会组织全校学生对 15 名候选人进行校级无记名投票，按照校级得票率高低，产生崇明中学年度"金爱心"教师 10 名、"金爱心"教师提名5 名。

心中有暖意，笔下流真情，颁奖典礼上的颁奖词均由学生亲自撰写，并通过真挚的语言向老师表达赞美之情。因此，每次"金爱心教师"颁奖典礼，都是师德典范的展示会、师德教育的报告会、师德建设的宣传会，引发热烈的教师共鸣，可谓是第二个"教师节"。

师爱在指尖传递

3. 向"金爱心"借力，校园文化自有"燃灯者"

榜样是一面旗帜，指引方向；榜样是一种力量，鼓舞人心，"金爱心"教师的故事在崇中校园里传颂，春风化雨，以文化人。每年"金爱心教师"评选活动结束后，学校将所有"金爱心教师"

事迹材料在学校宣传栏、微信公众号定期展示，使"金爱心教师"评选活动为传递思想和增强道德助力，以榜样的力量激发全体教师的职业认同感，争做"四有"好老师，为学校教育教学高质量发展作出新的贡献。与此同时，"金爱心"教师的故事通过微信公众号向社会传播，传递正能量，展示了崇明中学优秀的师德师风面貌，弘扬了百年老校积极向上的校园文化精神。

三、经验启示

崇明中学着力倡导与弘扬"金爱心"精神，通过 20 年实践，学校师德师风建设成效明显，涌现出了一批为人师表的先进典型：吉群瑛、李建生、黄琴丹等老师被评为"最美崇明人"；吉群瑛老师获评上海市"四有好教师"育人楷模提名奖；蒋飞斐老师荣获 2021 年上海市"金爱心教师"一等奖……

由"金爱心教师"评选产生的具有金子般仁爱之心的教师逐步成为学校教师为人、为师、为学的楷模，他们带头践行社会主义核心价值观，并将其融入教育教学全过程，把学校师德师风建设推向新的高度，引领全体教职工以高度的事业心和责任感，以更积极的态度、更务实的作风、更有效的方式，助推崇明中学教育教学高质量发展。

（崇明区教育工作党委）

图书在版编目(CIP)数据

用社会主义核心价值观铸魂育人 ：上海市教育系统培育和践行社会主义核心价值观典型案例 / 上海市教育卫生系统思想政治工作研究会编. -- 上海 ：上海人民出版社，2024. -- ISBN 978-7-208-19054-2

Ⅰ. D616

中国国家版本馆 CIP 数据核字第 2024SL4998 号

责任编辑　郭敬文
封面设计　汪　昊

用社会主义核心价值观铸魂育人
——上海市教育系统培育和践行社会主义核心价值观典型案例
上海市教育卫生系统思想政治工作研究会 编

出　　版	上海人民出版社	
	（201101　上海市闵行区号景路 159 弄 C 座）	
发　　行	上海人民出版社发行中心	
印　　刷	上海中华印刷有限公司	
开　　本	787×1092　1/16	
印　　张	22.75	
字　　数	366,000	
版　　次	2024 年 10 月第 1 版	
印　　次	2024 年 10 月第 1 次印刷	

ISBN 978 - 7 - 208 - 19054 - 2/D·4370
定　　价　168.00 元